붓다와 공자가 마주한
인생독법 人生讀法

한국인의 DNA에 흐르는
사유와 지혜의 뿌리

붓다와 공자가 마주한
인생독법
人生讀法

임종욱 지음

불광출판사

서문

붓다와 공자를 '다시 읽는' 시간

1

오래전부터 불교는 나와 함께 같은 길을 걸어왔다. 내가 태어난 경북 예천이나 자란 문경에는 오랜 역사를 자랑하는 천년 사찰이 곳곳에 있었다. 부처님오신날이나 우란분절(백중), 설날이나 추석 등 명절 때면 할머니 손을 잡고 절을 찾았던 기억이 희미하지만 남아 있다. 붓다가 누구인지, 그 가르침이 무엇인지 알 리 없었던 소년은 소풍 가는 기분으로 절을 찾았다. 돌을 떡 주무르듯 빚어낸 석탑과 부도, 화려한 채색의 단청과 알 수 없는 글귀가 적힌 주련(柱聯), 하늘로 날아오를 듯 뻗은 기와지붕의 끝자락, 멀리 둥둥 떠가는 하얀 구름과 푸른 하늘. 이런 것들에 정신이 팔려 걸음이 더뎌지면 "백호(어릴 적 이름)야! 얼른 온나!" 하며 할머니가 채근하셨다.

경상도 산골짜기에서 살던 나는 아홉 살 무렵 서울로 올라왔다. 서울의 풍경은 시골과는 완전히 달랐다. 들판이랄 곳은 학교 운동장 정도였고 산은 남산만이 가까웠다. 이사도 자주 다녀 한군데 정착할 시간이 없어 변변히 친구도 사귀지 못했으니 주변에 어떤 명승지가 있는지 알 턱이 없었다. 당연히 절과도 거리가 멀어졌다. 주변에는 교회의 시뻘건 십자가가 걸린 첨탑만이 눈에 띄었다. 어쩌다 서울 한복판에 있는 조계사를 가 봤을 뿐 고즈넉한 산사는 꿈에서도 나타나지 않았다.

다시 불교를 만나게 된 것은 대학에 들어가서였다. 붓다와의 인연이 끊어질 수는 없었는지, 아니면 작가가 되겠다는 희망이 이끌었는지 나는 동국대학교 국어국문학과에 입학했다. 입학 때는 모교가 종립학교인지도 몰랐다. 집에서 거리가 가까웠고 문학으로 명성이 높아 지원했다. 합격한 뒤 가 본 학교의 넓은 정원 한가운데에는 불상이 천년 무상의 미소를 띤 채 서 있었다. 경이로운 예언의 소리가 들리지는 않았지만, 그때 나는 고향에서 만났던 절간을 다시 본 듯 기뻐 웃었다. 그렇게 4년 동안 붓다의 시야 안에서 돌아다녔다. 술집에서 한잔하면서 문학에 대해 떠들거나, 운동장에서 야구를 하며 뛰어다니거나, 도서관에 앉아 이런저런 책들을 들춰 읽을 때나, 언제나 붓다의 시선은 나를 벗어나지 않았다. 붓다는 나에게 옷이었고 공기였다.

그렇다고 내가 독실한 불자(佛子)였다고 한다면 뻔뻔한 거짓말이겠다. 붓다가 "야! 너 여기 앉아 내 말 좀 들어 봐라" 하고 윽박질렀다면 진즉에 달아났을 것이다. 속박받기를 좋아하지 않았던 나는 글을 읽고 클래식 음악이나 들으면서, 탈선까지는 아니더라도 방임

한 시간을 보냈다. 학과 공부도 중도의 길을 고수했다. 방학 때면 가끔 절에도 가고 고승들의 향기로운 말씀도 귀담아듣기는 했지만 깊은 신행이나 경배의 마음은 없었다. 아마도 붓다는 멱살을 잡아채 끌어 앉히기보다는 제 발로 찾아와 문을 두드리기를 기다리고 계셨던 것 같다.

    대학원에 들어간 나는 창작은 안 되겠다 싶어 비평을 전공으로 택했다. 그런데 어쩌다 보니 지도교수가 한문학을 전공한 분이었고, 그때부터 나는 불교한문학과 한국한문학을 가까이서 접하게 되었다. 불경이나 한국 고승들이 남긴 문집, 제자백가들의 저술, 우리나라와 중국 고전 문인들의 작품들까지, 내가 익히는 공부의 울타리가 색깔과 영역을 바꾸었다. 처음으로 논문 형식을 빌려 쓴 글도 선시(禪詩)에 대한 논의였다. 석·박사 과정을 거쳐 학위를 받고, 또 많은 시간이 지나 삶의 외형과 몸을 깃들인 장소, 글의 성격(논문에서 소설로)도 많이 바뀌었지만, 언제나 곁에 머물며 힘을 실어 주고 어두운 밤길에 불을 밝혀 준 것은 붓다의 깨우침과 공자의 말씀이었다. 그분들의 가르침은 평생의 방할(棒喝)이 되었다. 배운 도둑질이 그러했으니 그 울짱 안에서 지혜를 길어 내야 했다.

    여러 사정으로 학자의 길을 접은 나는 다시 청소년 때의 꿈인 작가의 길을 모색했고, 차를 몰 도로로 소설을 택했다. 몇 편의 소설을 발표하던 중 2012년 장편소설 『남해는 잠들지 않는다』가 제3회 김만중문학상 대상으로 당선되면서 제2의 고향이라 할 남해로 내려왔다. 그로부터 13년이 지나 여전히 나는 남해에서 살고 있다. 태어난 고향은 경북 예천이지만 죽을 고향은 이곳 남해가 될 것이다.

남해는 오랫동안 육지와는 떨어져 있던 고립된 장소지만, 붓다와 공자와의 인연은 꽤 깊은 곳이다. 금산의 보리암, 호구산의 용문사, 망운산의 화방사와 망운사 등은 신라 시대 아니면 고려 시대 때 세워진 유서 깊은 사찰이다. 그 밖에 크고 작은 암자와 절간이 곳곳에 스미어 있다. 특히 보리암은 해수관세음보살이 상주하는 기도처로 유명하다. 또 고려 후기 몽골의 침입 때 전란을 이겨 내고 평화를 부르고자 새긴 팔만대장경의 판각지가 남해다. 나는 잠시 '남해고려대장경판각성지보존회' 사무국장을 맡기도 했다.

남해는 한편으로 '유배의 땅'이기도 하다. 고려의 송도나 조선의 한양에서 천 리 길 떨어져 있는 고도(孤島) 남해는 죄지은 사람을 가둬 두기에 최적지였다. 물론 유배형은 평민이나 천민, 여성 등 신분이나 성별을 구별하지 않았고 실제로 이들의 숫자가 훨씬 많았다. 그렇지만 기록에 이름을 올린 사람은 대부분 유가 사대부들이었다. 남해는 제주, 거제에 이어 가장 많은 150여 명의 유배인이 형벌을 받아 온 곳으로 알려져 있다. 그들은 남해에서 인고의 시간을 보내다가 죽거나 떠났는데, 그 시간 동안 남해에 흔적을 남겼다. 자암 김구, 약천 남구만, 서포 김만중, 소재 이이명, 겸재 박성원, 후송 유의양 등은 남해로 유배를 왔다가 기록을 남긴 대표적인 문인 지식인이다. 그들과 교유하거나 사제관계를 맺은 남해의 지식인들은 척박한 변방에 문화와 교양의 꽃을 피웠다.

남해에 살면서 나는 이렇게 불교와 유교가 남긴 자취들을 만났다. 그 흔적들을 밟으면서 붓다와 공자가 던지는 목소리와 마음을 듣고 보았다. 비 내리는 봄밤, 햇살 뜨거운 여름철, 단풍 흩날리는 가을밤, 하늘이 더 높아지는 겨울의 한나절, 두 분은 늘 내 곁에 계셨던 것처럼 느껴진다. 사람은 살아가면서 자신을 지켜 줄 보호막 같은 것이 필요한데, 붓다와 공자는 내게 그런 토담으로 자리했다. 앞으로도 나는 두 분의 말씀에 귀 기울이고 그것을 바른길 가는 나침판으로 삼으며 살 것이다.

2

붓다와 공자는 인류 역사가 배출한 훌륭한 인격체다. 두 분의 뛰어남을 말하는 것은 동어반복일 뿐이다. 두 분의 말씀과 행동을 담은 수많은 책이 우리가 왜 두 분을 본받아야 하는지 설명한다. 또 얼마나 많은 사람이 두 분의 언행을 풀이하고 살을 더했는지 헤아릴 수조차 없다. 여기서 내가 몇 마디 더 얹어 본들 큰 감흥을 불러일으키기는 힘들다. 다만 두 분이 2,500년 뒤 후손인 우리에게 권한 삶의 충고를 한마디로 요약한다면 뭐라고 해야 할지는 말해 주고 싶다. 그것은 결국 "욕심(욕망)을 줄이자"라는 것으로 귀결된다. 욕망을 줄여 주기 위해 두 분은 마음의 정수를 졸이고 졸여 숱한 말씀을 남기셨다.

욕심이 꼭 나쁘다고만 할 수는 없다. 우리의 DNA는 욕망으로 범벅되어 있다. 들쥐보다 연약했던 인간, '호모 사피엔스'가 생태계 최고 포식자에 오른 것은 거침없는 욕망의 분출이 있었기에 가능했다. 자신과 종족을 지키기 위해 인간은 끊임없이 '생존 욕망'을 북돋

앉고, 그 기술과 기억은 인간의 유전자에 흡수되었다. 인간은 자신을 위협하는 존재에게 과격했고 잔인했다. 그런 행동은 무수한 생물의 멸종을 가져왔지만, 대신 인간은 생존 경쟁의 정상에 우뚝 올랐다. 인간은 지구상 유일무이한 승리자가 되었다.

하지만 좋은 일에는 항상 마가 끼기 마련이다. 잘나가던 인간 문명은 어느 순간부터 삐걱거리기 시작했다. 문명의 발달이 중단되어서가 아니라 자연계를 향하던 문명 발전의 씨앗, 곧 욕망이 인간에게로 변침되었기 때문이다. 자연 정복이 성과를 거두자 그때부터 인간은 사람을 정복 대상으로 삼았다. 충돌의 질이 달라졌다. 일방적인 사냥이었던 정복은 창과 창이 맞부딪치는 혈투(血鬪)로 바뀌었다. 칼날은 더 날카롭게 벼려졌고 속임수와 기습 전술은 자신마저 속일 경지에 이르렀다. 다 얻지 못하면 아무것도 없다는 극한의 충돌은 소수만 살아남고 다수는 굴종하거나 학살당하는 참극으로 이어졌다. 문명은 위기를 맞았고 사람들은 혼란에 빠졌다.

인류사를 통틀어 처음 닥친 반(反)문명의 시대를 붓다와 공자는 살았다. 약자는 의지할 데가 없었고, 병자는 개골창에 던져져 야수의 먹잇감이 되어야 했다. 용케 살아남더라도 착취와 수탈에 시달리며 희망도 없이 살아야 했다. 그런 끔찍한 야만의 순간을 보면서 붓다와 공자는 암흑 속을 헤매는 인간들에게 삶을 긍정할 수 있는 힘을 보여 주고자 했다. 두 분의 실제 삶이 순탄하지 않은 것은 궁핍에 허덕이는 사람을 긍휼히 여기고 생존의 극한에 놓인 사람을 자비의 눈으로 바라본 탓이었다. 그 정신은 고결한 것이었고, 많은 사람이 거울로 삼아 흔들림 없이 자신을 지키게 만들었다.

21세기, 지금은 붓다와 공자 시대 이후 두 번째로 겪는 문명의 위기 상황이다. 경쟁 시대에 생존 욕망은 극대화되었다. 사람들은 또다시 혼란에 빠졌다. 사람들은 칼과 창, 총으로 사람을 죽이지 않고 제도와 전략, 자본의 힘으로 적대 세력을 몰아세운다. 그런 전쟁터에서는 이성이나 토론, 합리성이나 진정성 따위는 전혀 힘을 쓰지 못한다. 이제 곧 인간은 이기기 위해 AI를 전면에 내세울 것이다. 자신들을 죽음으로 내모는 줄도 모르고 낭떠러지로 질주하는 레밍처럼 인간은 가상 지능의 먹잇감이 될 수도 있다.

거대 담론의 세계만 휘청거리는 것은 아니다. 세대 간의 갈등은 더 치열해졌고 더 촘촘해졌다. 지역 갈등, 젠더 갈등, 계층 갈등, 종교 갈등, 소득 갈등 등 별별 문젯거리가 쏟아지면서 증오와 적대의 벽이 두꺼워지고 높아졌다. 다들 걱정하고 불안해하자 대책과 대안을 내놓고 있지만 백약이 무효인 것처럼 보인다. 이럴 때일수록 지혜로운 성현의 등장이 절실한데, 인류 지성의 수호자임을 자처하는 일부 군상들의 모습을 보면 저잣거리의 싸움꾼보다 더 조잡하고 사악하다. 이들에 대한 광신(狂信)은 춤을 춰도 경복(敬服)은 나오지 않는다.

결국 다시 우리는 붓다와 공자를 찾아야 한다. 복고 취향이나 지나간 것에 대한 향수 때문이 아니다. 과거 붓다와 공자가 주장하고 설득했던 논리를 이 시대에 그대로 복제한다면 효과가 없다. 두 분 사상의 갱신과 개벽이 필요하다. 중세의 어둠이 짙어지자 서구의 지식인들이 고대 희랍과 로마의 정신을 새롭게 읽었던 것처럼,

그래서 르네상스를 도래시킨 것처럼 '다시 읽는' 시간을 가져야 한다. 이 책이 그런 거창한 사명에 부응하길 바란다면 터무니없는 기망이다. 다만 지난 시간을 돌아보고 현재를 살피면서 미래를 가늠하는 데 약간은 도움이 되지 않을까 하는 기대를 품어 본다. 노력하지 않는 이에게 성취의 기회는 주어지지 않는다.

3

책을 준비하면서 많은 분의 도움을 받았다. 먼저 책의 출간을 제안하고 초고를 읽으면서 대폭 손질해 군더더기를 없애 준 출판사 관계자분들께 감사의 말씀을 드린다. 편집이 이래서 필요한 것이구나 하는 점을 절감했다. 아흔을 넘고 여든을 넘기신 두 분 부모님께도 고맙다는 말씀을 드린다. 또 여기저기 흩어져 살지만 우의는 돈독한 동생 임종진·남희 부부(순천), 임종창·양명숙 부부(뉴질랜드), 임종호·이윤지 부부(인천)에게도 고맙다는 말을 전한다. 그리고 조카들인 지혜와 지은, 영택, 유빈, 승재, 다윤(올 1월에 태어났다)이도 잘 성장해 줘서 부처님께 감사드린다. 지혜와 지은이는 아이까지 보았는데 서정과 지유, 슬아다. 그 밖에 서울과 남해에 사는 여러 분들께도 한꺼번에 고개를 숙인다. 초고를 읽어 준 남규택·김은지 부부의 조언도 큰 도움이 되었다. 부산에서 공부하고 있는 딸 견지와 은지에게도 고마운 마음을 전한다.

2025년 가을이 가까운 때 남해에서 쓰다

차례

04 서문

1부 삶이 흔들릴 때 나를 붙잡는 지혜

18   나를 알면 두려울 게 없다 – 참회(懺悔)와 자성(自省)
26   맑고 싶다면 맑게 살아야 한다 – 청빈(淸貧)과 청백리(淸白吏)
34   삶의 결과는 내가 지은 만큼 돌아온다 – 업(業)과 행(行)
42   가운데 서서 가는 길이 가장 멀리 간다 – 중도(中道)와 중용(中庸)
52   혼자 있는 시간도 수양이다 – 안거(安居)와 신독(愼獨)
59   마음이 지켜야 할 마지막 보루 – 양심(良心)과 불인지심(不忍之心)
67   뿌리를 알면 중심이 선다 – 선맥(禪脈)의 계보와 유교의 도통설(道統說)
76   마음이 넉넉한 사람이 진짜 부자 – 빈자일등(貧者一燈)과 자행속수(自行束脩)
83   나는 어떤 유형의 사람일까 – 불교와 유교의 인간형
91   지나간 것은 놓아두자 – 사랑과 집착
98   잊히지 않는 사람은 죽지 않는다 – 다비(茶毘)와 상례(喪禮)
107 사람은 길 위에서 단단해진다 – 붓다와 공자의 여행
114 여운 있는 삶을 위하여 – 여유와 시심(詩心)

2부 누구에게나 한결같은 인생의 법칙

- 124 사람됨은 태도에서 드러난다 – 붓다와 군자(君子)
- 131 유연함이 지혜가 될 때 – 방편(方便)과 권도(權道)
- 138 다름을 인정할 때 시작되는 대화 – 불교와 유교에서 벌어진 논쟁
- 146 다툼 후에 남는 건 상처뿐이다 – 법난(法難)과 사화(士禍)
- 155 내일은 저절로 오지 않는다 – 육바라밀(六波羅蜜)과 실천
- 163 지금이 가장 빠른 때다 – 배움의 즐거움
- 170 배움에는 정해진 자리가 없다 – 야단(野壇)과 행단(杏壇)
- 178 배움의 끝은 어디인가 – 자등명 법등명(自燈明 法燈明)과 발분망식(發憤忘食)
- 187 아는 것보다 행하는 것이 어렵다 – 우력(運力)과 향약(鄕約)
- 194 사람은 남을 가르치며 산다 – 대기설법(對機說法)과 임기응변(臨機應變)
- 202 스승은 제자를, 제자는 스승을 빛낸다 – 십대제자(十大弟子)와 공문십철(孔門十哲)
- 210 기록은 지혜를 남긴다 – 팔만대장경과 석경(石經)
- 217 진리는 비유로도 전해진다 – 법화칠유(法華七喩)와 우언(寓言)

혼자일 수 없는 우리를 위한 철학

228 좋은 벗은 삶을 깊게 만든다 – 선우(善友)와 삼익우(三益友)

237 큰 인물 곁에는 큰 어머니가 있다 – 마하파자파티와 안징재

245 살리고자 하는 마음이 사랑이다 – 방생(放生)과 요산요수(樂山樂水)

252 모든 생명은 소중하다 – 남전참묘(南泉斬猫)와 불문마(不問馬)

259 병은 몸보다 마음을 더 아프게 한다 – 약사여래(藥師如來)와 사인사질(斯人斯疾)

267 제멋대로 살면 악명이 따라붙는다 – 건달(乾達)과 한량(閑良)

275 어딜 가든 악인은 있다 – 요승(妖僧)과 부유(腐儒)

283 기념한다는 것의 의미 – 붓다와 공자의 탄신일

290 차 한 잔, 술 한 잔의 철학 – 차(茶)와 술[酒]

298 함께하는 삶이 더 즐겁다 – 승속일체(僧俗一體)와 여민동락(與民同樂)

304 자연과 인간은 따로 있지 않다 – 창백한 푸른 점에 사는 우리

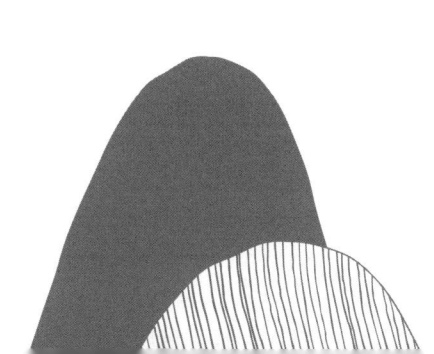

1

삶이 흔들릴 때
나를 붙잡는 지혜

나를 알면 두려울 게 없다

-

참회(懺悔)와 자성(自省)

잘못을 저지르지 않고 사는 사람은 없다. 실수와 허물은 사람이 모여 살면서 불가피하게 저지르는 악습이라 할 수 있다. 의도치 않게, 때로는 누가 알겠어 하는 요행심으로 실수를 저지른다. 그런 실수를 범했을 때 어떻게 대처하면 좋을까? 일부 어리석은 사람들이 하는 것처럼 발뺌하거나 무시하거나 남에게 뒤집어씌운다고 해결될 것 같지는 않다.

    사실 해결책은 간단하다. 잘못을 인정하고 사과하면 된다. 그리 어려운 일이 아니다. 대개 잘못이란 사소해서 법적인 문제로까지 이어지는 경우는 드물다. 웃는 얼굴에 침 못 뱉듯이 미안하다고 말하는 사람을 앞에 두고 매몰차게 꾸짖거나 욕하는 사람은 없다. 웬만하면 기분 좋게 사과를 받아들이고 용서한다.

살면서 느끼는 일인데, 사람들은 사과에 무척이나 인색한 것 같다. 뻔히 증거가 드러났는데도 아니다, 오해다, 너희가 잘못 들었다, 이런저런 핑계를 대며 생사람 잡는다고 큰소리치기도 한다. 이렇게 적반하장식으로 나온다면 말 한마디로 끝날 일이 주먹다짐이나 소송으로까지 번진다. 안타깝게도 세상에는 파렴치한, 인두겁을 쓰고 사는 짐승만도 못한 망종들이 예상보다 많다. 사람을 죽이려 해 놓고도 아무도 다치지 않았으니 죄가 없다고 정색을 한다. 비리로 얻은 정보로 투기를 해 재산을 늘리고도 그런 일 없다고 뻔뻔하게 거짓말을 한다. 높은 사회적 신분을 이용해 자신의 죄를 덮어 버리고, 이를 밝혀야 할 책임이 있는 자들도 유유상종하며 옹호해 준다. 가공할 부조리의 회전목마다.

　당연히 나도 잘못을 많이 저지르며 살았다. 지나치게 흥분해서 남의 감정을 도발하기도 했고, 상대가 옳은 줄 번연히 알면서 고집을 꺾지 않았다. 한 번 더 차분히 생각하면 참고 넘어가거나 조금 불편을 감수하면 마음에 거리낄 게 없는 일을 순간의 판단을 그르쳐 잘못을 저지른 적도 있다.

　그러면 나는 우선 사과부터 한다. 관점에 따라서는 내 잘못이 아닐 것 같은 일도 미안하다고 고개를 숙인다. 때로는 그런 사과가 모든 문제의 발단이자 귀결로 낙인찍혀 곤욕을 치르기도 한다. 사과를 했으니 유죄라는 논리다. 그럴 때는 억울하기도 하고 엄한 벼락을 맞았다는 생각에 영악하지 못한 자신이 한심할 때도 있다. 하지만 곤경은 잠시다. 곧 많은 사람이 내가 애꿎은 비난을 들었음을 안다. 얻어맞은 놈은 다리 펴고 자고 때린 놈은 움츠리고 자듯이 한 번의 사과로 기분이 홀가분해지니 그렇게 편할 수 없다. 물론 사과로 해결이 안 될 잘못도 있다. 그럴 때는 응분의 처벌을 받아 속죄하는 길도 있으니 무작정 달아날 궁리만 할 필요는 없다.

사과는 왜 하게 될까? 내가 잘못했음을 인정하고 반성했기 때문이다. 내가 상대의 몸이나 마음에 상처를 주었고, 물질적인 피해를 입혀 폐를 끼친 사실을 알아 후회하거나 보상하려는 의지가 생기면 진심에서 우러나온 사과가 뒤따른다. 나 몰라라 해서는 안 된다는 양심의 권유를 외면하기란 쉽지 않다. 그런데 간혹 사과할 기회를 놓칠 때가 있다. 뒤늦게 잘못을 깨달아 이미 과거지사가 되어 버렸거나 상대방이 어디에 있는지 모르는 경우다. 심지어 그 사람이 세상을 떠난 뒤여서 사과하고 싶어도 할 수 없는 상황이 벌어지기도 한다. 그러면 마음속 죄책감을 영영 씻을 수 없게 된다. 여러모로 사과는 빠를수록 좋다.

거꾸로 사과를 받아야 할 때도 있다. 이때 제일 좋은 건 잘못한 쪽이 알아서 찾아와 진심으로 사과를 건네는 것이다. 그러면 너그러운 마음으로 받아들여 주면 된다. 문제는 저쪽이 분명 잘못했고 사과를 해야 정상인데, 시치미를 딱 떼거나 외려 잘못을 포장하려 할 때다. 그러면 도저히 용서가 안 된다.

예컨대 과거 일본은 우리나라를 비롯한 아시아 각국을 불법 침략해서 온갖 범죄를 다 저질렀다. 위안부 강제 동원, 노동자 강제 징용, 강제 징병, 민간인 학살 등 사례를 들자면 수없이 많다. 그런데 일본 정부는 범죄를 인정하기는커녕 사실 자체를 부인한다. 위안부나 노동자들은 자발적으로 취업했고 임금도 평상시보다 더 많이 지급했다고 우긴다. 1965년 한일협정 때 일괄 해결된 문제를 재론한다며 피해자들의 도덕성까지 매도한다. 평소 '쓰미마셍(미안합니다)'을 입에 달고 사는 게 일본 사람들인데, 어쩌면 이렇게 쉽게 표변할 수 있는지 황당하기 짝이 없다.

사과와 반성은 합리적 이성을 가진 사람이라면 누구나 실천해야 할 윤리다. 독불장군식으로 제 고집과 주장만으로 버티면 왕따 당하거나 도태되기 십상이다. 오류와 잘못이 있을 때 시정했기 때문에 지금과 같은 고도 문명도 도래한 게 아닐까? 고도 지능을 구사하는 인간은 옳고 그름을 판단하는 능력이 있어 숭고해진다.

수행과 공부를 중시했던 붓다와 공자, 그 제자들의 반성과 사과의 궤적은 어떠했을까.

불교는 자유와 자율을 중시하지만, 한편으로 엄격한 계율이 제정되어 있어 이를 지키지 않으면 파문을 당할 수도 있다. 계율은 붓다가 성도해 제자를 거느리게 되면서 마련되었는데, 비구계는 250가지이고 비구니계는 348가지에 이른다. 정말 많다. 붓다 재세 때부터 정해진 범위라니 수행자가 가는 구도의 길이 얼마나 수고롭고 조심스러운지 알 수 있다.

비구·비구니 계율은 사미·사미니가 받는 10계와 견주어서 계율의 내용이 완전하게 갖추어져 있다는 뜻으로 구족계(具足戒)라 부른다. 이와 별개로 수행자가 아닌 재가신도가 따라야 할 계율이 따로 있다. 흔히 오계(五戒)라 알려진 그것이다. 생명체를 죽이지 않는 불살생계(不殺生戒), 남의 물건을 훔치지 않는 불투도계(不偸盜戒), 음란한 짓을 하지 않는 불사음계(不邪婬戒), 거짓말을 하지 않는 불망어계(不妄語戒), 술을 마시지 않는 불음주계(不飮酒戒)다. 이 오계는 출가 수행자에게도 당연히 적용된다.

수행하고 신행 생활을 하면서 촘촘한 계율을 잘 지키면 좋겠지만 살다 보면 자기도 모르는 사이 이를 어길 때가 생긴다. 또 육근(六根), 즉 눈[眼]·귀[耳]·코[鼻]·혀[舌]·몸[身]·의식[意]의 인지 능력 때문에 일어나는 허물도 있다. 또 무명(無明)이라는 치명적인 한계 때문에 죄업에 빠지기도 한다. 이처럼 수행자나 신도는 여러 가지 이유로 죄업을 저지를 수 있지만 이를 바로잡을 방법이 있다. 참회(懺悔)를 통해 가능하다. 참회는 자신이 저지른 잘못을 반성하고 회개해 다시 참다운 나로 돌아가는 일련의 행위를 말한다. '참'은 산스크리트어 크샤마(kṣama)의 음역으로 '용서를 빈다', '뉘우친다'라는 뜻을 가진 말이다. '회'는 크샤마를 의역한 말이라고 한다. 두 단어를 합쳐 '참회'라 부르게 되었다.

붓다 때부터 행해진 두 가지 대표적인 참회 방식으로 포살(布薩)과 자자(自恣)가 있다. 포살은 매달 15일과 30일, 즉 보름에 한 번씩 경전에 적힌 계율을 읽고 들으면서 그동안 지은 죄가 있으면 뉘우치는 방식이다. 이를 통해 선업을 기르고 악업을 없앤다. 우리나라에서는 신라 시대 큰스님 자장율사(慈藏律師, 590~658)에 의해 처음 확립된 뒤 오늘날까지 이어지고 있다. 자자는 하안거 마지막 날인 음력 7월 15일에 안거 중 저지른 잘못을 참회하는 행사다. 수행자들이 보고[見] 듣고[聞] 의심난[疑] 세 가지 일에 대해 반성하며 자신의 죄과를 진술·고백하는 참회 방식이다. 자자 역시 자장율사가 포살과 함께 시행했다고 전한다.

이 밖에도 불교에는 자신의 허물과 잘못을 고백하고 참회하는 다양한 참법(懺法)이 있는데, 그중 점찰법회(占察法會)가 흥미롭다. 신라 시대 고승 원광(圓光, 542~640) 법사가 처음 열었고 이후 진표(眞表, 718~?) 율사가 정착시킨 법회다. 말법 시대에 중생을 교화하고 제도하기 위해 만들어졌다고 한다. 이 법회에서는 목륜상법(木輪相法)이라고 하는 점찰법이 실천되었는데, 쉽게 말해 나무 조각을 던져 점을 치는 것이다. 말법 시대가 오면 불자들에게 많은 시련과 장애가 닥쳐 수행을 어렵게 만들어 불심을 혼란에 빠뜨린다. 이때 과거에 지었던 업보와 현재의 고락길흉을 점찰해 참회함으로써 마음의 안정을 얻게 하는 것이다.

이렇듯 날을 정해 때마다 청정한 마음으로 참회하여 새로운 수행자로 거듭나는 것은 반드시 있어야 할 절차다. 가장 좋은 일은 참회할 허물이 없는 것이겠지만, 허물을 숨기거나 회피하지 않고 적극적으로 드러내고 고백하는 태도야말로 진정 수행자가 보여야 할 모범이다. 물론 수행자만 계율을 지키고 참회해야 할 이유는 없다. 오히려 허물과 잘못은 평범한 세속의 시민들이 더 많이 더 자주 짓고 산다. 그러니 때때로 자신의 삶을 돌아보며 반성과 참회의 시간을 가질 필요가 있다. 그럴수록 스스로에게 더 떳떳해지고 세상에도 거짓과 위선이 줄어들 것이다.

말년에 조국 노(魯)나라로 돌아온 공자는 자신의 시대에 치군택민(致君澤民)의 길이 열리기는 어렵다고 판단했다. 그러기에는 많이 늙고 지쳐서 기력이 예전 같지 않았다. 그래서 학당을 열어 후학들을 가르쳤다. 모름지기 많은 제자를 둔 스승이라면 학생들을 지도하기 위해 학칙 같은 것을 만들 법도 한데, 특별히 전하는 기록은 없다. 다만 공자 스스로 "군자란 허물이 있으면 고치기를 꺼려서는 안 된다[過則勿憚改 - 「학이편」]"라고 말한 것을 볼 때 학당 안에서 준행되는 규율은 있었던 것으로 보인다.

공자는 학생들을 지도할 때 강압적인 제제보다 자발적인 반성에 무게를 두었던 것 같다. 자신이 먼저 반성하는 태도를 보임으로써 제자들에게 모범을 보였다. 『논어』「이인편」에 "현명한 이를 보면 본받을 것을 생각했고, 그렇지 못한 이를 보면 마음속으로 스스로 반성했다[見賢思齊焉 見不賢而內自省也]"라는 말이 나오고, 「안연편」에서는 사마우(司馬牛)가 군자의 본분을 묻는 말에 "군자는 근심하지도 않고 두려워하지도 않는다[君子不憂不懼]"라면서 "마음으로 반성해 꺼림이 없으니 어찌 근심하고 두려워하겠는가?[內省不疚 夫何憂何懼]"라고 덧붙였다.

이런 공자의 반성론은 학당의 제자들에게 영향을 미쳤을 게 틀림없다. 단적인 예가 「학이편」에 보인다. 증자(曾子, 曾參, 기원전 505~기원전 435)는 날마다 자신의 행동에 대해 세 번 반성한다[吾日三省吾身]고 말하면서 그 조목으로 세 가지를 제시한다. 첫째 남을 위해 일하면서 성실했는가[爲人謀而不忠乎], 둘째 벗과 사귀면서 신실했는가[與朋友交而不信乎], 셋째 익히지도 않은 정보를 전달하지는 않았는가[傳不習乎]이다. 지극히 개인적인 반성이지만, 증자가 학당에서 막내 연배였음을 감안하면(증자는 공자와 46살 터울이다) 학당 내에 자기반성과 성찰의 분위기가 그득했음을 짐작할 수 있다.

공자 때는 아니지만 나중에 유가의 교육 장소로 쓰인 서원(書院)에는 학규(學規)가 마련되었다. 주희(朱熹, 1130~1200)가 백록동에 서원을 세우면서 제정한 '백록동학규'가 대표적인데, 신중하게 생각하라[愼思之]거나 분노를 가라앉히고 욕심을 눌러라[懲忿窒慾] 같은 세부 지침이 있는 것으로 보아 자성(自省)을 중시했던 것으로 보인다. 성격은 조금 다르지만 수경신(守庚申)이라는 풍속도 비슷한 의도였을 듯하다. 수삼시(守三尸)로도 불린 이 풍습은 도교에서 기원했는데, 경신일 밤에 잠을 자지 않고 지난 60일 동안의 언행을 돌이켜 보아 반성했다고 한다. 만약 이날 밤잠을 자면 삼시충이 몸에서 빠져나와 옥황상제에게 그간의 잘못을 고자질한다고 한다.

잘못은 누구나 저지른다. 그것을 알고도 고치지 않는다면 허물이 커져 끝내 감당하지 못할 과보를 받게 된다. 『명심보감』에서 말하길 "하늘에 죄를 지으면 빌 곳이 없다[獲罪於天 無所禱也]"라고 했고, "악의 도가니가 가득 차면 하늘이 반드시 벤다[惡罐若滿 天必誅之]"라고 했다. 그러니 항상 잘못을 경계하면서 이를 반성하고 참회할 일이다. 이것이 스스로의 허물을 줄이고 가족이나 이웃과 불화 없이 즐거운 일상을 보낼 수 있는 비결이다.

맑고 싶다면 맑게 살아야 한다

-

청빈(淸貧)과 청백리(淸白吏)

명나라를 세운 개국 황제 주원장(朱元璋, 1328~1398)은 지독하게 가난한 빈농 출신이었다. 소작농의 6남매 중 막내로 태어난 그는 어려서 부모를 잃고 천하를 떠돌며 거지나 다름없는 삶을 살았다. 호구지책으로 떠돌이 걸승(乞僧)으로 지내다가 홍건적 패거리에 들어가 차츰 성공해 최고 지휘관에 올랐다. 그 기세로 당시 할거했던 군웅(群雄)들을 제압하고 마침내 천하를 제패해 황제의 자리에 이르렀다.

원나라 말기는 혼란이 극에 이른 만큼 관리들의 무능과 부패도 최악이었다. 그런 비리와 담합 때문에 죽어나는 건 민중이었고, 주원장은 그 참상을 생생하게 목격했다. 그리고 황제가 되자 비리 척결을 국정의 최우선 과제로 내세웠다. 그는 가렴주구를 일삼는 탐관오리라면 치를 떨었다. 적발되는 즉시 그런 관리는 처형당했고 재앙은 가족들에게까지 미쳤다. 세상에 목숨이 아깝지 않은 인간은 없을 테니 이렇게 철퇴를 가하면 부패 관리가 사라지리라 믿었다. 그러나 처형장이 시체로 피바다를 이뤄도 부패는 사라지지 않았다. 결국 천하를 호령했던 주원장도 두 손 두 발 다 들고 포기하고 말았다. 관료의 부정부패와 비리가 없어지는 날보다 암이 먼저 정복될 것이다.

관리들의 부정부패는 주원장 시대만의 문제는 아니었다. 인간 사회에 관료제가 들어선 이후 한 번도 중단된 적이 없다. 왜일까? 구조적으로 부패하지 않으면 생존할 수 없기 때문이다. 또 직분보다 권한이 많다 보니 뇌물이나 접대 같은 유혹이 끊이지 않는다. 꿀이 넘치는 가나안 땅에 누군들 들어가길 주저하겠는가! 상대적으로 낮거나 거의 없던 급여 체계도 비리를 부추겼다. 당장 초가집에 비가 새고 식솔들이 굶주리는데 자부심을 가지고 꿋꿋이 버티라고 다그친다면 가슴에 와닿겠는가? 어쩌면 관료의 비리나 부정을 바로잡는 일은 모든 정치 지도자의 과제이면서 민중들의 숙원이라고 해도 과언은 아닐 것이다. 안타깝지만 이 염원은 한 번도 이루어진 적이 없다.

어느 시대 어느 지역이나 관료들의 부패는 국민을 힘들게 했고, 그 결과 저항과 이반이 일어나 공동체가 무너진 경우는 셀 수 없을 만큼 많다. 정말 안타까운 일은 불만이 곪아 터지기 전에 사태를 깨닫고 바로잡는 전환이나 개혁의 노력이 거의 없다는 사실이다. 사람은 적응의 동물이라 부패가 만연해도 익숙해지면 체감하지 못하게 된다. 아니 감지한다고 해도 체념하거나 나도 한 숟가락 떠먹자며 동참한다. 이러니 악화는 불 보듯 뻔하다.

거창하게 국가나 지자체를 들먹이지 않더라도 조금만 관심을 두면 이런 부정과 비리는 주변에서 심심찮게 눈에 띈다. 터무니없는 완력과 폭력으로 사람들을 괴롭히거나 제 잇속을 챙기는 날강도가 시나브로 돌아다니기도 한다. 대개 사람들은 선량하고 방어적이라 조금 피해를 당해도 일진이 나쁘다고 생각하며 피한다. 그러면 그들의 기세는 더욱 높아지고 피해는 눈덩이처럼 쌓인다. 악순환이 아닐 수 없다. 그러나 과연 나만 눈 감는다고 피해를 피할 수 있을까?

화가 난다고 떨어진 깡통을 걷어차거나 소주잔 기울이지 말고 진지하게 주변을 돌아보자. 속담에 '호미로 막을 것을 가래로도 못 막는다'라는 말이 있다. 혹시 바늘 도둑이 있다면 소도둑이 되기 전에 저지해야 밤길이 안전해진다. 한번 더러워진 물은 가만히 둔다고 맑아지지 않는다. 오히려 병원균의 온상이 되거나 유해 동물의 소굴로 바뀌기 십상이다. 정화 시설을 만들고 쓰레기는 걷어 내며, 해로운 멧돼지나 간교한 여우가 얼쩡대면 여럿이 힘을 모아 쫓아내야 한다. 그래야 수원이 맑아져서 안심하고 맑은 물을 마실 수 있다. 우리의 의지가 중요한 것이다.

붓다는 누구보다 청빈하게 일생을 살다 간 분이다. 더구나 출가 전 붓다는 한 왕국의 태자로서 온갖 부귀영화를 다 누렸다. 그런데도 가사 한 벌 걸치고 매일 탁발을 다니면서 가난을 벗으로 여겼다. 30평 집에 살던 사람은 죽어도 20평 집에는 못 산다고들 한다. 그만큼 삶의 질이란 위를 올려다보지 아래를 내려다보지는 않는다. 그러니 붓다의 청빈은 크나큰 인내와 금욕의 과정을 거쳐 이루어졌다고 말해야 할 것이다.

『태자쇄호경』에 "재물에 욕심을 일으키지 않고 청아하며 가난을 달게 여기는 사람은 다음 생에서 사람의 몸을 받아 부귀영화를 누리고 안락하게 살게 된다"라는 붓다의 말씀이 나온다. 이때의 부귀영화는 물질적인 풍요만을 가리키지 않는다. 집안이 화목하면서 건강하고 걱정 없이 살 때, 그것은 금은보화보다 더 값진 선물이 아닐 수 없다.

이생의 삶이 전부지 무슨 전생이며 내생이 있겠냐고 거드름을 피우는 사람도 있다. 태어나기 전의 나, 죽고 난 뒤의 나란 눈에 보이지 않으니 무시하면 그만일까? 어쩌면 태어나기 전의 나란 지금의 나를 있게 만든 조상들을 말할 수 있다. 또 죽고 난 뒤의 나란 내 후손들일 수 있다. 조상이 있기에 내가 있고 내가 있기에 후손이 있다. 조상들이 저만 알아 막가파로 살았다면 지금의 내가 있을 수 있을까? 또 내가 막산다면 후손들이 편안할 수 있을까?

붓다가 배우자 없는 출가 수행자의 삶을 강조한 것도 그런 청빈의 서약이 흔들릴까 염려한 것이리라. 탁발은 음식에 대한 욕망을 없애기 위한 방편이며, 삭발 역시 욕망의 번뇌를 잘라 내기 위한 꾸밈새였다.

붓다는 무소유도 강조했다. 『앙굿따라 니까야』를 보면, 어느 때 붓다가 고향 땅을 찾았는데 속세의 부인이던 야소다라가 아들 라훌라에게 아버지를 찾아가 재산을 상속해 줄 것을 청하라고 시키는 장면이 나온다. 그러자 붓다는 사리뿟따에게 라훌라를 출가시키게 했다. 무소유의 삶을 사는 붓다가 아들에게 상속할 것은 출가밖에 없었기 때문이다. 아들을 출가시키면서 붓다는 "다시는 태어나지 마라"라고 간곡한 말씀을 남겼다고 한다. 이후 붓다의 제자들은 그 뜻을 받들어 무소유의 삶을 최고의 수행법으로 여기며 정진하게 되었다.

세상의 모든 분쟁은 더 갖겠다는, 더 채우겠다는 욕망에서 비롯된다. 그러나 욕망은 밑 빠진 독이라 아무리 채워도 항상 비어 있고 허기지게 만든다. 결국 그 욕망의 도가니에 빠져 인간은 몰사하고 만다. 얼마 전 법정(法頂, 1932~2010) 스님이 쓴 수필「무소유」를 다시 읽었다. 쓰인 지 50년도 더 지난 이 글은 놀랍게도 지금 우리들의 망상과 욕망에 송곳처럼 날카로운 꾸짖음을 던지며 억만금의 무게로 우리를 미망에서 구해 낸다.

스님은 무소유의 뜻을 '아무것도 갖지 않는 것'이 아니라 '불필요한 것을 갖지 않는 것'이라며 친절한 설명까지 달아 주었다. 무소유의 삶이 어찌 홈리스처럼 살라는 말이겠는가? 필요한 만큼만 가지고 살 때 우리는 남는 것을 덜어 남에게 베풀 수 있게 될 것이다.

공자 역시 허영과 가식, 과도한 재물 쌓기를 경계했다. 워낙 빈한한 집안 출신인 탓도 있지만, 공자는 제자들을 가르칠 때도 성의 이상의 학비는 받지 않았다.『논어』「헌문편」에 "천리마란 그 말의 힘을 두고 하는 칭찬이 아니라, 훌륭한 덕을 두고 칭찬하는 말이니라[驥 不稱其力 稱其德也]"라는 너무도 유명한 공자의 말이 나온다. 능력보다는 사람의 인품과 진심을 더 중시한다는 말인데, 당연히 무욕도 포함된다. 이처럼 공자 역시 가난과 무욕에서 삶의 즐거움을 찾았던 것이다.

공자의 제자 가운데 가장 궁핍했던 이는 안연(顏淵)이다. 그런 안연을 공자는 가장 아꼈고 그에게 기대를 걸었다. 그래서 이른 나이에 안연이 죽자 그토록 애통해했던 것이다. 청빈이 극에 이르러 굶어 죽다시피 한 안연이 수제자가 된 것은 청빈을 강조하기 위한 장치였을 수도 있어 보인다.

공자의 후계자들도 그런 청빈의 삶을 살았을까? 물론 많은 사람이 그런 삶을 추구했지만, 실제로 그들은 부귀영화와 입신양명의 화신들이 되어 버렸다. 앞서 주원장 시대에 목이 날아가면서도 부정과 비리에 골몰했던 관료들 대부분이 공문(孔門)의 제자들이었고, 공자의 말씀을 달달 외워 과거에 합격해 벼슬에 오른 치들이었다. 중국까지 갈 것도 없다. 조선 시대도 마찬가지였다. 조선 500년 동안 관료의 대부분은 과거 급제자들이었고, 하나같이 공자의 말씀을 신줏단지처럼 모시며 살았다. 그들 중 과연 몇이나 청빈을 실천했을까?

백성의 재물을 불법적인 방법으로 수탈하여 제 뱃속을 채우고 식솔들까지 호의호식시킨 부패한 관리를 일컬어 '탐관오리(貪官汚吏)'라 부른다. 이들은 조선의 기반을 좀먹고 급기야 나라까지 말아먹었다. 탐관오리들은 기회가 오자 바로 매국노로 표변해 조선이 망한 뒤 식민지 시대에도 떵떵거리며 살았고, 지금까지도 그 후손들은 나라의 노른자위 권력과 특권, 재산을 독차지하며 살고 있다. 해방되었을 때 주원장 같은 인물이 정권을 잡았다면 이런 모순은 벌어지지 않았을 것이다.

탐관오리의 반대말은 '청백리(淸白吏)'다. 맑고 깨끗하게 관료로서의 삶과 본분을 지켜 칭송을 듣는 관리를 가리키는 말이다. 조선 시대 청백리는 몇 명이나 되었을까? 청백리는 단순히 명성이나 평판만으로 받을 수 있는 호칭이 아니었다. 조정에서 엄격한 심사를 거친 뒤 부여되었다. 그러니 관료라면 뇌물을 주든 권력을 휘두르든 이 영예로운 호칭을 얻고자 혈안이 되었을 것이다. 열녀가 세 명 나오면 그 집안 사내에게 벼슬자리를 주었듯, 청백리가 나오면 후손에게 관직이 주어졌으니 이런 짭짤한 부수입이 또 어디 있겠는가!

그럼에도 조선 시대 청백리 숫자는 엄청나게 적다.『대동장고(大東掌故)』란 책에는 121명이 실려 있고,『증보문헌비고』에는 122명,『청선고(淸選考)』에는 186명,『전고대방(典故大方)』에는 217명,『한국성씨대관』에는 197명이 실려 있다고 한다. 심사가 엄격했다고 해도 너무 적다. 조선은 물경 500년을 유지한 나라인데, 어째 이리도 청백리가 귀할까? 조선 시대 관료의 총수는 수십 만 명도 넘었을 텐데 말이다. 청백리가 되려다가 집안사람 다 굶겨 죽이기 때문일 것이다. 대대로 잘사는 집안 출신이라면 백성을 수탈하고 가렴주구에 골몰하지 않아도 괜찮겠지만, 재물이 재물을 부르는 세상이니 재물과 권력에 더 악착일 법도 하다.

지금 시대에는 대놓고 비리를 저지르거나 뇌물을 받아 챙기고 내부 정보로 수십억 원의 이익을 차지하는 일을 제도적으로 잘 막아 놓았다. 그렇다고 과연 안전할까? 법과 제도의 허점을 가장 잘 파고드는 이들이 탐관오리가 아닌가?

우선은 나 자신부터 청백리가 되어야겠다. 그리고 부정부패를 저지르고 불법적인 이득을 취하는 무리가 있으면, 그들이 관료든 종교인이든 교육자든 정치인이든 항상 감시해 뿌리를 뽑아야겠다. 그것이 바로 우리의 재산, 우리의 생명을 지키는 지름길이기 때문이다.

삶의 결과는 내가 지은 만큼 돌아온다

업(業)과 행(行)

사람이 살면서 죄를 짓지 않고 산다면 그것만큼 행복한 삶은 없을 것이다. 부유하고 넉넉한 집안에서 태어나 인격과 교양을 갖춘 부모 아래서 성장했다면 죄악을 피할 가능성이 높다. 반대로 가난하고 형편이 어려운 집안에서 태어나 성향이 나쁜 부모 밑에서 자랐다면 좋지 못한 행실에 빠질 확률이 높아진다. 물론 반대의 예도 얼마든지 있겠지만, 사람은 환경의 지배를 많이 받으니 이왕이면 삼신할멈이 다복한 가정에 점지해 주시기를 바란다.

    사람이 나쁜 짓을 하는 까닭에 환경도 크게 작용하겠지만, 개인의 타고난 성품에도 영향을 받는다. 나면서부터 악한 사람이 어디 있냐고 반문한다면 그 말도 맞다. 갓난아기를 가리켜 순진무구하다고 하는데, 그것은 '하늘의 참됨을 타고나 때가 전혀 묻지 않았다'라는 뜻이다. 갓 태어나서는 다들 해맑고 티 없는 웃음을 보이는데 왜 자라면서 점차 비뚤어진 성격을 가지는지 이해가 되지 않는다. 숨어 있다가 드러나는 것일까? 아니면 밖에서 묻어 들어오는 것일까? 수십 명을 죽인 연쇄살인마가 타고난 기질 때문이라면 유년기부터 못된 본성이 드러날 텐데 과연 그럴까?

나는 날씨가 좋거나 가까운 곳에 외출할 일이 있으면 대개 걸어 다닌다. 그럴 때마다 놀라운 경험을 한다. 걷는 시간이 등하교 때 맞춰졌다면 길가에서 삼삼오오 짝을 지어 걷는 어린 초등학생들을 만난다. 서로 얼굴을 보며 쫑알대기도 하고 무엇이 즐거운지 까르르 웃는다. 이제는 다 큰 딸애들도 저 때는 저랬으려니 생각하면 세월이 무심히 흘러갔음을 절감하면서 아련한 추억에 잠길 때도 있다.

놀라운 일은 그 아이들이 나를 보면 남학생 여학생 가리지 않고 하나같이 인사를 하는 것이다. 고개를 꾸벅이면서 하이톤의 목소리로 "안녕하세요!" 하고 안부를 묻는다. 처음에는 다른 사람에게 인사하는 줄 알았다. 아이들이 나를 알 리 없기 때문이다. 뒤를 돌아보았지만 아무도 없었다. 내게 인사를 하는 거냐며 손가락으로 나를 가리켜 보지만, 아이들은 이미 지나가 버린 뒤였다. 사람을 잘못 본 모양이구나 여겼지만, 그런 일이 거듭 일어나자 비로소 애들이 내게 인사를 했구나 깨달았다.

길에서 어른을 보면 인사를 하라고 학교에서 배웠을지도 모른다. 아니면 좁은 남해에는 서로 인척 관계로 맺어진 사이가 많으니, 집안 어른이라 지레짐작하고 먼저 인사를 건넸을 수도 있다. 부모들이 길에서 어른을 만나면 꼭 인사를 드리라고 말했을 수도 있다. 다 교육의 힘이란 말이다. '웃는 얼굴에 침 뱉으랴'라는 속담처럼 좋은 학교 교육이고 가정 교육이라 여겨져 뿌듯했다. 그러다가 곰곰이 생각해 보니 꼭 배웠기 때문일까 하는 의문이 들었다. 시키는 대로 다 한다면 얼마나 좋겠는가! 귀찮거나 쑥스러워서 인사를 거를 수도 있는 일이다. 그런데도 어른을 만날 때마다 꼬박꼬박 인사하는 것은, 인사를 잘하면 상대가 용돈이라도 줄까 기대하기 때문일 리는 없다.

나는 초등학생들의 인사성이 바른 것은 타고났기 때문이라는 결론을 내렸다. 누가 가르치거나 시켜서도 아니고, 이거 하면 득이 되겠다 싶어 타산적으로 올리는 인사도 아니다. 목이 마르면 물을 마시는 것처럼 품성에서 절로 우러난, 바람이 불면 풀이 고개를 숙이는 것처럼 자연스러운 심성의 발로이다.

그런데 서울에서는 이런 기억이 없다. 그곳에서도 수많은 초등학생을 마주쳤을 텐데 인사하는 학생을 보지 못했다. 도시 학생들과 농촌 학생들의 인성이 다르기 때문일까? 도시에서는 괜히 아는 체했다가 유괴라도 당할까 봐 아예 모른 체 외면하는 걸까? 무엇이 정답인지는 모르겠지만, 도시든 농촌이든 아이들의 품성은 다르지 않다고 나는 믿는다. 자라면서 적응이 달라졌을 뿐이다. 그렇게 보면 도시에서 자라는 아이들이 참 안됐다.

올바른 삶의 태도란 기본적으로 착하게 사는 것이다. 남의 얼굴에 피를 뿌리려면 먼저 제 입이 더러워져야 한다는 말처럼 남에게 해를 끼치면 자신이 먼저 오탁(汚濁)의 세상에 빠진다. 더구나 죄를 지으면 반드시 처벌이나 응징을 받는다.

원래 인간은 홀로 있으면 개미보다 약한 존재다. 협업하면서 서로를 돕고 보호한 순간부터 최고 포식자가 되었다. 곧 인간은 다른 사람의 도움 없이는 살 수 없다는 얘기다. 그러니 다른 사람을 잘 대하고, 좋은 인상을 남기고, 진심에서 우러나는 선의와 호의를 보여야 한다. 남에게 덕을 보기 위해서가 아니라 원래 가졌던 그 선한 본성을 그대로 잘 지키자는 말이다.

선행을 권하고 악행을 비난하며 제어하는 도덕적 규율, 붓다도 공자도 그 선 밖으로 나가 삶을 논하지 않았다. 사람이 태어난 것은 윤회의 사슬에서 벗어나지 못했기 때문이다. 해탈하여 성불했다면 다시 생명체의 탈을 쓸 필요가 없다. 인간으로 생명을 얻었다면, 그래도 전생에 아주 고약한 악업은 쌓지 않았다는 말이겠다. 사람이든 미물이든 그 죄업의 차이는 있더라도 노력하여 선업을 쌓아 정진하면 다시는 사바세계에 발을 들여놓지 않아도 된다.

인간은 물욕에 어두워 죄를 짓는다. 남의 물건을 빼앗고, 자리를 탐하고, 이익을 지키려고 남에게 몹쓸 짓을 한다. 요행으로 처벌을 면하거나 용서를 받으면 다시는 악행을 저지르지 말아야 하는데, 오히려 이를 당연하게 여기며 악업의 수렁에 빠지기도 한다. 붓다가 될 바탕, 불성(佛性)을 타고난 인간이 왜 이처럼 파렴치할까?

어쩌면 내 생각과 달리 인간은 날 때부터 악성(惡性)이라는 원죄를 타고났는지도 모른다. 덴마크에서 태어난 염세주의 철학자 쇠

렌 오뷔에 키에르케고르의 책 『이것이냐 저것이냐』에는 행복의 역설을 설명하는 「가장 불행한 사람」이라는 제목의 글이 실려 있다. 내용은 이렇다. 영국 어딘가에 '가장 행복한 사람'이라는 묘비명이 세워진 무덤이 있었다. 누구의 무덤이기에 이토록 큰 찬사를 받았을까? 국왕, 부자, 광신도, 영부인 등 설왕설래가 많았지만 아무도 알 수 없었다. 그러다 호기심을 견디지 못한 한 사람이 밤에 몰래 무덤을 파헤쳤는데, 놀랍게도 관은 비어 있었다. 얘기인즉 태어나지 않은 사람이 가장 행복한 사람이라는 뜻이다. 그 이유는 인간이 원죄를 지고 태어나기 때문이다.

이처럼 서구인에게 원죄는 어찌할 수 없는 숙명이다. 그러나 불교에서 말하는 죄는 기독교에서 말하는 것과 성격이 다르다. 신에게 귀의하면 원죄가 소멸해 천국에 갈 수 있다는 기독교와 달리, 불교는 귀의하는 일도 중요하지만 스스로 악업을 쌓지 않도록 노력해야 한다고 가르친다. 불교에서는 사는 것 자체를 '업(業)을 쌓는' 일로 본다. 그렇다고 마냥 걱정할 필요는 없으니, 사는 동안 선업을 쌓으면 악업의 두께를 깎아 낼 수 있기 때문이다.

『숫따니빠따』에 "사람은 태어날 때 입 안에 제각각 도끼를 하나씩 물고 태어난다. 어리석은 사람은 그 도끼를 잘 다루지 못하고 함부로 휘두르니, 결국 그 도끼로 자신을 찍고 만다"라는 붓다의 말씀이 나온다. 도끼란 인간이 남을 헐뜯거나 매도하면서 내뱉는 욕설이나 거짓말을 가리킨다. 이렇게 사람은 살면서 극락과는 점점 멀어지는 못된 짓만 쌓아 간다. 못된 짓으로 돈을 벌고 명예를 얻고 남을 부리면서 더욱 교만해져 세상이 모두 제 것인 줄 안다. 이런 인간이 다음 생에 무엇으로 태어날지 삼척동자도 다 아는데, 자신만 득의에 차서 이를 모른다.

사람이 살아가며 쌓는 업은 크게 세 가지가 있다. 신업(身業), 구업(口業), 의업(意業)이다. 업을 짓는 방식은 차이가 있지만 그 결과로 선업이나 악업을 받음은 차이가 없다. 선업과 악업은 각각 열 가지로 나뉜다. 십불선업도(十不善業道)는 사람을 죽이는 살생, 남의 물건을 훔치는 도둑질, 사악하고 음란한 사음(邪婬), 헛소리를 하는 망어(妄語), 이간질하는 양설(兩舌), 욕설하는 악구(惡口), 실속 없이 번지르르한 말을 하는 기어(綺語), 남의 것을 욕심내는 탐욕(貪欲), 화를 내거나 겁을 주는 진에(瞋恚), 나쁜 생각을 갖는 사견(邪見)이다. 십선업도(十善業道)는 이와 반대되는 태도를 말한다.

열 가지 선업을 쌓으면 그 과보로 극락에서 태어난다. 반대로 악업을 쌓으면 다시 이승으로 돌아와 아귀가 되거나 축생으로 태어난다. 심지어 마귀나 맹수, 돌멩이로 태어날 수도 있다. 그러면 해탈의 길에서 더욱 멀어진다. 이생에 사람으로 태어났다는 건 그만큼 큰 축복이자 행운이다. 저 무지한 축생보다 더 나은 환경에서 자신을 개선할 기회가 주어진 셈이니 말이다. 사람이 만물 가운데 영물이라는 것은 단지 사람이라서가 아니라 사람다워서이기 때문이다. 그러니 죽을 때도 떳떳한 사람이 되어야겠다.

유교는 인간의 본성, 성정의 바탕이 착하다고 본다. 이른바 성선설(性善說)이다. 맹자(孟子, 기원전 372~기원전 289)는 자신의 책 『맹자』「공손추장구상편」에서 '불인지심(不忍之心: 차마 하지 못하는 마음)'에 대해 설명하면서 사람의 본성에는 사단(四端)이 있으니, 이것이 사람의 본성이 착하다는 증거라고 말했다. 사단은 인의예지(仁義禮智)를 가리킨다.

그러나 모든 학자가 맹자의 주장에 동의하지는 않았다. 순자(荀子)는 인간의 본성이 악하다는 성악설(性惡說)을 내세웠고, 맹자와 대립했던 고자(告子)는 "인간의 본성은 빙빙 도는 물과 같다. 동쪽을 트면 동쪽으로 흐르고 서쪽을 트면 서쪽으로 흐른다. 사람의 본성도 선과 불선으로 나누어지지 않으니, 마치 물의 흐름이 동서로 나뉘어 있지 않은 것과 같다[性猶湍水也 決諸東方則東流 決諸西方則西流 人性之無分於善不善也 猶水之無分於東西也 -『맹자』「고자장구상편」]"라고 하여 성무선악설(性無善惡說)을 주장하기도 했다.

공자는 어땠을까? 공자는 대단히 실용적인 가치를 중시한 사람이라 이런 형이상학적인 문제에 대해서는 큰 고민을 하지 않았다.『논어』에는 '성(性)'이라는 글자가 딱 두 번 나온다.「공야장편」에 "선생님께서 쓰신 글은 들을 수 있지만, 본성과 천도에 대해 하신 말씀은 들을 수 없었다[夫子之文章 可得而聞也 夫子之言性與天道 不可得而聞也]"라는 자공의 말이 나오고,「양화편」에 "본성은 서로 가까운데 습관 때문에 멀어진다[性相近也 習相遠也]"라는 공자의 말이 나온다. 이로써 유추하면, 공자도 인간의 본성이 착함에 가깝지만 살면서 차츰 멀어지게 된다고 보았던 듯하다. 그러나 인간의 본성이 선하든 악하든, 기본적으로 유가는 교육을 통해 착한 본성은 잘 가꿔 나가고 나쁜 본성은 발현되지 못하게 해야 한다고 주장했다.

한 번 착한 일을 했다고 해서 복이 오고, 한 번 나쁜 짓을 했다고 해서 벌이 오지는 않는다. 모두 쌓이고 쌓여서 결과로 나타난다. 나는 이만큼 좋은 일을 많이 했으니 이제 나쁜 짓 몇 가지쯤 저질러도 괜찮다고 여긴다면 오판이다. 반대로 평생 나쁜 짓만 저질러 놓고 말년에 신에 귀의하거나 착한 일 몇 가지 베풀었으니 천국은 '떼 놓은 당상'이라 우겨도 한심하다. 밥도 뜸을 들이려면 시간이 필요하다. 저절로, 단번에, 쉽게 된다고 누군가 꾄다면 이는 다 사기꾼의 헛소리일 뿐이다.

가운데 서서 가는 길이 가장 멀리 간다

-

중도(中道)와 중용(中庸)

700만 년 전쯤 처음 원생 인류가 세상에 모습을 드러냈을 때, 인간은 연약한 존재였다. 직립보행이라는 장점을 가졌지만 주변에서 호시탐탐 천적들이 빈틈을 찾아 목숨을 노렸다. 인간은 위험을 피하고자 모여 살면서 협동이라는 기제를 통해 이를 극복하려 했다. 단지 맹수만이 삶을 위협하는 장벽은 아니었다. 추위와 더위라는 기후 조건도 불리했고, 매일매일 식량을 확보하려면 고된 노동에도 뛰어들어야 했다.

이후 인류는 아프리카라는 원주지를 벗어나 전 세계 대륙으로 영역을 넓혔다. 삶은 여전히 고달팠고 쟁투의 현장에서 일상적으로 죽음과 상흔이 뒤따랐다. 그러다가 약 20~40만 년 전 현생 인류의 조상 격인 호모 사피엔스가 등장했다. 이들은 한동안 네안데르탈인이나 크로마뇽인 등 유사 인류들과 공존했지만, 다른 인류보다 뛰어난 인지 능력을 바탕으로 주변에서 공생하는 인류를 학살하거나 정복하면서 마침내 유일한 인류로 살아남았다. 그리고 1만 년 전쯤 인류는 수렵채집 생활을 정리하고 정착해 농사를 짓는 농업 혁명기를 거쳐 지구상에서 최종 포식자라는 지위에 올랐다.

전생 인류를 멸절시킨 사례에서 알 수 있듯이 인간은 공생보다는 독존(獨存)하려는 본능이 강한 족속이다. 협력이나 배려는 인류의 장점이 아니었다. 농업사회가 시작되면서 부의 축적이 가능해졌고, 부는 동시에 권력을 수반했다. 계급이 생기면서 인간은 같은 인간들과 우열을 가려 지배하려는 경쟁으로 내달렸다.

문명 또는 문화라는 울타리를 가졌을 때 인간의 삶은 평온했을까? 역사 시대에 접어들어 기록된 수많은 문헌만 보더라도 페이지마다 약육강식의 피비린내 나는 흔적들이 가득하다. 착취와 수탈을 넘어 살육과 압제가 연이어졌고, 그 가운데 소수의 권력층만이 부와 힘을 장악해 일시적인 안락과 복지를 누렸을 뿐이다. 결국 경쟁은 시간 차이만 있을 뿐 모든 사람을 불행으로 몰고 갔다.

인류의 지적 수준이 정점에 오른 21세기, 세상은 여전히 전화(戰火)로 불타오르고 있다. 우크라이나 지역은 4년째 끔찍한 전쟁이 지속되어 많은 생령(生靈)이 죽음을 맞았다. 휴전을 한다 외치지만 과연 그간의 재앙이 복구될까? 팔레스타인 가자지구는 피해자들의 무덤이 된 지 오래고, 무차별 살육에 맛을 들인 유대인 군인들은 홀로코스트의 집행자가 되었다. 이처럼 지구는 크고 작은 전쟁과 분쟁으로 서로를 죽이기에 혈안이 되어 있다.

　　나라 밖만 그러한가? 우리나라도 파국을 향해 치닫고 있는 듯 보인다. 남과 북이 갈라선 지 70년을 넘어가면서 정치가들은 자신의 생존을 위해 온갖 구실을 붙여 자국민을 헐뜯고 죽이면서 그 당위성을 찾기에 급급하다. 뉴스를 틀면 마치 불구대천의 원수를 대하는 것처럼 증오의 깃발이 나부낀다. 같은 언어와 역사, 문화를 가진 이들끼리 이다지도 가혹하고 잔인해져야 하는지 사람들은 납득하지 못하고 있다. 새롭게 탄생한 정부의 대통령은 북한에 대해 계속 화해의 몸짓을 보이는데도 무슨 심보인지 북쪽의 지도자들은 완강하게 헐뜯거나 폄하하는 언사를 내뱉는다.

　　우리는 왜 이렇게 상대를 능멸하고 해치지 못해 안달할까? 누군가의 비유처럼 세상에는 굶어 죽는 사람보다 비만에 따른 질병으로 사망하는 사람이 더 많다. 그러니 자원의 부족이 이런 최악의 결과를 가져왔다고 장담할 수는 없다. 오히려 자원량보다 분배에 더 문제가 있어 보인다. 만약 사람들이 저마다 밥그릇이나 주머니에서 조금만 덜어 어려운 이웃에게 베푼다면 세상사가 얼마나 평화롭고 화목해질까?

　　더 나은 자리를 차지하려는 성취욕도 경쟁을 가속하는 주된 요인이다. 이권이나 이익이 많은 자리는 늘 부족하고 소수가 독점한다. 한번 그 자리에 오르면 부귀영화가 자신만이 아니라 후손들에게까지 이어진다. 잠깐 양심의 눈을 가리고 불법이나 담합의 유혹에 몸을 담으면 세상살이가 편안해지니, 이를 외면하기가 분명 쉽지 않을 것이다. 인간은 다양한 욕망의 굴레에 씌어 살아왔고 앞으로도 그렇게 살아갈 것이다. 욕망이 절제되지 않으면 공멸함을 알기에 인간은 이런저런 지혜를 짜내 방어막을 쳐 놓았다. 그럼에도 경쟁은 그치지 않고 소수의 승리자와 다수의 피해자를 양산한다.

　인류사의 숱한 현인(賢人)들은 서로에게 주먹을 날리기보다 손을 펴 악수를 하라고 가르쳤다. 거기에 동의하지 않을 이는 극소수일 텐데도 경쟁의 소굴에 발을 들이면 인간은 주저하지 않고 야만의 본성을 드러낸다. 아이러니하게도 공정한 경쟁을 위해 규칙을 만들었지만 규칙을 지켜 성공하는 경우는 드물다. 규칙을 어겨야 성공의 문이 쉽게 열린다. 이런 모순적인 상황에 경종을 울린들 성공이 주는 북소리에 가려 버린다.

　욕심을 버리고 경쟁의 감옥에서 벗어나라고 권유해 봐도 이를 따르는 사람은 거의 없다. 물질과 권력에서 행복이 나오지 않는다고 설파해도 대개는 '쇠귀에 경 읽기'다. 성공의 틈새가 비좁은 줄 알면서도, 실패했을 때 떨어질 좌절과 극빈의 처참함을 알면서도, 인간은 꿀물이 흐르는 낙원에 닿고자 메마르고 무더운 사막을 걷는다. 결국 앙상한 해골로 굴러다녀도 그 길에서 벗어나지 않는다.

　내가 사는 남해는 워낙 보수 성향이 강한 지역이라 여론의 향배도 어느 정도 에누리해서 듣지만, 가끔 식당이나 시장 거리에서 증오나 배척의 목소리를 들을 때면 소름이 돋을 때가 한두 번이 아니다. 왜 사람들은 극단에 머물기를 좋아할까? 이렇게 보면 인간은 얼마나 어리석고 가여운 존재인가? 만약 신이 인간을 창조했다면,

신은 실패한 최악의 조물주라 손가락질을 받아도 할 말이 없을 듯하다.

세상에 주어진 권력과 물질의 양은 유한하고, 이것을 고루 소유하기엔 욕망이 그 길을 막아 버린다. 차별심은 너나없이 하나씩 갖기보다 '나 둘, 너 하나'일 때 만족을 주고, 나아가 '나 셋, 넌 굶어'이면 더할 나위 없는 성취감에 이를 수 있다. 이는 결국 내 것이 아닌 것을 빼앗을 수밖에 없도록 사람을 내몬다. 그 안에서 고통과 안락이 나뉘기 때문이다.

붓다는 한 나라의 왕자로 태어나 젊은 시절 사람이 누릴 수 있는 안락함이 어떠한 줄 알았다. 하지만 인간의 삶은 어쩔 수 없이 생로병사 사고(四苦)의 질곡에서 벗어날 수 없다는 사실도 깨달았다. 그래서 인간이라면 헤어날 수 없는 '사고'에서 벗어나고자 출가를 단행했고, 탈출의 첩경으로 고행(苦行)을 선택했다. 낙행(樂行)이 해결책이 아님을 알았기 때문이다.

붓다는 성도하기까지 6년 동안 대부분 시간을 고행하며 수도했다. 지금도 남아 전하는 고행상을 보면 얼마나 지독한 수행이자 자학이었는지 짐작할 수 있다. 그러나 붓다는 그런 고행 역시 사고의 질곡에서 벗어나는 길이 아님을 간파했다. 그리하여 극단이란 파괴적인 행위일 뿐 수행에도 성도에도 아무 도움이 되지 않음을 깨달았다. 그리고 깊은 성찰의 시간을 거쳐 마침내 중도(中道)라는 궁극의 경지에 도달하게 되었다. 붓다가 성도한 뒤 함께 고행했던 다섯 비구에게 가장 먼저 설파한 진리가 바로 중도였다.

중도란 무엇일까? 어떤 삶과 어떤 실천이 중도에 이르는 길일까? 단지 양극단인 고(苦)와 락(樂)을 떠나 비고(非苦)와 비락(非樂)의 자리를 모색한다면 이뤄지는 것일까? 괴로움도 즐거움도 아닌 중립의 위치를 찾아야 하는 것일까?

붓다는 고와 락은 모두 집착에서 나온 산물이라고 말했다. 즐거움에 머물고자 하는 갈망이 집착이듯 괴로움에서 벗어나려는 갈구 역시 집착이라고 보았다. 집착하는 마음을 가지고 집착을 털어낼 수는 없는 노릇이다. 집착이라는 감옥을 없애야만 집착이 사라지고 진정한 중도에 이를 수 있다고 가르쳤다. 그렇다면 어떻게 집착하는 마음을 없앨 수 있는가? 붓다가 제시한 해답은 팔정도(八正道)다. 붓다는 '중(中)'이라는 경계가 모호한 관념이 아니라 '정(正)'이라는 뚜렷한 공간을 가진 실상(實相)을 통해 중도에 이르는 길을 제시했다.

팔정도란 정견(正見), 정사유(正思惟), 정어(正語), 정업(正業), 정명(正命), 정정진(正精進), 정념(正念), 정정(正定)이다. 열거된 목록을 보면 뭐가 어려울까 싶기도 한데, 사실 이 경지에 이르려면 장기적이고 지속적인 노력과 반복이 있어야 한다. 한 번 했다고 완성되지도 않지만 백 번 천 번 만 번 했다고 해서 끝나지도 않는다. 더구나 이 여덟 가지 수행은 별개의 떨어진 개체가 아니다. 동시에 진행되어야 하고, 하나라도 빠지면 실체가 성립하지 않는 상생(相生)의 카테고리 안에 있다. 그래서 가기는 쉬워도 이르기는 어려운 길이다.

정견은 '바른 견해'다. 사람과 세상을 편견 없이 사심 없이 공정하게 이해하고 수용하는 마음 자세다.

정사유는 '바른 생각'이다. 말과 행동은 생각이라는 뿌리를 타고 피어난 가지와 잎사귀다. 내가 하려는 말과 행동이 과연 바른 생각에서 출발하고 있는지 고민하는 마음 자세다.

정어는 '바른말'이다. 내가 거짓말이나 욕설, 이간질하는 말로 남을 현혹하고 있지는 않은지 되새겨서 균형을 잘 지키는 마음 자세다.

정업은 '바른 행동'을 가리킨다. 내가 남의 물건이나 생명, 자리를 빼앗고 있지 않은지 반성하는 마음 자세를 말한다. 생명을 사랑하고 베풀기를 좋아하는 습관을 들여야 한다.

정명은 '바른 생활'을 말한다. 식사와 수면, 운동, 직업 등에서 균형을 유지하고 일탈하지 않는가를 살피는 과정을 가리킨다.

정정진은 '바른 실천이나 노력'을 말한다. 남과 교유하거나 조직 활동을 하면서 가족, 이웃, 동료들과 원만하게 지내며 정직하게 처신해 선행을 실현하는지 되돌아보는 마음 자세다.

정념은 '바른 의식'을 말한다. 내가 올바른 이상과 목표를 가지고 나아가는지 반추하면서 무상(無常)과 무아(無我) 같은 궁극의 형식에 대해 꾸준히 관조하는 마음 자세를 가리킨다.

정정은 '바른 수행'을 말한다. '정(定)'은 선정(禪定)을 가리키는데, 깨달음이란 어렵다거나 나와는 별개의 것이라 여기지 않으며 포기하지 않는 마음 자세다. 정좌해서 명상의 시간을 가지면서 몸과 마음의 청정을 유지하는 태도가 이에 속할 것이다.

이렇게 열거한 내용을 보면 별로 어려워 보이지 않을 수 있다. 그러나 하루에 한 가지만이라도 실천해 보면 결코 만만한 일이 아님을 금방 깨닫게 된다. 더구나 이 여덟 가지 '바른 자세'를 함께 꾸준히 해야 하니, 잠시라도 게으르거나 한눈을 팔면 사음(邪淫)이 비집고 들어온다. 이렇듯 붓다는 '중도'의 핵심이 '정도'임을 분명하게 제시했다. 이번 생으로 윤회의 껍질을 벗겨 내고 해탈의 경지에 이르고자 한다면, 늘 나의 생각과 행동을 반성하고 다잡는 것이 지름길임을 결코 잊어서는 안 될 것이다.

공자 역시 극단에 현혹되어 판단력을 그르치고 앎의 본질을 왜곡하는 태도를 경계했다. 공자가 살던 춘추 시대는 수많은 열국(列國)이 사람과 땅덩어리를 나눠 가지면서 서로 전부를 가지려고 혈안이 되었던 시기다. 경쟁이 피도 눈물도 없는 극단으로 치달을 수밖에 없었다. 이런 대결은 국가만이 아니라 집단과 집단, 개인과 개인의 관계에서도 마찬가지로 처절했다. 그래서 공자는 함께 죽는 길 말고 더불어 살아가는 세상을 꿈꾸었다. 오로지 이익만을 추구하면서 남이 가진 것을 빼앗지 않으면 만족하지 못하는 파행이 계속된다면 해악과 고통만 거듭될 것이라고 경고했다.

『논어』「위정편」에 "이단만 한사코 좇으면 결국 해악만 남을 뿐이다[攻乎異端 斯害也已]"라는 공자의 말이 나온다. 요즘 우리가 쓰는 '이단'의 어원이 여기에서 나왔다. 유가는 공자의 진심을 곡해해 자신과 생각이나 삶의 방식이 다른 무리를 보면 무턱대고 이 말로 매도했다. 공자는 단순히 '자신과 생각이 다른 극단'을 가리킨 것이 아니다. 그런 극단에 매몰되어 중심을 잃은 사태까지 포괄해서 지적한 것인데, 계승자들은 이를 아전인수로 해석해 적을 공격하는 도구로 삼았다.

극단에 치우치지 않는 태도란 무엇일까? 공자는 이어지는 글에서 "자로야, 너에게 안다는 것이 무엇인지 알려 주마. 아는 것을 안다고 말하고 모르는 것을 모른다고 말하는 것이 바로 아는 것이니라[由 誨女知之乎 知之爲知之 不知爲不知 是知也]"라고 밝혔다. 안다고 해서 자랑하지 않고 모른다고 해서 숨기려고 들지 않는, 자신의 참모습을 정직하게 인정할 때 그릇되거나 왜곡된 아집에 빠지지 않는다고 공자는 가르쳤다.

공자는 이런 삶의 자세를 중용(中庸)이라는 말로 표현했다.『논어』「옹야편」에서 공자는 "중용의 효과가 참으로 지극하구나. 그런데 세상에는 이를 아는 사람이 적다[中庸之爲德也 其至矣乎 民鮮久矣]"라고 탄식하는데, 불편부당하게 세상을 이해하면 얻는 성과가 큰데도 불구하고 그 가치를 알아 실천하는 사람이 없다면서 안타까워했다.

유가에서 중용의 미덕이 얼마나 중요했는지는, 주희가『예기』의 한 편목이었던 글을 따로 뽑아내『중용』이라 이름하면서 사서(四書)의 하나로 삼은 데서도 알 수 있다.『중용』에서는 희로애락이 아직 감정으로 표출되지 않은 상태를 '중(中)'이라 불렀고, 이것들이 감정으로 드러났지만 모두 절조(節操)에 맞는 것을 '화(和)'라고 먼저 정의하면서 이후부터 중용이라는 말을 쓰고 있다.『논어』「선진편에는 '과유불급(過猶不及)'이라는 말도 나온다. 지나친 것이나 모자란 것이나 모두 한편에 치우친 것이니, 균형을 찾자는 생각을 반영한 것으로 보인다.

경쟁이 심해지고 한번 잃으면 되찾기가 점점 어려워지면서, 사람들은 물불 가리지 않고 이익을 선점하고 권력을 독점하려는 잘못을 서슴없이 저지르고 있다. 그것이 정당한 절차와 올바른 노력으로 이뤄졌다고 해도 조심해야 하는데, 부정과 불의를 저질러 얻었다면 사상누각(沙上樓閣)처럼 오래가지 못할 게 자명하다. 우리 인생은 한 번뿐이다. 그런 소중한 삶을 남의 질시나 받고 허물을 남겨 수치와 모욕, 비난을 자초한다면 스스로도 떳떳하지 못할 것이다. 남을 꾸짖기 전에 먼저 나 자신부터 돌아보면서 행복을 추구하면 얼마나 좋겠는가!

혼자 있는 시간도 수양이다

-

안거(安居)와 신독(愼獨)

혈거(穴居)라는 단어가 있다. 사전에서 뜻을 찾아보면 '동굴 속에서 삶 또는 그런 동굴'이라고 나온다. 자연적으로 만들어졌거나 일부러 판 동굴에 들어가 생활하는 상황을 가리킨다. 나는 이 혈거 생활이 군집(群集)까지는 아니어도 혼자는 아니라는 느낌을 강하게 받는다.

요즘 혈거 생활을 하는 사람은 아무도 없다. 극빈과 기아를 면치 못하는 아프리카 내전국의 주민이나 아마존 밀림에 사는 부족이 아니라면 말이다. 전자는 어쩔 수 없어서, 후자는 오랜 습성 때문에 혈거를 하지만 이 또한 온전히 자유 의지는 아니다. 간혹 괴팍한 성격을 지녔거나 자신의 의지를 보이고자 흙을 파고 돌 틈에 들어가 사는 사람이 있다는 얘기를 듣긴 하지만, 대체로 잠깐의 일회성 이벤트일 뿐이다.

혈거라는 말은 원시 시대 부족을 떠올리게 한다. 아직 불의 사용법을 발견하지 못해 낮에는 짐승을 사냥하거나 채집하다가, 밤이 되면 캄캄한 동굴에 들어가 언제 맹수가 나타날지 몰라 두려움 가득한 눈을 번뜩이며 잠 못 들던 사람들. 나무나 돌로 집을 지을 정도의 이지(理智)조차 없는 그들에게 동굴은 그나마 안전을 확보할 유일한 도피처였다.

그러나 한없이 동떨어져 보이는 그 시대에도 지금과 다름없는 점이 딱 하나 있었다. 혼자 살지 않았다는 것이다. 인간은 혼자서 살아가기엔 너무도 연약했고 위험에 무방비로 노출되어 있었다. 그래서 모여 살았다. 나무에 기어 올라가거나 물 위에 집을 짓거나 동굴에 기거하더라도 늘 인간은 다른 누군가와 함께였다. 인간은 결코 혼자 살도록 디자인되지 않았다. 누군가에게 기대야 하고, (좋은 의미로) 누군가를 등쳐먹어야 한다. 그게 당연하고 훨씬 인간적이다.

그런데 살다 보면 때로 혼자 있고 싶을 때가 있다. 사람에 치이고, 일에 치이고, 온갖 일로 체력과 내면의 에너지가 고갈되었다고 느끼는 순간이 바로 그런 때다. 혼자여도 물질적으로 불편하지 않고 환경적으로 위험하지 않다면 꺼릴 게 없다. 자연인 어쩌고 하는 사이비 독거(獨居) 말고, 진실로 홀로 자신의 자아와 마주하는 순간은 스스로를 되돌아보고 미래를 설계하는 데 큰 도움이 된다. 남과 함께 있으면 비교되는 자아만 보지만 홀로 있으면 꾸밈이나 반사가 없는 나를 마주하게 되기 때문이다.

종종 혼자가 되는 연습을 해 보면 어떨까? 잠시라도 멈춰 보면 시야가 흔들리지 않고 뚜렷하게 보인다. 초점 없이 흐릿하던 시야에 근경과 원경이 한눈에 들어온다. 그 입체감 속에서 앞으로 가야 할 거리와 방향을 잴 수 있을 것이다.

세상에서 혼자만의 시간에 익숙하고, 가장 오래 또 자주 혼자만의 시간에 머무는 사람은 다름 아닌 수행자가 아닐까 싶다. 수행자의 생활은 생각보다 고되고 힘들다. 선정에 들어 깊은 참구의 시간을 가져야 하고, 경전을 읽으며 붓다의 말씀을 되새겨야 하며, 중생의 고민을 들어주고 신행에 따른 질문에도 답해 주어야 한다. 적을 둔 사찰이 있다면 그나마 다행이지만 만행(萬行)하는 스님이라면 매일 먹고 잘 곳을 찾는 것도 큰일이다. 멀리서 보면 편해 보이지만 세세히 살피면 녹록지 않은 게 수행자의 삶이다.

수행자에게 가장 중요한 임무는 단연 수행이다. 평범함이 도(道)요 일상이 수행처라는 말도 있지만, 그렇게 되기까지 스스로를 탁마(琢磨)하려면 한동안 고요히 머물 수 있는 공간과 시간이 절대적으로 필요하다. 이에 불교에서는 안거(安居)라는 특별한 전통을 만들어 수행자들이 한곳에 머물며 수행에 전념하는 시간을 갖도록 했다. 무더운 여름철이나 혹한의 겨울철에 하루 종일 내면으로 침잠함으로써 수행의 밀도를 높이는 과정이다. 요즘처럼 불볕더위가 연이어지는 여름철 날씨라면 피서만큼이나 안거가 유용하다는 생각이 든다.

안거는 붓다 시절에도 있었다고 한다. 붓다가 살고 포교하던 인도는 몹시 더운 지역이었다. 특히 오랜 기간 비가 내리는 우기(雨

期)가 있는데, 이때는 사람은커녕 소와 말도 다니기 힘들 만큼 날씨가 궂었다. 그래서 이 시기가 오면 수행자들은 마을 근처에 움막이나 토굴을 짓고 일정 기간 머물면서 명상하거나 토론을 하며 고된 시간을 견뎠다. 붓다도 이런 안거에 참여했고 제자들에게 적극적으로 권하기도 했다. 우기 때 다니면 사고가 날 수도 있고 풍토병에 걸릴 수도 있기 때문이다.

붓다가 입멸한 뒤에도 제자들은 이런 관습을 이어받았다. 함께 모여 붓다가 정한 계율을 암송하거나 붓다가 가르친 진리를 참구하며 정진하기로 다짐한 것이다. 그렇게 음력 8월(양력 7월경) 보름 다음 날부터 11월(양력 10월경) 보름까지 석 달 동안 안거를 진행했다. 이렇게 시작된 안거 전통이 중국을 거쳐 우리나라까지 전해졌다. 다만 중국과 우리나라는 여름 장마철뿐만 아니라 겨울 혹한기도 있어서 하안거(음력 4월 15일~7월 15일)와 동안거(음력 10월 15일~다음 해 1월 15일)로 나눠 1년에 두 차례 결제(結制)에 들었다.

안거는 긴장을 풀며 쉬라고 주어지는 보너스가 아니다. 정진의 깊이를 더하고 수행의 단계를 높이는 섬돌 구실을 하는 때이다. 그래서 우리나라에서는 어떤 스님이 출가한 지 얼마나 되었느냐보다 출가 후 몇 차례나 안거에 들었는가에 더 큰 의미를 부여한다. 안거 횟수가 깨달음의 수준과 정비례한다고 말할 수는 없지만 적어도 수행에 대한 진심과 열정을 가늠해 보는 척도로 삼을 수 있기 때문이다.

속세를 살아가는 일반인이 스님처럼 긴 안거를 실천하기란 어렵다. 그러나 짧은 기간이라도 세간을 벗어나 사찰이든 암자든 한적한 곳에 머물면서 몸과 마음의 때를 씻어 내면 어떨까? 그것만으로도 마음이 기름져질 것이다. 뜀박질을 멈추고 숨을 고르면서 신발 끈을 다시 조여 매는 시간은 메마른 흙에 뿌리는 물처럼 새로운 생명의 활력이 잉태되는 때이기도 하다. 요즘은 '템플스테이'라고 해서 불교의 문화와 수행을 배우고 체험할 수 있는 기회가 활짝 열려 있으니, 어디든 골라서 가기만 하면 된다.

불교에 비해 유교는 훨씬 동(動)적인 사상이다. 공자의 가르침을 신봉하는 제자들은 무엇보다 실천을 중시했다. 모르면 배우고 알면 행동으로 옮기는 것을 순리라 생각했다. 실천의 결과가 항상 대의를 따르는 것은 아니라서 아쉽지만, 원래 의도는 그렇지 않았다. 이들에게 속세를 떠남은 있을 수 없는 일이다. 산속에 들어가 무슨 실천을 하겠는가! 세속에서 당당하게 행동하고 신념을 실천할 권한을 얻기 위해 노력하는 것이 가르침에 대한 보답이라 믿었다.

그렇다고 공자가 숨음을 마냥 반대한 것은 아니다. 숨되 언제 숨느냐가 중요하다고 역설했다. 숨어야 할 때 숨지 못하고 권세나 재물에 연연하는 것이야말로 부끄러운 짓이라며 질타했다. 『논어』 「태백편」에서 공자는 이렇게 말했다.

굳건하게 믿고 배우기를 좋아하며, 올바른 도를 목숨으로 지키고, 위험한 나라에는 머물지 마라. 천하에 도가 살아 있으면 관직에 나갈 것이고 도가 없으면 산야에 숨어라. 나라에 도가 있는데도 가난하고 천하면 부끄러운 일이다. 허나 나라에 도가 없는데도 부유하고 귀해도 부끄러운 일일 것이다.

[篤信好學 守死善道 危邦不入 亂邦不居 天下有道則見 無道則隱 邦有道 貧且賤焉 恥也 邦無道 富且貴焉 恥也]

상당히 단호한 선언이다. 물론 여기서 공자가 숨으라고 한 것은 세속과 절연하고 눈길조차 주지 말라는 뜻이 아니다. 관심은 두되 적당히 떨어져 있으라는 말이다. 그래서 산중재상(山中宰相)이라는 말도 나왔다.

옛 지식인들이 즐겨 쓴 경구 가운데 신독(愼獨)이라는 말이 있다. '홀로 있을 때 더욱 조심하라'라는 뜻이다. 혼자 있지 말라는 말이 아니라 남의 눈이 미치지 않아 혼자 있을 때 행실을 조심하라는 가르침이다. 조선 중기 학자 김집(金集, 1574~1656)의 호로 알려져 더욱 유명해진 말인데, 당대 예학(禮學)의 대가가 차용할 정도라면 그 뜻이 범상하지 않을 것이 분명하다. 이 말은 『중용』 첫 구절에 나온다.

하늘이 내린 것을 '성(性)'이라 하고, 성을 따르는 것을 '도(道)'라 하며, 도를 기르는 것을 '교(敎)'라 한다. 도라는 것은 한시도 떨어지면 안 되니, 떨어진다면 이는 도가 아니다. 따라서 군자는 보이지 않을 때 경계하고 삼가야 하며, 남들이 듣지 못할 때 두려워하고 조심해야 한다. 숨기는 것보다 잘 보이는 것은 없고, 미세한 것보다 잘 드러나는 것은 없다. 그러므로 군자는 홀로 있을 때 조심해야 한다.

[天命之謂性 率性之謂道 修道之謂教 道也者 不可須臾離也 可離非道也 是故君子戒愼乎其所不睹 恐懼乎其所不聞 莫見乎隱 莫顯乎微 故君子愼其獨也]

평소 점잖은 사람도 남이 보지 않으면 자세가 흐트러진다. 남의 눈은 피할 수 있어도 '하늘'의 눈은 가릴 수 없으니, 남보다 더 무서운 것이 하늘이다. 그렇다고 늘 누군가와 함께 있되 홀로 있지 말아야 할까? 그럴 수 없음은 자명하다. 대신 혼자일 때 꼭 필요한 것이 있으니, 바로 공부(工夫)다.

원래 '공부'도 불교에서 나온 말이다. 집착을 버리고 간절하게 집중하는 태도를 가리킨다. 공부란 삶이라는 큰 숙제에 대한 일종의 복습이며 예습이다. 더 나은 인생을 그려 나가기 위해 나만의 훈련 시간을 갖는 일이자 자기 단련의 과정이다. 마음을 잘 다스리는 공부, 행실을 잘 추스르는 공부, 이런 공부는 혼자 있을 때 해야지 누가 곁에서 훈수를 두면 될 공부도 안 된다. 애들이나 학생을 보면서 공부하라고 닦달하는 노파심은 이제 내려놓자. 공부는 스스로 하는 것이다. 나부터 공부에 힘쓰자. 그러면 애들도 따라 공부한다.

마음이 지켜야 할 마지막 보루

-

양심(良心)과 불인지심(不忍之心)

얼마 전에 장편소설 한 편을 마무리했다. 대략 1,700매쯤 되는 분량인데, 동학농민혁명부터 이태원 참사에 이르기까지 공권력이나 국가권력에 의해 빚어진 끔찍한 학살을 개인적 체험 중심으로 쓴 작품이다. 이 소설을 마무리하기까지 나름의 사연이 있었다.

    사실 소설의 초고 일부는 꽤 오래전에 쓰였다. 그런데 6년 전쯤 말로만 듣던 랜섬웨어 공격을 받아 수십 년 동안 정리해 두었던 모든 한글 원고가 하루아침에 연기처럼 사라져 버렸다. 백업을 해 놓은 외장하드마저 컴퓨터에 연결되어 있어 함께 오유(烏有)로 돌아갔다. 파일을 오염시켜 현금을 뜯어낸 뒤 복구해 주는 해커가 있다는 소문만 들었지, 그런 일이 내게 닥칠 줄은 꿈에도 생각 못 했다.

    중요한 원고가 많아서 어떻게 하든 복구할 방법을 수소문했다. 하지만 불가능하다는 사실만을 거듭 확인할 뿐이었다. 해커를 찾아 몇백만 원의 현찰을 지불하면 백신을 받을 수 있다지만, 그마저 가능성은 반반이고 잘못하면 사기를 당할 수도 있다며 포기하라는 충고만 들었다. 결국 기왕의 원고는 다 날렸고 쓰던 원고는 다시 원점에서 써야 했다.

사라진 원고를 기억의 저편에서 꺼내게 된 계기는 작년에 있었던 한강 작가의 노벨문학상 수상이었다. 사실 나는 한강 작가의 작품을 거의 안 읽었다. 그런데 남해에 사는 한 친구가 그녀의 소설 『소년이 온다』를 읽고는 몇 가지 궁금한 점이 있으니 토론을 하자고 제안해 왔다. 그래서 읽게 되었다. 알다시피 이 작품은 1980년 벌어졌던 광주 5.18 민중 학살이라는 끔찍한 비극을 다루었다. 작품을 읽으면서 나도 예전에 이 비극을 소재로 소설을 썼던 기억이 떠올랐다. 그때 기억을 되살리고 새로운 이야기를 더해 이번에 장편소설을 탈고하게 된 것이다.

여하간 랜섬웨어 공격으로, 날벼락이란 예고 없이 찾아온다는 사실을 절감하는 와중에 '양심'의 문제가 떠올랐다. 해커는 그 일도 일종의 밥벌이라며, 피땀 흘려 배운 기술로 벌어들인 정당한 대가라고 자위하며 남의 파일을 망가뜨렸을 것이다. 자신의 행위가 불법이고 남에게 큰 피해를 준다는 일말의 자각이라도 있었다면 그런 막 나가는 행동을 저지르진 않았을 것이다. 그 덕에 나는 수십 년 쌓아둔 원고를 날리는 대재앙을 당했다. 다시 원고를 쓰면서 글이 잘 안 나갈 때마다 가슴 한구석에서 해커에 대한 증오심이 활활 불타

올랐다. 누군지 알 수 없지만, 그가 살아생전 지옥불에 떨어져 지글지글 온몸이 튀겨지라고 저주를 퍼부었다(나무아미타불!).

그때 날아간 원고 중에는 고려 왕조가 망했을 때 절의를 지켜 은둔했던 사람의 삶을 추적한 글도 있었다. 농은(農隱) 민안부(閔安富, ?~?)라는 분이다. 그는 과거에 합격하고 고려 말기에 예의판서(禮儀判書)라는 관직을 지낸 것으로 알려져 있다. 고려가 망하자 뜻을 함께한 동지들과 개성 근처 두문동에 들어갔다. 모두 72사람이 동참해서 '두문동 72현'으로 불린다.

민안부 선생은 두문동을 거쳐 원주에 있던 변혁사(變革祠)로 갔다가 다시 지리산 배록동(排祿洞)에 잠시 머문 뒤, 경남 산청군에 정착해 은둔의 일생을 보냈다. 호처럼 여생을 농사만 지으면서 살았고, 보름과 그믐이면 산에 올라 개성을 바라보며 추모의 정을 되새겼다고 한다. 이분에 관한 기록은 지금까지 말한 게 전부라고 해도 좋을 만큼 전해지는 것이 없다. 직접 쓴 글도 온전한 것은 시 한 편이 전부다. 5언절구의 아주 짧은 작품이다.

不義之富貴 옳지 못한 부귀란
於我如浮雲 내게는 뜬구름과 같다네.
石田王春在 돌밭에 왕씨의 봄이 있으니
携鋤朝暮耘 호미 들고 아침저녁으로 김매리라.

농은 선생이 이 시를 지을 때의 심정이 글을 쓰면서 한시도 뇌리를 떠나지 않았다. 많은 사람이 그랬던 것처럼 그저 허리를 숙여 조선 왕조에 귀의했다면 풍족한 삶을 살았을 것이고 후손들도 복록을 누렸을지 모른다. 그러나 그는 한때의 편안한 길을 따르지 않았다. 왜 그랬을까? 바로 양심 때문이 아니었을까? 헛된 명예나 푼돈 얼마에 팔아 버리기에는 그에게 양심은 너무나 소중했던 것이다. 그래서 농은 선생은 600년도 더 지난 지금까지 사람들의 귀감이 되어 마음을 울리는 '참된 사람'으로 기억되고 있다.

고대 이집트인들은 양심을 저버리는 행동을 하지 말라고 역설했다는데, 사람이 "양심의 인도에서 벗어나면 반드시 두려움을 느끼게 되기 때문"이란다. 또 힌두교 신자들은 양심을 "우리 내부에 살고 있는 보이지 않는 신"으로 생각했다고 한다. 우리도 늘 양심을 지켜야 한다고 말한다. 하지만 실제로는 양심 앞에서 갈등하고 고민하는 경우가 더 많다. "양심이 밥 먹여주냐?"라는 씁쓸한 항변이 있는 것처럼 양심을 지키고 살면 사는 게 몹시 피곤해지는 게 우울한 현실이다. 당장 양심을 꺾고 곡학아세한다면 물질적인 부귀와 정신적인 안락, 아부꾼의 찬사가 내 집의 곡식 창고와 마음 창고를 가득 채운다. 이 유혹에서 누가 완전히 자유로울 수 있을까?

그러나 때로 역사를 살피노라면, 아니 멀리 갈 것도 없이 눈을 조금 크게 뜨고 주위를 둘러보면 그 양심을 위해 많은 이익은 물론 심지어 목숨까지 버린 사람들을 발견하곤 한다. 일제 식민지 시대, 내가 그런 현실에 처했다면 어땠을까? 과연 양심을 지키고 고난을 감내할 수 있었을까? 아무리 가정이라 해도 그러지 못했을 듯하기에 그런 분들이 소중하고 존경할 수밖에 없어진다.

> 설령 코끼리 부대, 기마 부대, 전차 부대, 보병 부대에 둘러싸여 있다고 해도 자신을 보호할 수 없다. 왜냐하면 안으로부터 보호한 것이 아니기 때문이다. 몸과 입과 뜻이 착하면 비록 네 부대가 없어도 자신을 보호할 수 있다. 왜냐하면 안으로부터 보호한 것이기 때문이다. 안으로부터 보호하는 것이 밖에서 보호하는 것보다 뛰어나다.

『별역잡아함경』 제3권에 실려 있는 붓다의 설법이다. 여기서 붓다는 자신을 위험에서 구할 진실한 무기가 무엇인지 설명한다. 코끼리, 기마, 전차, 보병 부대가 나를 겹겹이 에워싸도 그것이 진정한 호신책은 되지 못한다는 것이다. 왜냐하면 그것들은 몸을 지키는 것이지 마음을 지키는 것이 아니기 때문이다. 마음은 눈에 보이지 않지만 그 돌파력은 무소부지(無所不至)다. 반면 천군만마가 철옹성을 쌓아도 마음이 무너지면 그것은 허깨비도 되지 못한다.

붓다가 열거한 '몸[身]과 입[口]과 뜻[意]'이 착하다는 것은 바로 '착한 양심'을 달리 지적한 것으로 보인다. 나를 지키는 가장 큰 방패는 돈으로 산 경호원도 아니고, 괴성을 지르며 지지하는 한 줌의 무지하고 가련한 우중(愚衆)도 아니다. 금강석보다 단단한 양심이야말로 가장 든든한 파수꾼임을 붓다는 일깨우고 있다.

육조혜능(六祖慧能, 638~713)의 일화 가운데 깃발과 바람에 관한 유명한 이야기가 있다. 멀리서 펄럭이는 깃발을 보고, 한 스님은 바람이 부는 것이라 하고 다른 한 스님은 깃발이 흔들리는 것이라 하며 서로 다투었다. 이를 들은 혜능이 '흔들리는 것은 두 사람의 마음'이라고 벼락같은 진실을 일러 주었다. 종종 우리는 양심이 흔들리거나 유혹에 굴복하고 싶을 때, 흔들리는 그것이 양심이라는 사실을 외면하고 싶어 한다. 양심을 잃으면 두려움에 빠지고 내면의 신을 배신하는 모독이 되기 때문이다. 사실 타고난 마물(魔物)이 아니고서야 양심이 울리는 준엄한 질책에서 완전히 벗어날 수 있는 사람은 없다. 다만 이런저런 이유나 상황을 들어 핑계를 대고 스스로를 합리화할 뿐이다.

공자는 『논어』 「술이편」에서 이렇게 말했다.

거친 밥을 먹고 맹물을 마시며 팔을 굽혀 베고 눕더라도, 즐거움이 또한 그 가운데 있구나. 옳지 못한 일을 하고서 부유해지거나 고귀한 자리에 오르는 일은 나에게는 하늘의 뜬구름과 같을 뿐이다.

[飯疏食飮水 曲肱而枕之 樂亦在其中矣 不義而富且貴 於我如浮雲]

앞서 읽은 민안부 선생의 시가 보여 준 양심의 갈피도 공자의 이 말에서 울려 나온 것이다. 도의를 저버린 부귀영화보다는 양심을 지킨 가난이 나를 더욱 행복하게 해 준다는 뜻이 새겨진 말이다.

맹자는 양심이라 직접 가리키지는 않았지만 불인지심이라는 말을 썼다. 인간에게는 '차마 하지 못하는 마음'이 있다는 것이다. 어느 왕이 희생으로 쓰일 소의 슬픈 울음소리를 듣고 차마 죽이지 못해 양으로 대신했다는 일화에서 나왔다. 소나 양이나 목숨은 다 소중한데 바꾸었다고 무슨 차이일까? 그런 의문에 맹자는 소의 울음소리는 들었기 때문에 불인지심이 발동했지만, 양의 울음소리는 듣지 못해 일지 않았다고 대답했다. 그렇게 '차마 하지 못하는 마음'으로 사람을 대하면 인의예지라 불리는 사단이 우리의 마음을 지켜 양심에 어그러지는 행동은 하지 않는다고 갈파했다.

자신이 어려움에 놓여야 진정한 친구가 누구인지 알 수 있다고들 한다. 잘 나갈 때면 다들 그 혜택의 단물을 핥고자 문경지교(刎頸之交)를 단언한다. 그러나 좌절에 빠지고 위기에 허덕일 때 대개 입으로만 우정을 말하던 친구는 등을 돌린다.

김만중(金萬重, 1637~1692)이 쓴 한글소설 중에 『사씨남정기』가 있다. 작가가 1689년 남해로 유배를 와 쓴 이 작품은, 역시 남해에서 완성된 『구운몽』과 더불어 작가의 세계관과 가치관이 잘 드러난 작품으로 알려져 있다. 이 작품에는 착하디 착한 여성 사정옥(謝貞玉)이라는 인물의 고난이 생생하게 그려져 있다. 그러나 그 착함과 정직함은 결국 보상을 받아 역경을 이겨 내고 다시 행복한 가정을 꾸린다.

한편 악한이라 할 여성도 등장하는데, 교채란(喬彩鸞)이다. 사씨부인이 늦도록 애가 없자 남편 유연수(劉延壽)에게 권해 들인 후실부인, 즉 첩이다. 교씨는 처음에는 순종하는 척하다가 곧 본색을 드러내 사씨를 쫓아내고 그 자리를 차지할 궁리를 한다. 간통한 악한 동청(董淸)에게 계교를 짜 보라 닦달하자 동청이 낸 꾀가 가증스럽다. 교씨가 낳은 아들 유정주를 죽이고 사씨를 범인으로 지목해 모함한다면 사씨를 내쫓고 정실부인 자리도 차치할 수 있다는 것이었다.

여느 고전소설이었다면 교씨의 악마성을 드러내기 위해 이를 그대로 수용하는 식으로 이야기를 짰을 것이다. 그러나 교씨는 곰곰이 생각하다가 "어찌 사람의 탈을 쓰고 제 자식을 죽여 부귀영화를 누린단 말이오. 차마 그 짓은 못 하겠으니, 다른 방법을 찾아보시오"라면서 거절한다. 표독하고 사악한 교씨조차 사람이 최후까지 가져야 할 '양심'은 버리지 못했던 것이다.

어떤 사람은 이 시대를 '물질문명의 풍요'와 함께 '도덕성(양심)이 몰락'한 시대라고 규정한다. 풍요는 선행과 적선(베풂)으로 이어져야 하는데, 거꾸로 인간을 더욱 이기적이 되도록 몰아붙인다. 가장 양심적이어야 할 직군(職群)의 사람들이 알량한 권력과 권한을 가지고 짐승도 하지 않을 패악을 저지른다. 들통이 나도 변명하거나 남에게 뒤집어씌우는 데 급급하다. 인간이 멸망한다면 그것은 이상 기후나 환경 파괴, 핵전쟁 때문이 아니라 무너진 양심에서 비롯될지도 모른다. 새삼 내 양심의 실존을 돌아보게 되는 요즘이다.

뿌리를 알면 중심이 선다

-

선맥(禪脈)의 계보와 유교의 도통설(道統說)

남해에서 오래 살다 보니 이런저런 모임이 참 많다는 사실을 알게 되었다. 같은 학교 동문을 넘어 각 기수별로 모임이 있고, 띠별로 또 모임을 가진다. 거기다 같은 마을이나 읍면 출신들끼리 모임을 만들고 집안이 같아도 모임이 생긴다. 운동 경기를 함께 해도 단체가 생기고, 직업이 같아도 동아리를 만들어 모임을 갖는다. 시골이 고향인 나이지만 워낙 오래 대도시에서 자라다 보니 이런 빈번한 모임은 진풍경으로 다가왔다.

모임만 끈끈한 것이 아니라 애경사를 함께 하는 측면에서도 유다르다. 이는 지역에서 나오는 신문만 읽어 봐도 쉽게 드러난다. 특정 지역 소식을 주로 다루니 당연하다고도 하겠지만, 섬 곳곳에서 일어난 일들을 꼼꼼하게 전해 준다. 어느 집 자녀가 명문대학에 입학했다거나 박사학위를 받았다거나 집안의 누가 승진했다거나 개업했다거나 하는 정보들이 지면에 실린다. 때로는 기사를 넘어서 동문이나 가족, 동네 주민들이 축하하고 장도를 축원하는 광고도 게재된다.

처음 이런 기사와 광고를 접했을 때는 참 의아했다. 뉴스거리도 안 되어 보이는 이런 얘기들을 왜 언론 매체에서 다루는 걸까? 그런데 오래지 않아 그 이유를 깨달을 수 있었다. 남해 사람들은 사방이 바다로 둘러싸인 섬 지역에 사는 데다, 오랜 시간 변방의 외진 터전에서 소외당하고 외적의 침입과 수탈로 고난을 겪어야 했다. 바람이 불어도 걱정 비가 내려도 걱정이다. 그러니 서로 별 탈 없이 잘 지내는지 눈여겨 살펴보고 좋은 일이며 궂은일마다 기쁨과 슬픔을 나누는 게 몸에 배었을 것이다.

모임의 결성은 남해라는 공간 안에서만 머물지 않는다. 남해 밖으로 나가 살면서도 지역별로 모여 서로 안부를 묻고 고락을 함께 나누며 산다. 옆집에 누가 사는지도 모르는 도시 생활에 익숙했던 나는 이렇듯 애면글면 서로를 보듬고 염려하며 기뻐하는 모습이 무척 부러웠다. 한편으로 이곳 출신이 아니라 늘 울타리 밖을 떠돌아야 하니 퍽 섭섭하기도 했다.

남해 사람들은 같은 마을 출신이라는 이유로 모였고, 같은 학교 출신이라서 모였으며, 심지어 나이가 같아서 모였다. 그 촘촘한 관계망에서 빠져나갈 남해 사람은 없어 보였다. 이들 모임은 거의 예외 없이 해마다 새로 회장을 선출한다. 신문을 펼치면 동창회 회장 이·취임식 행사 기사와 축하 광고가 눈에 들어온다. 회장이 되면 후원금이나 찬조금 등 경제적 부담이 따를 터이다. 그런데도 매해 새로운 회장이 나오는 것을 보면, 이들은 사소한 부담보다 명예나 봉사에 더 큰 의미를 두는 듯하다. 이 또한 아름다워 보였다.

나도 남해에서 몇 가지 모임 활동을 하고 있다. 남해에서 있었던 동학혁명을 기념하는 모임의 회원이고, 노무현재단 남해지부 회원이며, 남해역사연구회 회원이고, 남해문화원 회원이다. 얼마 전까지 회원으로 활동했던 모임도 여러 군데였다. 모임의 취지에 찬동하기 때문에 가입한 것이지만, 이제 나도 어엿한 남해의 구성원임을 인정받으려는 속내도 없지 않았다.

대도시와 달리 작은 지역 사회에서는 유형의 이익을 넘어서는 인정에 뿌리를 둔 연고를 맺는 것이 여러모로 편리하다. 급할 때 도움을 받을 수 있고 모르던 정보도 빨리 접할 수 있다. 아프면 걱정해 주고, 가끔 쌀이나 채소를 나눠 주기도 한다. 물건을 살 때 푸대접을 당하거나 바가지 쓸 염려를 덜 수도 있다. 감자를 사면 몇 개를 더 얹어 주는 덤도 으레 따르는 혜택이다.

이렇듯 남해의 모임들이 이해관계로만 얽히지 않은 것은 모임의 연륜이 긴 데서도 알 수 있다. 20년, 30년이 된 모임은 흔하고 반세기의 역사를 자랑하는 모임도 적지 않다. 모임의 초기 회원이 뜬 자리를 그 아들딸이 채운다. 세월이 덧없이 흘러 인구가 준다지만 주민 하나 없는 동토의 땅이 되지는 않을 테니 손자 손녀들이 뒤를 이을 것이다.

중단 없이 이어지는 모임의 탄탄한 결속력을 보면서 나는 배타적이라는 우려보다 미래의 희망을 느낀다. 남의 일이라면 먼 산 비 구경하듯 대하는 삭막한 공동체보다 감 놔라 배 놔라 하며 참견해도 쌀독 비면 보리쌀이라도 선뜻 내주는 인정 넘치는 마을이 더 살기 좋은 세상임을 알기 때문이다. 삶을 마치는 날까지 나는 남해 주민으로 이름을 올리며 살 것이다. 언제가 되어야 이 공동체의 번듯한 일원으로 인정을 받아 한 자리를 차지할지는 모르겠지만, 그런 날이 어서 빨리 오기를 기다린다. 아니 이미 왔는데도 나만 느끼지 못하는 것이길 바란다.

사람들은 어떤 식이든 근거를 만들어 계보 따지기를 좋아한다. 동서양을 막론하고 집안의 혈통을 조사해 가계도를 작성하는 일은 한 집안에서 행해야 할 사명 중 하나였다. 우리나라에서는 이를 보학(譜學)이라 부르는데, 가문마다 다양한 형태의 족보(族譜)가 전해진다. 양반 가문 후손이라거나 뼈대 있는 집안 출신이라는 사실은 큰 자부심으로 작용한다. '김해 김씨 ○○공파 몇 대 손'이라며 지금도 자신의 집안 계보를 소중한 자산으로 소개하는 것이 이를 반증한다. 나는 이런 전통이나 관습이 나쁘다고 생각하지 않는다.

한편 서양에서는 이런 활동을 계보학(系譜學, Genealogy)이라 부른다. 한 집안의 가계도를 재구성하는 학문을 말한다. 문장관(紋章官)이라 불리는 헤럴드(Harold 또는 Herald)라는 직책도 있어 가문의 문장을 조사하고 신분이나 혈통을 확인하는 임무를 맡았다고 한다. 우리나라 외국이나 신문 이름에 '헤럴드'가 들어가는 경우가 종종 있는데 그 유래는 여기서 나왔다.

불교에서도 계보는 중요하다. 지금도 스님의 계보를 따질 때 어느 문중(門中) 출신임을 근거로 드는데, 문중이란 말은 아마도 조선 시대 양반들의 신분 질서가 공고화되면서 비롯된 관습이 차용된 것으로 보인다. 유교에서는 더 말할 필요도 없다. 집안의 시조까지 거슬러 올라가는 가문과 혈통 자랑은 당연한 절차다. 몇 대조 할아버지가 판서를 지냈네 관찰사를 지냈네, 사돈의 팔촌이 판사네 검사네 서기관이네, 경쟁하며 따지기 시작하면 날밤이 새는 줄도 모른다.

우리나라 불교는 종파가 여럿이지만 조계종을 넘어서는 결사체는 없다. 조계종의 뿌리는 멀리 6조 혜능 선사까지 올라가고, 핵심 수행법으로 간화선이 정립되어 있다. 우리나라로 국한하면 고려 초기 형성된 구산선문 가운데 가지산문(迦智山門)에서 출발한다고 하는데, 초조(初祖) 즉 종조(宗祖)는 도의국사(道義國師, 760?~?)다. 그때 뿌려진 선맥이 면면히 이어져 보조지눌(普照知訥, 1158~1210)을 거쳐 백운경한(白雲景閑, 1299~1374), 태고보우(太古普愚, 1301~1382) 스님 등이 조계종 종풍을 크게 떨쳤다. 조계종에서는 보조지눌을 중천조(中闡祖: 종단의 종지를 분명하게 밝힌 조사)로 모시고, 태고보우를 중흥조(中興祖: 종단을 중흥시킨 조사)로 모신다.

혜능 선사가 6조라는 말은 그 앞에 계보가 있다는 뜻이다. 중국 선종의 초조는 다들 잘 아는 보리달마(菩提達磨, ?~?)다. 육조 시대 양(梁)나라 때 중국으로 건너와 2조 혜가(慧可, 487~593)에게 선맥을 전했다[이를 보통 '의발(衣鉢)을 전한다'라고 표현한다]. 이어 3조 승찬(僧璨, ?~606), 4조 도신(道信, 580~651), 5조 홍인(弘忍, 601~674)에게 이어진 뒤 혜능까지 이어졌다. 혜능은 선문의 분열을 염려해 더 이상 의발을 전하지 않았다.

중국 선종의 혈맥이 보리달마로부터 시작한다지만, 사실 선종의 근원은 당연히 붓다이다. 그리고 붓다의 선맥을 이은 스님은 가섭 존자로 알려져 있다. 가섭 존자가 '마음으로 전해지는 깨달음의 혈맥'을 이었다면, 붓다의 말씀인 법문을 중시하는 교종의 혈맥은 아난 존자로 이어졌다. 선맥이 전하는 방식은 스승의 말 없는 승인을 바탕으로 삼는다. 붓다에서 가섭 존자로 선맥이 전해진 근거로 드는 대표적인 징표가 '염화시중(拈花示衆)의 미소'인 것도 이런 데서 연유한다. 꽃을 들어 대중에게 보이며 미소를 짓는다니, 참으로 멋진 전수 방법이 아닐 수 없다.

보리달마에서 2조 혜가로 선맥이 전해진 이야기는 두 가지가 전한다. 먼저 혜가가 달마를 찾아가 깨달음을 얻고자 한다고 뜻을 밝혔으나, 달마는 긴 수행이 필요한 일이라며 거절한다. 그러자 혜가가 칼을 뽑아 자신의 왼팔을 잘라 버린다. 깨달음을 향한 불굴의 의지를 표명한 것이다. 이를 본 달마가 혜가를 인정했다는 이야기다. 또 하나는 혜가가 마음이 편치 않다고 말하자, 달마가 편치 않은 그 마음을 가져오라고 말한다. 마음은 보이지 않는데 어떻게 가져오겠냐며 혜가가 반문하자, 이에 달마가 이미 너의 마음을 편안하게 해 주었다고 답한다. 이 말을 듣고 혜가가 확연히 깨달아 선맥을

이었다고 한다.

이처럼 불가의 선맥은 평범한 사람으로서는 이해하기 어려운 방식으로 전해져 왔다. 그 이해하기 어려운 방식을 뭉뚱그려 화두(話頭) 또는 공안(公案)이라 부른다. 선가에는 이런 화두가 1,700개 이상이 있는데, 스스로 깊이 고민해서 숨은 뜻을 알면 깨달았다고 인정받는다고 한다. 일상을 사는 우리도 마냥 번뇌의 삼재팔난(三災八難)에 시달리지 말고, 화두를 하나씩 붙잡아 숨겨진 뜻을 꿰뚫어 성불하는 지름길로 삼아 보면 어떨까.

유교의 시작은 당연히 공자지만, 공자가 스승으로 섬긴 사람이 없었던 것은 아니다. 공자가 자신이 주장하는 신념의 근거와 정당성을 인정받기 위해 이상적인 인물로 삼은 이는 요(堯)임금이었다. 요임금은 삼황오제(三皇五帝)의 한 사람으로 도당씨(陶唐氏)로도 불렸다. 그는 젊은 나이에 왕위에 올라 덕치(德治)를 베풀었다. 효자로 소문난 순(舜)에게 왕위를 물려주었는데, 순임금 역시 정치를 잘해 '요순시절'이라는 말이 나왔다.

요순에 이어 칠 년 홍수를 극복한 우(禹)임금이 하(夏)나라를 세웠다. 하나라를 이어 탕(湯)임금이 은(殷 또는 商)나라를 세웠고, 다시 문왕(文王)이 나타나 덕치를 베풀다가 아들 무왕(武王)이 주(周)나라를 세웠다. 무왕이 죽자 동생인 주공(周公)이 정치를 잘해 주나라의 기반을 다졌다. 공자가 살던 시대는 주나라 치세였는데, 이때는 춘추 시대로 여러 강국이 무력을 앞세워 세상을 지배하려고 들끓었다. 공자는 이들이 야만의 정치를 한다고 규탄했다. 혼탁한 세상을 바로잡으려면 이전 시대 성왕(聖王)들의 정치를 복원해야 한다고 주장하면서 앞에 열거한 왕들을 모범으로 제시했다.

공자는 자신이 직접 정치 일선에 나서고 싶어 했지만 실패했다. 대신 제자를 키워 후일을 도모했다. 그리고 세월이 지나 당나라 때 한유(韓愈, 768~824)가 등장했다. 그는 불교가 성행하는 자신의 시대를 공자의 가르침이 끊어진 말세라 보아, 옛 성왕들의 정치를 구현해야 한다고 역설하면서 도통설(道統說)을 제시했다. 즉 공자 이후 도의 적통은 맹자가 계승했다가 불교와 도교가 득세하면서 혼란이 야기되어 현재에 이르렀으니, 이 시대의 선각자들이 명맥이 끊어진 도통을 다시 구현해야 한다고 강조한 것이다.

한유의 주장은 다소 감정적이고 논리가 부족한 점이 있어 후세 학자들이 전적으로 수용하지는 않았다. 그러나 기폭제 구실은 톡톡히 해서 송나라 때 주희는 도통이 주돈이(周敦頤, 1017~1073)와 정호(程顥, 1032~1085), 정이(程頤, 1033~1107) 형제에게 이어졌다고 주장했다. 주희의 주장과 사상은 한족이 문화적으로 우월하고 이민족은 열등하다는 화이론에 기반을 두어 지극히 편협하고 배타적이었지만, 이민족의 지배를 받았던 시기 한족의 지지를 받았다. 현대 중국이 한족 우월론을 바탕으로 일대일로(一帶一路)를 도모하면서 중화패권주의를 실천하고, 동북공정 등으로 주변 문화와 역사를 중국 문화의 하위 범주로 왜곡하려는 움직임도 멀리 보면 이런 도통설에 뿌리를 두었다고 볼 수 있다.

공자나 한유, 주희가 지금 중국의 과대망상을 예측했을 리는 없다. 하지만 유교가 세상을 구별 짓고, 차이와 위계의 구조가 정당하다고 인정함으로써 현재의 정세를 몰고 왔다는 사실을 부정하기는 어렵다. 자신의 뿌리와 계보, 위상을 찾아보는 자세는 하등 비난할 일이 아니다. 그러나 그런 주장이 아전인수에 빠져 타인의 존재를 멸시하고 자신의 존엄만 내세우는 도구로 쓰인다면 세상은 큰 위기에 빠질 게 분명하다. 모두가 공존하고 상대를 인정하기 위해 근본을 찾을 때 진정한 미륵세상, 대동세계가 올 것이라고 믿는다.

마음이 넉넉한 사람이 진짜 부자

-

빈자일등(貧者一燈)과 자행속수(自行束脩)

이백(李白, 701~762)의 말마따나 훌러덩 옷을 벗어 던지고 알몸으로 바람을 쐬고 싶을 만큼 무덥던 여름이 언제인가 싶게 지나갔다. 지난여름은 얼마나 더웠던가? 매일이 열대야였다. 오죽했으면 이번 여름 일 때문에 한 30분 길을 다녔는데, 갑자기 어지럽고 토할 것 같이 몸이 휘청거렸다. 더위를 먹은 것이다. 불볕더위란 말만 들었지 근래 더위는 진짜 사람을 잡는다는 걸 실감했다. 등목이나 선풍기로는 어림도 없고 하루 종일 에어컨을 켜 두어야 겨우 숨통이 트였다.

　이제는 내가 사는 남녘 땅 남해에서도 밤이면 한기가 느껴질 만큼 기온이 많이 내려갔다. 음양의 이치는 서로 상응하는지라 더운 여름에 값하는지 올겨울은 유난히 춥게 느껴질 것 같다. 살을 에는 혹한이 몰아친다면 넉살 좋은 이백도 어금니가 깨지도록 덜덜

떨면서 팽형(烹刑)이라도 당하고 싶다며 너스레를 떨지 모르겠다.

추위가 야금야금 에워쌀 즈음이면 늘 떠오르는 작품이 있다. 오 헨리가 쓴「경찰과 찬송가」라는 단편소설이다. 뉴욕의 한 노숙자가 곧 닥칠 추위를 피해 감옥에 들어가려고 발버둥 치다 실패하고, 이제는 사람답게 살아야겠다고 개심(改心)한다. 하지만 덜컥 경찰에 붙잡혀 3개월 구류형을 선고받는다는 얘기다. 누구보다 인생의 추위를 톡톡히 맛본 오 헨리여서 그런지, 그는 세상의 불쌍한 사람들, 그러나 그 끝자락에 한 가닥 희망의 실오라기가 달린 이야기를 많이도 풀어놓았다.

가난이 결코 인간을 불행하게 만들지 못한다고 역설하는 이런 유의 이야기는 위로가 될지언정 대안일 수는 없다. 누가 가난을 대물림하면서 살고 싶겠는가. 옛날 선비들은 안빈낙도(安貧樂道)를 역설했고『성경』에도 "가난한 자는 복이 있다"라면서 "부자가 천국 가기란 낙타가 바늘구멍 빠져나가기보다 힘들다"라고 했지만, 어찌 보면 다 배부른 자들의 궤변처럼 들린다.

그러나 적빈(赤貧)과 지족(知足)의 삶이 평범한 사람들과 동떨어진 거룩한 수행자의 일이라고만 할 수는 없다. 사람의 욕망은 끝이 없어서 아무리 부유해도 상대적 빈곤에 시달리기 마련이다. 진짜 가난해서가 아니라 마음이 가난해지기 때문이다. 위만 보고 사는 건 발전의 디딤돌이 되긴 하지만, 결국 자신을 가난의 나락으로 떨어뜨리는 썩은 동아줄일 뿐이다. 가난한 이들도 진실로 평등했던 시절, 아니 가난했지만 삶을 긍정하면서 이웃과 인정을 나누며 살았던 세상, 그런 시절과 세상에서 살던 사람은 없을까?

이와 관련해 누구나 한 번쯤 머릿속에 떠올릴 법한 이야기가 빈자일등(貧者一燈)이다. '가난한 사람의 등불 하나'라는 뜻을 가진 이 말은 『현우경』「빈녀난타품」에 나온다. 붓다가 사위국(舍衛國)의 어느 정사(精舍)에 머물고 있을 때였다. 위대한 각자(覺者)가 왔다는 소식을 들은 마을 사람들이 저마다 정성을 다해 값지고 화려한 예물을 준비했다. 그러나 정성은 하늘보다 높아도 품에는 동전 한 닢 없는 사람도 있었다. 떠돌이 생활을 하며 구걸로 연명하던 가난한 여인 난타(難陀)가 그랬다. 난타는 맥이 빠져 털썩 주저앉아 슬프게 중얼거렸다.

"전생에 저지른 업보 때문에 가난하고 천한 몸으로 태어나 부끄러운 삶을 살고 있는 나에게는 죄업을 씻을 기회가 왔는데도 할 수 있는 일이 없구나. 모처럼 고마우신 스님을 뵙게 되었지만 공양을 드릴 게 아무것도 없어. 너무나 슬픈 일이구나."

심성이 고운 여인은 마지막 남은 힘을 다해 하루 종일 시장과 골목을 떠돌며 구걸해서 겨우 돈 한 푼을 마련했다. 그러나 그 돈은 한 종지 기름을 얻기에도 턱없이 부족했다. 기름집 주인이 혀를 끌끌 찼다.

"여인이여, 그 돈으로는 맑은 물 한 그릇도 살 수 없네. 가난한 그대가 어디에 쓰려고 기름을 찾소?"

어깨가 축 처진 여인이 힘없이 대꾸했다.

"오늘 우리 마을에 붓다께서 오신대요. 그분의 법문을 듣고 축복을 받으면 다음 생이 이렇지는 않겠지요. 그런데 정성으로 드릴 것이 제게는 아무것도 없답니다. 이 돈이 제가 가진 전부인데, 기름 한 종지도 살 수 없으니 어쩌면 좋을까요!"

애끊는 넋두리를 들은 기름집 주인은 여인의 마음에 큰 감동을 받았다. '나는 저 여인보다 만 배는 더 부유할 텐데, 마음 씀씀이는 만분의 일도 못 되는구나. 저 여인을 돕지 않는다면 나는 분명 지옥에 떨어질 거야.' 한 푼 돈을 받은 기름집 주인은 가장 좋은 기름을 넉넉하게 떠서 여인에게 주었다. 기름을 받은 여인은 예쁜 등 하나를 만들어 고타마 붓다에게 바쳤다. 부유하고 권력 있는 사람이 바친 것에 비하면 초라했지만, 여인에게는 세상에 하나뿐인 소중하고 고귀한 등불이었다. 갈 곳이 없는 여인은 등불의 꽃밭 곁을 지키면서 합장한 채 밤을 지새웠다.

그날 밤 매서운 바람이 세차게 불었다. 바람을 이기지 못한 등불은 하나둘 꺼졌고 밤은 점점 어두워져 갔다. 그런데 수많은 등불이 앙상한 심지를 보였어도 난타가 바친 등불만은 흔들림 없이 새벽까지 남아 홀로 세상의 어둠을 비워 내고 있는 게 아닌가! 사람들이 웅성거리기 시작했다.

"어허! 이 등불은 무슨 신령한 힘이 있어 풍파에도 불꽃을 잃지 않는가? 너무나 갸륵한 일이구나!"

웅성거리는 소리를 들은 붓다가 밖으로 나왔다. 등불 하나가 동녘에서 떠오르는 햇살보다 환하게, 더 멀리 빛을 드리우고 있었다.

"붓다시여, 정말 신통방통하네요. 밤새 바람몰이에도 이 등불만은 제구실을 다합니다."

붓다는 한량없이 넓은 미소를 머금은 채 등불을 바라보았다. 그때 난타도 무슨 일인가 싶어 무리를 비집고 들어왔다. 그런데 자기가 올린 등불이 붓다의 온몸을 묵묵히 비추고 있는 것이 아닌가! 난타는 느꺼운 마음과 송구한 마음을 아로새긴 채 떨리는 목소리로 말했다.

"이것은 제가 올린 등불입니다. 어떻게 이렇게 빛을 잃지 않은 걸까요?"

사정을 소상하게 들은 붓다는 감격에 겨워 몸을 떠는 여인의 어깨를 토닥이면서 대중을 보며 말했다.

"누구의 등불인들 고귀하지 않은 것이 있겠습니까? 바람이 불면 꺼지는 것이 등불이지만, 이 여인의 등불은 기름이 넉넉해서 밤새도록 타올라 세상을 비추는 게 아닙니다. 이 여인의 정성과 소망은 거센 바람도 쓸어 내지 못합니다. 이 여인은 이미 붓다가 되었어요."

붓다는 가난한 여인 난타를 거두어 비구니로 받아들였다. 가장 불행했던 여인이 가장 행복한 사람으로 탈바꿈한 것이다. 진실로 평등과 삶을 긍정하면서 인정을 잃지 않으면, 가난한 삶에 어떤 기적이 일어나는지 우리는 난타의 이야기를 통해 깨닫게 된다. 이 이야기를 떠올릴 때면 난타만큼이나 기름집 주인의 선행도 잊을 수 없다. 넉넉하게 기름을 희사한 기름집 주인은 참된 부자였고 거룩한 사람이었다.

『논어』에도 이와 비슷한 이야기가 나온다. 「술이편」과 「위령

공편」에 나오는 공자의 말이 그것이다.

> 스승께서 말씀하셨다. "한 묶음의 포를 예물로 가져온 사람이라면 내가 그를 가르치지 않은 적이 없노라."
> [子曰 自行束脩以上 吾未嘗無誨焉]

> 스승께서 말씀하셨다. "일단 사람을 가르칠 때는 차별을 두어서는 안 되느니라."
> [子曰 有敎 無類]

붓다와 거의 같은 시대를 살았던 공자 역시 참된 삶의 길을 열었다. 공자 문하에는 3,000명이나 되는 제자가 있었다고 하는데, 그 많은 제자가 다 부유할 수는 없었을 것이다. 그러나 가난하다고 해서 배움의 열정이 느슨할 리는 없다. 가난하다는 이유로 원하는 배움의 길을 가지 못한다면, 그런 세상은 축생들이 사는 지옥일 것이다. '속수(束脩)'는 보잘것없는 예물을 말한다. '수'는 포(脯), 즉 가늘게 썬 고기를 말하는데 그 가는 고기 열 개를 하나로 묶은 것이 '속'이다. 한 속의 포라면 아주 작은 양이다. 공자는 그 정도밖에 안 되는 작은 물품이라도 배움의 정성을 보여 준다면 가르침을 아끼지 않았다.

나는 이 구절을 읽을 때마다 과연 속수의 정성을 보여 문하에 들어온 제자가 누구일까 떠올려 본다. 먼저 안빈낙도를 실천했다는 안연이 생각나지만, 그보다는 번지(樊遲)라 불린 제자가 장본인일

거라 믿는다. 홀어머니를 모시고 가난하게 살았던 번지는 그리 총명한 사람은 아니었지만 배움의 열정은 누구보다 뜨거웠다. 가난한 번지가 들고 갈 수 있는 예물은 속수밖에 없었을 것이다. 그는 제자로 받아들여졌고 스승의 수레를 모는 역할을 맡았다.

    세상이 바뀌어 이제 절대적 빈곤에 허덕이는 사람은 많지 않다. 대부분 '절대'보다는 '상대'의 늪에 빠져 있다. 왜 나는 더 부자가 못 되었고 더 잘살지 못하는가? 이런 기이한 의문과 의혹에 쌓여 삼순구식(三旬九食)하던 시절보다 더 깊고 큰 절망에 사로잡혀 산다. 이런 가난이라면 아무도 해결해 줄 수 없다. 왜냐하면 몸이 빈곤한 것이 아니라 마음이 빈곤하기 때문이다. 이런 사람들에게 가난한 여인 난타와 가난한 학생 번지는 귀감이 되어 준다. 행복은 살림살이보다 마음의 형편에 뒤따라오는 것임을 보여 준 이들처럼, 안으로부터 풍족할 줄 아는 사람이 늘어난다면 세상은 그만큼 살 만해지지 않을까.

나는 어떤 유형의 사람일까

-

불교와 유교의 인간형

남들은 차례와 성묘, 고향 찾기로 분주했던 추석 연휴 때 나는 남해에서 한 발자국도 벗어나지 못했다. 찾아뵐 부모님이 계시지 않은 것도 아니고 가야 할 고향이 없어서도 아니었다. 그저 개인적인 사정으로 아무 일도 하지 못했다. 더구나 오랜 기간 함께 살았던 두 딸도 대학생이 되어 부산으로 가 버리고 몇 년 전부터는 혼자 남해에서 지내니 자리를 뜨기가 더 어려워졌다.

    이리 뒹굴 저리 뒹굴 무료하게 연휴가 끝나기를 기다리면서 하릴없이 지내자니 답답하던 참에 서가에 꽂힌 책이 눈에 띄었다. 되는대로 뽑아 펼쳐 보니 이름도 낯선 출판사가 낸 단편 모음집이었다. 다섯 편의 단편소설을 모아 놓았는데, 예전에 한 번씩 읽어 본 작품이었다. 그중 두 편에 마음이 갔다. 전광용(全光鏞, 1919~1988)의

「꺼삐딴 리」와 안수길(安壽吉, 1911~1977)의 「제3인간형」이었다.

오랜만에 두 편의 소설을 다시 읽었다. 두 작품의 주제가 같다고 하긴 어렵지만 결국 사람이 주어진 상황에 대응하는 문제를 다룬 소설이라고 할 수 있다. 「꺼삐딴 리」는 의학박사 '이인국'이 일제 강점기와 해방 이후, 그리고 한국전쟁을 치르고 미국의 정치적 영향력이 불어나던 시기를 살면서 요행인지 꼼수인지 현실의 변화에 발 빠르게 대처해 자신의 이익을 지켜 내는 이야기다. 이 소설은 1962년 7월 『사상계』라는 잡지에 발표되었다. 박정희가 군사 쿠데타를 일으키고 1년쯤 지난 시점이었다.

「제3인간형」은 1953년 6월 『자유세계』에 발표되었는데, 한국전쟁 휴전일이 그해 7월 27일 22시 이후였으니 전쟁이 거의 막바지에 이른 때였다. 부산에서 교편을 잡고 있는 작가 '석'과 대단히 도발적인 작가였다가 전쟁과 함께 사라지더니 돈 많은 사업가가 되어 나타난 작가 '조운', 그리고 젊은 문학소녀 '미이' 세 사람이 전쟁을 겪으면서 어떻게 변화했는지를 추적한 작품이다.

'이인국'이라는 사람은 철저한 기회주의자였다. 어쩌면 현실 적응에 타고난 재능을 가진 인물이다. 다윈의 적자생존 이론으로 따지자면 불기둥 지옥에 가서도 에어컨을 돌리게 할 위인이다. 소설을 읽으면서 이 사람이 21세기 현재의 한국 사회에서 살았다면 어떤 처세를 보였을까 궁금해졌다.

비관적이고 사색적인 성격에 현실에 안주하지 않고 세상을 삐딱하게 보던 '조운'은 전쟁을 맞아 놀랍게 변신해 사업가로서 탁월

한 재능을 보여 주었다. 한편 문학적으로 그를 흠모했던 '미이'는 처음에는 조운의 염세주의를 비판하면서 즐겁고 행복하게 살라고 강권했다가, 전쟁 중에 끔찍한 일을 당한 뒤 세계관이 일변해 세상에 태어난 구실을 하겠다는 적극적인 태도로 성향이 바뀌었다. '석'은 이 둘의 변신을 보면서 이도 저도 아닌 자신은 무엇인지 번민한다는 것이 소설의 주된 내용이다.

두 편의 소설을 읽고, 문득 나는 어떤 인간형인지 의문이 들었다. 또 소설 속 네 사람 가운데 누가 가장 바람직한 모델이라 할 수 있을까도 궁금해졌다. 어쩌면 이는 나만의 궁금증이 아닐 것이다. 사람이라면 누구나 자신이 어떤 사람인지 알고 정의 내리고자 하는 습성이 있나 보다. 잊을 만하면 인간형을 가늠하는 이론 아닌 이론이 등장해 세간에 유행하는 것만 봐도 알 수 있다.

한때 자주 입에 오르내리던 구분이 '아침형 인간'과 '저녁형 인간'이다. 사람의 활동력이 어느 때 가장 활발한지를 기준으로 나눈 것이다. 새벽에 눈을 떠 오전 중에 머리가 가장 팽팽 돌아가 창의적인 업무를 마치거나 활동량이 큰 사람이 전자라면, 해가 저물어야 엔도르핀이 돌기 시작해 새벽까지 활기차게 일을 끝내고는 동틀 무렵 잠들어 낮이 되어서야 깨는 사람은 후자다. 내가 보기엔 둘 다 정상은 아닌 것처럼 보이지만, 기질 탓이든 버릇 때문이든 본인이 편하다면 따질 일은 아니겠다. 예전에 나는 아침형 인간이었던 것 같은데 지금은 일에 졸가리가 없어 어디에도 속하지 않는 것 같다.

또 '알콜형 인간'과 '비알콜형 인간'도 있을 법하다. 술이 좀 들어가야 일할 맛이 나는 사람이 있는 반면, 한 잔이라도 마시면 몸이 묵직해 만사가 귀찮아지는 사람도 있다. 나는 술을 싫어하지는 않지만, 술을 조금만 마셔도 글이 쓰이질 않으니 후자일 게 틀림없다.

또 현실에 대응하는 방식에 따라 '돈키호테형 인간'과 '햄릿형 인간'으로 나누기도 한다. 세상일에 대해 진지하게 고민하기보다 눈에 보이는 대로, 자기 기분대로 바로바로 부딪치며 해결해 나가는 저돌적인 인간형이 돈키호테다. 이와 달리 행동으로 옮기지는 못하고 이럴까 저럴까 고민만 하다가 스스로 자멸하는 번민형 인간이 햄릿이다. 각각 유명한 문학작품의 주인공 이름을 따 명명한 구분이다.

요즘은 MBTI라고 해서 인간형까지는 아니더라도 성향을 구분하는 게 대유행이다. 혈액형으로 성격과 성향을 구분해서 A형은 내성적이고 AB형은 천재라는 둥 하는 소리를 들어 본 게 전부인 나에게 MBTI는 남의 나라 언어다. 당연히 체크해 본 적도 없다. 과학적인 근거는 전혀 없다는데, 그래도 많은 사람의 입가에 오르내리는 것을 보면 적어도 공감되는 지점은 있는 모양이다.

불교가 배출한 성현을 대상으로 인간형을 구분해 보면 어떨까? 먼저 떠오르는 것이 '가섭형 인간'과 '아난형 인간'이다. 가섭 존자는 인도 선종의 초조로 불리는 두타제일의 인물이지만, 붓다와의 회합에 자주 지각한 것을 보면 아주 부지런한 사람은 아니었던 듯하다. 이와 달리 다문제일로 불릴 만큼 기억력이 좋았던 아난 존자는 항상 붓다 곁을 떠나지 않고 따랐으니 대단히 성실했던 사람으로 보인다. 속된 말로 가섭 존자는 '촉'이 좋은 분이었고, 아난 존자는 '머리'가 좋은 분이 아니었을까.

우리나라가 배출한 대덕(大德)을 예로 들자면, 나는 '원효형 인간'과 '의상형 인간'으로 나누고 싶다. 원효 대사는 선승인지 학승인지 구분이 가지 않을 만큼 많은 저술을 남겼는데, 그에 못지않은 기행으로도 정평이 나 있다. 의상 대사와 함께 중국 유학을 가려다 간밤에 마신 맛 좋은 물이 '해골 물'인 것을 알고 깨달음을 얻어 유학을 포기했다는 일화나, "누가 자루 없는 도끼를 주려는가. 나는 하늘을 떠받치는 기둥을 깎으련다[誰許沒柯斧 我斫支天柱]"라고 외치고 다녀 요석 공주와 염문을 뿌린 일 등 일일이 열거하기 어려울 만큼 비범한 행동으로 유명하다.

반면 의상 대사는 우리나라 화엄종의 개종조이자 화엄십찰을 건립한 주인공이다. 부석사 창건과 관련하여 중국의 여인 선묘(善妙)와의 로맨스가 있지만, 이 역시 플라토닉 러브에 가까운 미담이니 원효와는 처신부터 달랐다. 괴팍했던 원효에게 제자가 있었는지 알 수 없지만 의상에게는 물경 3,000명에 이르는 제자가 있었다고 하니, 그가 얼마나 존경받을 행동으로 자신을 지켰는지 짐작이 간다. 의상 대사는 강의와 수행에만 전력했으며 가사와 물병, 발우 세 가지만 지니고 다녀 청빈을 상징하는 인물이기도 하다.

이렇게 말하면 불경하다는 핀잔을 듣겠지만, 원효가 '싹수가 남다른 개구쟁이'였다면 의상은 '먼지 하나도 털어 내는 모범생'이었을 듯하다. 물론 두 분은 공통점도 많다. 사실인지 견강부회인지 알 수 없으나 우리나라 옛 사찰은 대개 두 스님의 손으로 창건되었다. 남해에 있는 기도 도량인 보리암도 원효 스님이 창건했다고 전해진다. 683년(신문왕 3)에 원효 대사가 이곳에 초당을 짓고 수도했는데, 관세음보살을 친견한 뒤 산 이름을 보광산(普光山)이라 하고 초암의 이름을 보광사(普光寺)라 불렀다는 것이다. 그 보광사가 지금의 보리암이다.

또 하나 들자면 '이판형(理判型) 인간'과 '사판형(事判型) 인간'이 있지 않을까 싶다. 우리가 잘 아는 사자성어 이판사판(理判事判)의 어원이기도 하다. 이판은 수행과 참구에 힘써 내면의 깨달음을 우선하는 스님네를 말하고, 사판은 사찰과 대중을 위한 공사에 힘쓰는, 좋게 말해 이타적인 스님네를 가리킨다. 이판이 바람직한지 사판이 나은지는 사람마다 다를 테니 판단하지는 않겠다.

유교에서도 몇 가지 인간형을 꼽을 수 있다. 공자 문하에는 제자가 3,000명이었다고 하니, 별별 인간형들이 백가쟁명으로 떠들썩했을 것이다. 게을러서 수업 중에 낮잠을 자다가 욕설까지 들어 먹은 제자가 있는가 하면, 우직하고 어리석었지만 이를 장점으로 살려 학문을 이룬 제자도 있다. 이들 가운데 몇 사람을 꼽아 인간형으로 구분하라면 '안회형 인간'과 '자로형 인간', '자공형 인간'으로 나누고 싶다.

안회(顔回)는 사색이 주특기인 '꽉 막힌 샌님'이었다. 무엇 때문에 공자가 안회를 그렇게 신뢰했는지 알 수 없지만, 그가 이른 나이로 죽었을 때 공자는 남들 보기에 민망할 만큼 통곡했다고 한다. 햄

릿처럼 행동보다 고민에 치중했던 인물이라 별반 업적을 남긴 것도 없는데 유가에서는 엄청나게 존경을 받는다.

자로(子路)는 실천력이 강했던 인물로 '의리의 돌쇠'처럼 언행에 거침이 없는 사람이었다. 공자와 나이 차이가 크지 않았는데, 자주 공자의 행동에 어깃장을 놓아 썩 달가워하지 않았다고 한다. 그러나 자로가 비참한 죽음을 맞이하자 그 충격으로 공자 역시 세상을 떠났다고 하니, 이 귀여운 악동에게 공자도 애정을 가지기는 했던 모양이다.

자공(子貢)은 전형적인 책사형(策士型) 인물이었다. 언변이 뛰어났던 데다 외교관으로서도 수완을 보였고, 무엇보다 이재가(理財家)로서 재산을 많이 모아 공문(孔門)의 번영은 그의 경제적 후원에 힘입은 바가 컸다. 비교적 장수했고, 공자가 별세한 뒤 공문의 실질적인 계승자 중 한 사람이 되었다. 팔방미인이요 양수겸장했으니, 유가의 선비들이 염원했던 가장 이상적인 인간형이 자공이라는 생각이 든다.

내가 대학에 들어갈 때 필기도구는 연필이나 볼펜이 전부였다. 만년필 정도가 더 있을까, 모든 필기는 손으로 직접 쓰는 육필(肉筆)이었다. 인쇄된 책은 90% 이상이 세로쓰기인 데다 한자가 많았다. 그러다 전동 타자기가 나왔고 조금 더 지나 컴퓨터 시대가 도래했다. 점점 가로쓰기가 표준이 되고 한글 전용이 일반화되어 지금 젊은 세대는 영어보다 한자를 더 모르게 되었다.

또한 대학 때 생소한 단어나 어휘, 인물, 사건 등에 대해 알려면 백과사전이나 인명사전, 역사사전을 펼쳐 보거나 도서관에 가 신문철을 뒤적여야 했다. 두 발로 뛰어다니며 자료를 찾고 깡그리 기억해야 했다. 그러던 것이 컴퓨터와 인터넷이 발전하면서 어지간한 자료는 온라인에서 해결이 가능해졌다. AI 기술이 극대화되어 키워드 몇 개만 넣어 주면 논문 한 편이 뚝딱 만들어진다. 세상 참 편해졌음을 실감한다.

우리 세대는 이런 극과 극을 달리는 변화의 한가운데를 가로지른 소수의 인물군이다. 우리보다 세대가 앞서면 첨단기기에 익숙하지 못하고 뒤지면 옛 시대의 유물과 관습에 대해 무지하다. 이로써 현재를 가늠하는 인간형을 범박하게 나누자면 '아날로그형'과 '디지털형'이 있다. 아날로그형은 시대에 뒤떨어진 구닥다리로 치부되었지만, 요즘은 레트로(retro) 취향이 주목을 받기도 한다. 어쩌면 퓨전 시대에 접어들면서 이것도 취하고 저것에도 흥미를 느끼는 '잡식형 인간'이 새로운 아이콘이 되어 가는 듯도 하다.

지나간 것은 놓아두자

-

사랑과 집착

몇 년 전 여름 일이 문득 떠오른다. 아주 오래전부터 알고 지내던 사람이 남해에 내려왔다. 단순한 여행은 아니었고, 군에서 초청한 강연에 참석하기 위해서였다. 남해는 당시 한창 도시재생 사업이 진행 중이었는데, 그 일에 대해 조언을 하고자 먼 길을 달려온 것이다.

그녀는 나와 같은 대학을 다녔다. 1학년 때부터 알고 지냈는데, 고등학교 동창이 여자 친구를 소개해 달라고 해서 두 사람을 이어 주려고 말을 걸었던 게 인연의 시작이었다. 그녀와 내 친구의 소개팅을 주선한 것이다. 서울 남영동에 있는 다방에서 만나기로 약속을 잡고 기다리는데, 일이 꼬이느라 그랬는지 친구를 만나지 못했다. 두어 시간 기다리다 결국 포기하고 돌아왔다. 핸드폰이 없던 시절이라 연락할 길이 전무했다.

그런데 친구를 기다리는 동안 이야기를 나누다 보니 그녀가 마음에 드는 게 아닌가! 흑심을 품은 나는 우정이고 뭐고 내팽개치고 친구가 나오지 않은 게 고맙기만 했다. 하지만 이성에 숙맥이었던 나는 어떻게 속내를 털어놓아야 할지 막막했다. 고민하다 강의가 끝난 뒤 그녀를 불러내 교정에서 더듬더듬 내 뜻을 밝혔다. 그녀의 대답은 당연히 노(No)!였다. 자신은 오래 살지 못한다느니 어쩌니 하면서 납득하기 어려운 논리로 거절했다.

하긴 잘 알지도 못하는 놈이 다짜고짜 사귀자고 하는데 선뜻 받아들이는 게 이상한 일이다. 장고 끝에 악수를 둔 셈이지만, 당시 나로서는 최선책이었다. 이후 나는 '사랑앓이'를 했고, 그녀는 나만 보면 벌레라도 본 듯 피해 다녔다. 더욱 안달이 난 나는 그때부터 술도 마시고 담배도 피우게 되었다. 방황의 시간은 3년 넘게 계속되었다. 졸업한 뒤에도 가끔 모임에서 만났지만 서먹함을 감출 수 없었다. 다른 친구들은 다 그녀와 말을 트고 지냈지만 나와는 지금도 서로 존대를 하고 있다.

지역 신문에서 그녀가 남해에 온다는 소식을 듣고는 반가운 마음에 강연장을 찾았다. 못 본 지도 10년이 훨씬 넘었다. 그동안 어떻게 지냈는지, 또 얼마나 변했을지 궁금하기도 했다. 좋으나 싫으나 그녀는 내 '첫사랑'일 터이니, 쑥스러움보다 호기심이 앞섰다.

오랜만에 재회한 그녀는 조금 아니 많이 달라져 있었다. 사업가로 성공한 그녀는 세상 사는 이치에 적응해 버린 듯했다. 일찍 죽을 팔자라 사귀지 못한다더니 결혼도 했고 애까지 낳았다. 그거야 그렇다 치더라도, 청춘 시절 보았던 풋풋하고 순수한 모습은 사라지고 대신 능력 있고 실용적인 사람이 자리 잡았다.

집으로 돌아오면서 나는 크게 후회했다. 만나지 않고 그냥 추억 속에 남겨 두었다면 좋았을 걸, 아름다운 추억만 상처를 냈다는 생각에 부끄러웠다. 한편으로 화도 좀 났다. 소중하게 간직했던 젊은 시절 고운 추억에 흠집이 난 기분이었다. 누군가는 '모든 사랑은 첫사랑'이라는 놀라운 지혜의 말을 하기도 했지만, 첫사랑이 여럿일 수는 없는 노릇이다. 세월이 지나면 사람이든 물건이든 낡아지기 마련이다. 아주 오래전 기억만을 안고 그 사람을 만나면 기대가 큰 만큼 실망도 커질 뿐인가 보다. 그렇게 내 첫사랑의 기억은 씁쓸한 회한으로 남게 되었다.

사랑과 미움에 대한 조언으로 『법구경』에 나오는 말씀만큼 잘 알려지고 정곡을 찌르는 경구도 없을 듯하다. 붓다는 고귀한 신분으로 태어나 부모님의 사랑을 듬뿍 받았고, 또 어여쁘고 정숙한 아내를 맞아 아이까지 낳았으니 이성 간의 사랑에 대해서도 부모·자식 간의 사랑에 대해서도 잘 알았을 것이다. 게다가 붓다는 혈육을 넘어 중생 모두를 사랑한 분이 아닌가?

사랑하는 사람을 두지도 말고
미워하는 사람을 두지도 말라.
사랑하는 사람은 만나지 못해 괴롭고
미워하는 사람은 만나게 되어 괴롭다.

-『법구경』「호희품」210번 게송

붓다는 소중하게 여기는 것일수록 쉽게 손상되고 그것으로부터 상처받게 된다는 지혜를 터득했다. 그래서 무욕과 무상의 가르침을 남겼다. 어떤 감정에 사로잡히면 사람은 그 감정에서 헤어나지 못한다. 오욕칠정(五欲七情) 가운데 사람의 심성을 본연 그대로 유지하는 데 장애가 되지 않는 것이 없다. 뭔가를 내 것으로 만들고 싶다는 욕망은 독약이 묻은 비수보다 더 아프고 치명적으로 사람의 영혼을 시들게 만든다.
　　또『법구경』에는 이런 말씀도 나온다.

　　녹은 쇠에서 나오지만 시나브로 쇠를 삼켜 버린다.
　　마찬가지로 마음이 올바르지 못하면
　　올바르지 못한 그 마음이 그 사람을 집어삼켜 버린다.
　　-『법구경』「진구품」240번 게송

여기서 말하는 쇠는 사람이고 녹은 감정이 아닐까 싶다. 감정이 없다면 그게 어디 사람이냐고 지적할 수도 있겠지만, 감정이 사람을 배신하는 경우가 허다한 세상살이에서 스스로 감정을 떨칠 수 있다면 이보다 더 큰 수행이 없을 것이다.
　　아주 오래전에 봤던 영화가 생각난다. 제목조차 정확히 기억나지 않는 정말 옛날 영화다. 줄거리는 대략 이렇다. 남편을 떠나보내고 홀로 남은 돈 많은 과부가 있었다. 초로를 지나 황혼에 접어든지라 새로운 사랑을 시작하기에는 늦었고 그런 열정도 없어진 지 오래였다. 그러다 문득 꽃보다 어여뻤던 젊은 시절, 자신에게 구애했던 남자들이 떠오른 그녀는 그들이 지금 무엇을 하고 있을지 궁금해졌다. 자신이 홀몸이 되었다는 사실을 알면 다시 자신에게 뜨거운 구애를 보낼지도 모른다는 상상에 빠져 한 사람씩 찾아 나선다.

결과는 모두가 예상한 대로다. 돌아온 건 실망과 회오(悔悟)뿐이었다. 어떤 남자는 파산해서 자살하기 직전이었고, 누구는 그녀의 돈을 보고 음흉한 접근을 하기도 했다. 아예 알아보지 못한 놈(?)도 있었다. 젊고 아름다웠을 때의 그녀를 기억하는 이는 없었다. 거래나 유혹의 대상으로만 다가왔다. 세월 앞에 장사 없다는 진리를 깨닫지 못했던 그녀는 내버려두었으면 아름다운 추억으로 남았을 기억을 누더기로 만들어 버렸다. 자신은 변했는데 남들은 그대로일 거라는 생각은 망상이다. 그녀는 스스로 불행을 자초했다. 욕망이라는 감정의 녹을 닦아 내지 못하고 오히려 키워서 제 몸까지 상하게 만든 것이다.

평생 중용(中庸)과 충서(忠恕)를 가르친 공자지만, 『논어』를 자세히 들여다보면 그 역시 감정에 많이 흔들렸던 것 같다. 열강 중에 조는 제자를 보고는 화를 참지 못해 악담을 퍼부었다. 수제자 안연이 죽었을 때는 하늘이 자신을 버렸다며 통곡했으며, 송나라 위령공의 부인 남자(南子)의 유혹에 자칫 넘어갈 뻔도 했다.『논어』「술이편」에 나오는 자로와의 일화에서도 이러한 예를 엿볼 수 있다.

공자가 병에 걸리자 자로가 귀신에게 빌자고 청했다. 공자가 물었다.
"지난날에도 그런 사례가 있었느냐?"
"있었습니다. 뇌에서 말하기를 천지신명에게 빌었다고 했습니다."
"그 일이라면 내가 빈 지 오래되었다."

[子疾病 子路請禱 子曰 有諸 子路對曰 有之 誄曰 禱爾于上下神祇 子曰 丘之禱久矣]

원문에서 상하(上下)는 천지(天地)를 말한다. 하늘에 있는 귀신은 '신(神)'이라 부르고 땅에 있는 귀신은 '기(祇)'라 부른다. 단순한 문답처럼 보이지만 자로의 행동을 탐탁지 않게 여긴 공자의 속내가 드러나 있다. 자로인들 귀신에게 빌어 병이 낫지 않는 것을 몰랐을까? 스승을 염려하는 간절한 마음에서 비롯된 충정일 것이다. 보통 이런 경우라면 정성을 생각해 "고맙구나. 그렇게 하자꾸나" 할 법도 한데, 공자의 박절함이 정도를 지나쳤다. 어떤 면에서 공자는 약간의 분노 조절 장애가 있었던 것도 같다. 한번 감정적으로 틀어지면 쉽게 수습을 못하는 모습이 간혹 눈에 띈다.

한편 공자의 아버지 숙량흘(叔梁紇)은 첫 부인 시씨(施氏)가 딸 아홉에 불구인 아들을 낳자 새파랗게 젊은 처녀 안징재를 맞아 공자를 얻었다. 조강지처를 헌신짝처럼 버린 것이다. 공자도 첫 부인을 버렸다. 잘 알려진 대로 공자의 아들 공리(孔鯉)는 첫 부인의 소생이었다. 어느 날 친어머니가 돌아가셨다는 소식을 들은 공리가 슬퍼하자, 공자는 예에 어긋나는 행동을 해 쫓겨난 여자를 위해 운다면서 호통을 쳤다고 한다. 심지어 초상에 가지 못하도록 막기까지 했다는 것이다. 나는 공자가 이토록 비정한 사람이라고 생각하지 않지만, 한편으로는 그가 감정에 잘 흔들리는 사람이었기에 인간사와 인성(人性)의 명암을 간파할 수 있었다고 본다. 그런 점이 내게는 매력으로 다가왔다.

  우리는 늘 현재가 불안해 과거를 돌이켜 본다. 과거를 찾는 마음은 일종의 미련이다. 과거를 돌아본다고 해서 지금 우리의 삶에 변화를 줄 수 있을까? 물론 과거의 잘못이나 실수를 통해 교훈을 얻어 지금 언행의 지표로 삼을 수는 있다. 하지만 그런 상관관계도 내가 얼마만큼 냉철하게 현재를 이해하고 분석하는지가 선행되어야 좋은 결과로 돌아온다. 오히려 과거의 일에 매몰되어 현재의 실상을 오판하거나 외면한다면 더 큰 오류를 일으킬 수도 있다. 더구나 과거의 일을 참고사항으로만 보지 않고 지금의 이익을 얻기 위한 수단이나 과정으로 악용한다면, 그것은 활용이 아닌 집착일 뿐이다.

  첫사랑의 싱그러운 추억을 구겨 버린 나는, 과거란 덧칠하지 말고 원형 그대로 소중하게 간직하는 게 최선의 방책이라고 믿게 되었다. 지나간 일에 목매달아 봐야 뭐가 달라지겠는가. 그러기보다 현재의 나에게 더 애정을 보내고 관심을 갖는 게 어떨까 싶다.

잊히지 않는 사람은 죽지 않는다

-

다비(茶毘)와 상례(喪禮)

 남해에는 장례식장이 네 군데 있다. 그중 읍에 있는 장례식장을 지날 때면 문상 온 차들로 주차장이 빼곡히 차 있는 광경을 종종 목격하곤 한다. 조화가 바깥까지 길게 늘어선 경우도 있다. 누군지는 몰라도 사람의 죽음은 내 삶에서 그리 멀리 있지 않은 듯하다.
 이곳에서 태어나 살아온 사람만큼은 아니지만 나도 자주 문상을 가는 편이다. 지인의 부모님이나 조부모님이 돌아가시면 가서 위로의 말을 전하지 않을 수 없다. 고인을 직접 뵌 적은 없어도 인정상 예의상 상주의 슬픔을 외면하기 힘들다. 더구나 평소 알고 지내던 사람의 부고를 접하게 되면 진심으로 안타깝기 그지없다. 남해에 살면서 그런 일을 여러 차례 겪었다. 갑자기 부고를 접한 경우도 있고 지병을 앓고 있음을 알아 미리 마음의 준비를 한 경우도 있지만, 놀람과 슬픔은 아주 오래 마음을 어지럽힌다.

작년에 세상을 떠난 후배의 죽음은 정말 가슴 아팠다. 그 친구는 내가 남해에 내려왔을 때부터 알고 지내던 사이였다. 나보다 네다섯 살 어렸는데, 부산에서 대학을 나와 이런저런 일을 하다 나보다 먼저 남해에 정착했다. 부인과는 헤어져 혼자 지냈다. 그때 나는 읍에 살아서 그 친구와 자주 만났다. 어쩌다 보니 나를 포함해 여섯 명이 벗이 되었는데, 죽이 잘 맞아 일주일에 한두 번씩 만나 당구를 치거나 술을 마셨다. 내가 나이가 제일 많아서 형님 대접을 받았는데, 객지에서 만난 사이라 처음에는 어색했지만 시간이 지나면서 자연스레 친해졌다.

이후 나는 읍을 떠나 고현면으로 이사를 했고 예전처럼 자주 얼굴을 보지 못하게 되었다. 그래도 읍에 나오면 가끔 마주쳐 반갑게 인사도 나누고 이따금 술잔도 기울였다. 지금도 미안한 일은 4~5년 전 그 친구 외동딸 결혼식에 참석하지 못한 것이다. 결혼식장이 인천이었는데, 외지 사람이다 보니 가겠다는 사람이 많지 않았나 보다. 몇 달 전부터 꼭 와 주십사 부탁을 하기에 가겠다고 철석같이 약속했는데, 예식 당일 갑작스레 일이 생겨 불참하고 말았다. 축의금은 전했지만 미안한 마음을 씻어 낼 수 없었다. 많이 서운한 눈치여서 더욱 몸 둘 바를 몰랐다.

이과 출신인 그는 전공을 살려 수학 교습소를 운영했다. 규모는 작았지만 버는 대로 자기 돈이라 그리 궁색해 보이지 않았다. 그런데 코로나바이러스가 유행하면서 불운이 닥쳤다. 학생 수가 줄어

들어 쩔쩔매더니 재작년쯤인가 기어이 폐업을 하고 말았다. 대신 교습소를 개조해 술집을 열었는데, 인근에 남해대학이 있어 학생들을 상대한다고 했다. 직접 가 보니 따로 인테리어는 하지 않고 교습소 책걸상만 정리한 채 테이블을 놓아두었다. 어딘가 초라한 느낌이라 신경이 쓰였지만, 그것도 콘셉트이겠거니 하고 마음에 두지 않았다. 그러고는 한동안 만나지 못했다. 그런데 작년 6월 즈음, 편의점에서 물건을 사 집으로 돌아가는 길에 택배 일을 하는 다른 후배와 마주쳤다. 그가 대뜸 이렇게 물었다.

"행님, 혹시 아무개 형 소식 들었십니꺼?"

가슴이 덜컹 내려앉았다. 그런 어투는 뭔가 안 좋은 일이 일어났을 때 나오기 때문이었다.

"아니, 왜……?"

나는 말을 끝내지 못했다. 혹시나 어디가 아프거나 다친 건가 싶었다. 그러자 그 후배가 머뭇거리면서 대답했다.

"죽었십니더. 한 달도 더 되었지예."

"아니 어쩌다가?"

"<u>스스</u>로 목숨을 끊었스예. 방에 번개탄을 켜 놓았다네예. 낼 모래면 사십구제라예."

기가 막혔다. 충격 때문에 자리에서 움직일 수조차 없었다. 아니 왜 갑자기? 무슨 일로? 뒤늦게서야 후배의 죽음 소식을 듣다니! 같이 어울리던 후배가 몇 명인데 어떻게 나한테 연락조차 하지 않을 수 있나? 고현면과 읍은 버스를 타도 10분이면 닿을 거리였다.

누구에게 고통을 하소연하지도 못하고 속을 태우다가 그런 모진 결심을 하다니! 안타까웠고, 원망스러웠고, 도움이 되지 못해 미안했다. 마지막 순간 얼마나 외롭고 힘들었을까? 눈물이 쏟아져 나왔다.

나는 너무나 죄스러운 마음에 천도재라도 지내 주고 싶었다. 얼마 전 내가 다니던 절에서 열린 천도재에 참석한 적이 있어 아는 분을 통해 비용이 얼마나 드는지 알아보았다. 그런데 예상보다 비용이 적지 않게 들었다. 내 형편에 불쑥 내놓기 쉽지 않은 금액이었다. 함께 어울렸던 사람들에게 분담하자고 말해 볼까도 고민했지만, 공연히 아픈 기억을 들추는 것 같아 포기했다. 결국 며칠을 고민하다가 생각을 접었다. 천도재는 따로 기한이 없다고 하니 나중에 여유가 생기면 꼭 하겠다 다짐했지만, 아직까지도 못하고 있으니 공염불이 될까 두렵기만 하다.

신라 경덕왕 때의 스님인 월명사(月明師)는 이른 나이에 죽은 누이를 떠나보내면서 「제망매가」를 써 자신과 누이를 위로했다. 삶과 죽음의 길이란 것이 가을바람에 떨어지는 나뭇잎처럼 같은 가지에 나고서도 가는 곳을 모른다고 슬퍼했다. 나 역시 그렇다. 어딘지 알 수 없는 주소에서 살고 있을 그 친구. 여전히 밝게 웃으면서 빗겨간 당구공에 탄식을 내뱉고, 장판같이 잔잔한 바닷가에서 낚싯대를 드리우며 세월을 낚고 있으리라 나는 믿는다.

누구보다 생로병사의 괴로움을 사무치게 깨달아 출가하고 성도한 붓다 역시 중생의 죽음을 막지는 못한다. 인연법에 따라 왔다가 다시 떠나고, 해탈하지 못하면 윤회를 반복해야 하는 숙명을 지닌 게 인간이다. 그저 하나의 과정일 뿐이니 죽음을 두려워하지 말라고 말하지만, 어떤 위로도 그 슬픔과 고통은 가시지 않는다.

우리가 즐겨 쓰는 말 중에 '공수래 공수거(空手來 空手去)'라는 말도 있고, '만난 사람은 반드시 떠나게 되어 있다[會者定離]'라는 말도 있지만 죽음 앞에서 초연하기는 어렵다. 붓다는 『잡아함경』에서 "진실로 너희들의 소유가 아닌 것은 다 버려야 한다"라고 말했다. 여기에는 삶이나 죽음이나 원래 내 것이 아니라 잠시 거쳐 가는 물건일 뿐이라는 암시가 담겨 있다. 또 『본생담』에서 "부르지 않았어도 목숨은 저 세상으로부터 찾아왔고, 허락하지도 않았는데 이 세상에서 떠나간다. 찾아왔던 것처럼 떠나가는데 거기에 무슨 한숨과 탄식이 있을 수 있겠는가?"라고 말했다. 그렇게 삶과 죽음의 덧없음을 가르쳤지만, 그것을 깨닫기에는 우리 삶이 너무 짧아서인지 늘 번뇌에서 벗어나지 못한다.

불교에서는 죽은 사람을 떠나보내는 절차를 다비(茶毘)라 부른다. 산스크리트어 자피타(Jha-pita)를 음역한 말이다. 대개 스님이 열반에 들어 적멸의 세계로 떠나보낼 때를 일컫지만, 일반 대중들의 화장(火葬)도 매한가지일 것이다. 이승과의 결별에서 끝자리에 있는 절차이니 엄숙하고 경건해야 할 것은 말할 나위 없다.

붓다는 입멸할 때가 오자, 쿠시나가라에 있는 두 그루 사라수(娑羅樹) 사이로 가 북쪽으로 머리를 둔 채 오른쪽 옆으로 누워 열반에 들었다. 붓다가 떠난 지 이레째 되는 날 화장을 했다고 하니, 불교로서는 이것이 첫 다비이자 망자를 보내는 예식이었을 것이다.

한편 제자들은 붓다의 다비를 마친 뒤 사리를 수습해 주변 여덟 개 부족에게 고루 나눠 주었고, 사람들은 사리를 봉안하고자 봉분을 만들었다. 이것을 스투파(stūpa)라 부른다. 중국과 한국, 일본에서는 탑(塔)이라 하는데, 특별히 스님들이 남긴 사리를 거두어 모신 탑을 부도탑(浮屠塔)이라 부른다.

불교에는 천도재(薦度齋)라는 예식도 있다. 고대 인도에서 거행되던 조령제(祖靈祭)에서 왔다고 한다. 사람이 죽으면 그대로 왕생하지 못하고 굶주리면서 미혹과 업의 굴레에서 벗어나지 못한 존재로 머물게 되는데, 이들을 구제하는 방식으로 정착된 것이 천도재다.

또 수륙재(水陸齋)가 있다. 죽은 뒤 물과 육지를 헤매는 영혼과 아귀를 달래고 위로하기 위해 붓다의 가르침을 강설하고 음식을 베푸는 의례 행위를 말한다. 우란분절(盂蘭盆節)이라 불리는 백중(百中: 음력 7월 보름)도 있다. 이날은 망혼일(亡魂日)이라 하여 돌아가신 부모님의 넋을 위로하기 위해 술이나 음식, 과일을 차려 놓고 천신(薦新)을 드리기도 한다. 불교 의식은 아니지만, 죽은 사람의 넋이 극락으로 가도록 베푸는 진오귀굿에도 불교 색이 강하게 묻어난다. 모두 세상을 떠난 분들의 영가(靈駕)를 위로하고 극락왕생을 기원하는 소중한 절차이다.

관혼상제(冠婚喪祭)라는 말이 있듯이 유교에서도 망자를 보내고 추모하는 일을 매우 중요하게 여겼다. 전쟁이 나 피란을 갈 때도 식솔이나 음식, 재물보다 신위(위패)를 먼저 챙겼을 정도니 더 말할 필요도 없다. 이처럼 죽음과 죽은 분을 섬기는 일을 중시하는 게 유교지만, 공자는 생전 제자의 질문에 재미난 대답을 하기도 했다.『논어』「선진편」에서 제자 계로가 어떻게 귀신을 섬겨야 하는지 묻자, "산 사람도 제대로 섬기지 못하는데 무슨 귀신이냐[未能事人 焉能事鬼]"라며 타박했다. 또 죽음에 대해 묻자, "삶도 모르는데 어찌 죽음을 알겠느냐[曰未知生 焉知死]"라며 대답을 피했다. 앞뒤 정황이 없으니 구체적인 까닭은 알 수 없지만 죽음의 문제보다 더 절박한 문제는 삶의 문제라는 공자의 신념을 읽을 수 있다.

그렇다고 유교가 조상을 추모하는 일을 소홀히 한 것은 아니다.「학이편」에서 증자가 말하길 "초상을 당해 삼가 장례를 치르고 멀리 떠나가신 분을 공경해 추모하면 백성의 덕이 두터운 곳으로 돌아갈 것[愼終追遠 民德歸厚矣]"이라 일렀다. 이때 '종(終)'이란 군자의 죽음을 가리키는 말이다. 또『중용』에는 "죽은 이 섬기기를 살아 있을 때처럼 하고, 망자 섬기기를 생존하실 때처럼 해야 지극한 효성이라 할 수 있다[事死如事生 事亡如事存 孝之至也]"라는 말이 나온다. 망자에 대한 예를 갖추면서 정성을 다하는 것이야말로 사람 구실을 다하는 것이라 강조한 사례라고 하겠다.

유교의 상례는 부모님이 돌아가시면 3년상을 치르는 게 도리인데, 이 역시 공자가 한 말에서 나왔다.『논어』「학이편」에서 "부모님 계실 때는 그 뜻을 살피고, 돌아가시면 그 행실을 살피며, 세 해 동안 부모님께서 남긴 방식을 바꾸지 말아야 효성이라 할 수 있다[父在 觀其志 父沒 觀其行 三年無改於父之道 可謂孝矣]"라고 했다. 또「양화편」에 "자식이 태어난 지 3년이 지나야 부모님의 품에서 벗어날 수 있으니, 그래서 3년 동안 치르는 상례가 천하에 통용되는 것[子生三年 然後 免於父母之懷 夫三年之喪 天下之通喪也]"이라는 말이 나온다.

유교는 상례 못지않게 제례(祭禮)도 중시한다. 유교의 시작과 끝이 제례라고 해도 지나친 말이 아닐 정도다. 실제로 조선은 왕실부터 평민까지 제사의 천국이었고 비교적 최근까지 그런 문화가 우리 사회에 남아 있었다. 지금은 제사 지내는 집이 많이 없어졌지만, 아마도 40대 이상 중장년층에게는 결코 낯선 일이 아닐 것이다. 오죽하면 힘들게 사는 형편을 '종가집 큰며느리 팔자'라 했겠는가!

제례는 천지자연 신에게 경외를 표하고 홍복을 기원하는 데서 시작된 게 아닐까 싶다. 아주 오래전 부여의 영고(迎鼓), 고구려의 동맹(東盟), 예맥의 무천(舞天) 같은 제천의식이 있었다. 풍년제, 풍우제, 기우제, 기청제 등도 모두 벽사진경(關邪進慶: 사특함을 물리치고 경사가 오게 함)을 위해 토지신이나 천신에게 도움을 청하는 제사 의식이다. 지금도 곳곳에서 고사(告祀)가 치러진다. 원래 고사는 마을이나 결사(結社) 등 집단에서 날을 정해 거행했는데, 지금도 남해에서는 겨울에 동제사(洞祭祠)가 곧잘 열린다. 등산회나 산악부에서는 봄철 등산 시즌이 시작되면 다들 모여 무사 안전을 기원하며 시산제(始山祭)를 지내기도 한다.

이 밖에도 새 차를 사거나 사무실을 개소하거나 가게를 열 때, 배를 진수하거나 비행기의 첫 운항 때도 종교와 관계없이 동티가 나지 말라며 고사를 지낸다. 심지어 과학 기자재를 새로 설치하면서도 고사를 지낸다고 하니, 얼마나 제사를 중시하는지 실감할 수 있다. 이렇듯 제사를 통해 조상이나 망자를 추억하고 액운을 멀리함으로써 위안을 얻을 수 있다면 과용하지 않는 범위에서 행하는 것도 나쁠 게 없다는 생각이다.

    사람은 언제 죽을까? 영화 〈비포 선라이즈〉에 가족이나 친구들이 자신이 죽은 줄 모르면 그건 죽은 게 아니라는 여주인공의 대사가 나온다. 누군가의 기억으로부터 사라질 때 사람은 진짜 죽는 것이라는 말이겠다. 불교든 유교든 죽은 이를 떠나보내고 기억하기 위해 노력하는 모습은 아름답고 거룩하다. 곧 죽은 후배의 기일이 다가온다. 그의 혼령을 모신 곳이 있다면 꼭 찾아가 보리라 다짐한다.

사람은 길 위에서 단단해진다

-

붓다와 공자의 여행

남해에 살면서 도시에 살 때와는 생활 형태가 많이 달라졌다. 아름답고 고즈넉한 남해의 자연 풍광을 느긋하게 즐길 수 있고, 어디든 바다가 가까워 파도가 춤추는 넓은 해양을 우두커니 지켜보는 즐거움이 생겼다. 또 뜻밖에도 높은 산이 많아 풍경을 헤아리며 다니는 맛이 가멸차다.

다만 교통 사정은 썩 불편하다. 도시와 달리 이용할 수 있는 대중교통이 많지 않기 때문이다. 가까운 진주시로 간다거나 옆 동네를 가려면 시외버스나 군내버스를 이용해야 하는데, 배차 간격이 꽤 성글다. 출근 시간 무렵이면 비교적 간격이 촘촘한 진주행 버스가 있기도 하지만 대개는 1시간 정도 터울이 난다. 군내버스면 더욱 멀어진다. 더욱이 남해 버스는 코로나의 철퇴를 단단히 맞았다. 감염의 우려 때문에 이동이 줄자 승객 수가 급감했고, 버스 회사들은 노선을 없애거나 줄여 적자 폭을 감당했다. 이러니 시골에서 자가용이 없으면 정말 불편하다.

배차 간격이 길다 보니 버스 시간을 꼼꼼히 따져 집을 나서는 부지런함이 생겼다. 또 웬만한 거리는 걷거나 자전거를 이용하게 되었다. 요즘은 이 동네도 미세먼지가 등쌀을 부려 속 편하게 걷지는 못하지만, 설마 미세먼지가 흡연보다 나쁘랴 싶어 괘의치 않는다. 담배를 끊어야 미세먼지도 걱정할 텐데, 그게 참 쉽지 않다. 자잘한 번뇌를 날리고자 피는 담배가 또다시 번뇌가 되니 역시 인생은 고해(苦海)다.

그래도 건강도 챙기고 남해의 경치도 가까이서 맛볼 겸 짬이 나면 동네 주변을 걷는 일이 잦아졌다. 예전 고현면에 살 때는 중심지 동네를 한 바퀴 휘 돌면 30여 분이 지나갔다. 산과 들에는 꽃들이 한창이고(노란 유채꽃 단지가 볼 만하다) 밭에는 수확을 코앞에 둔 마늘이 파란 천을 깔아 놓은 듯 바람에 흔들린다. 시간이 괜찮으면 바닷가 관음포에 자리한 이순신바다공원까지 나가 보기도 했다. 들길과 찻길을 천천히 40여 분 걷노라면 공원 어귀에 닿는다. 2017년 개관한 바다공원은 조경도 아름답고 바다와 맞닿아 있어 마음의 평안을 얻을 수 있으니 일석이조다. 이렇게 나는 남해에서 짧지만 의미 있는 여행을 한다.

개인적으로 문화에는 '앉는 문화'와 '걷는 문화'가 있다고 생각한다. 이런 구별은 쉽게 말하면 농경 문화와 유목 문화로도 대응되지만 조금 차이가 있다. 앉은 상태에서 이뤄지는 문화와 걷는 상태에서 형성되는 문화가 있다는 말이다. 반드시 문화와 문화 사이의 변별점으로만 이것을 말하려는 것은 아니다. 같은 문화 내에도 각기 다른 과정을 거쳐 발달하는 유형이 있다는 뜻이다.

서 있으면 다소 먼 시야가 확보될 뿐이지만 걸으면 공간 자체가 바뀐다. 더구나 위로 올라가는 데는 한계가 있지만 걷는 데는 제약이 없다. 사방팔방이 다 목적지가 되고, 이전에는 보지 못한 새로운 풍경을 연이어 접할 수 있다. 그러면서 얻는 이점도 많다.

범속한 인간인 나도 걸으면서 얻는 게 많은데, 하물며 인류의 스승인 붓다와 공자는 말할 나위가 없다. 두 분 모두 넓고 넓은 영토를 자랑하는 나라에서 태어난 탓인지 꽤 긴 생애를 살면서 무던히도 걸어 다녔다. 인도는 '아대륙'이라 불릴 만큼 광활하고 중국 역시 드넓은 판도를 자랑한다. 더구나 2,500여 년 전에 살았으니 걷지 않고 이동하기란 어려웠을 법도 하다. 걷고 또 걸으면서 두 분은 별별 사람을 다 만났고 이런저런 견문도 쌓아 나갔다. 때로는 폭우를 뚫으면서 걷고 때로는 땡볕에 비지땀을 흘리면서 발걸음을 옮겼을 것이다. 그런 풍찬노숙(風餐露宿)이 두 분의 삶과 생각을 기름지게 만들었을 것이다.

붓다는 사는 동안 얼마나 먼 거리를 걸으며 여행했을까? 붓다가 태어나 왕자로 산 카필라는 현재 네팔의 타라이(Tarai) 지방이라고 한다. 히말라야산맥이 끝없이 이어진 산골짜기 왕국에서 유성출가 전까지 지냈다. 출가하고 6년 뒤 긴 수행과 고행 끝에 보리수나

무 아래서 깨달음을 얻은 곳은 네란자라 강가였다. 여기서 6주 동안 머물다가 바라나시로 가는데, 250킬로미터나 떨어진 곳이었다. 이때부터 붓다의 여행은 열반 장소인 쿠시나가라까지 부단히 이어졌다. 29살에 출가해 35살에 득도하고 열반에 든 여든 살까지, 45년이라는 긴 세월 동안 무수히 많은 지역과 나라에 발자취를 남기며 깨달음을 전하고 사람들을 교화했다.

초전법륜의 땅 사르나트와 영산회상(靈山會上)의 공간 라즈기르, 먼저 세상을 떠난 마야부인을 위해 도리천에 올랐다가 석 달 동안 설법한 뒤 내려왔다는 상카시아, 사위성이 있던 쉬라바스티, 열반의 땅으로 가던 길목에 있는 바이샬리 등 지금의 인도 북부 지역이 붓다가 여행했던 공간이다. 유적이 있고 행적이 알려진 곳이 이 정도일 뿐 그 사이사이 이름 모를 땅과 골목, 산과 강은 얼마나 많았을까. 붓다가 실제로 걸은 거리를 따지기는 어렵겠지만 줄잡아도 수천 킬로미터는 훌쩍 넘고도 남았을 것이다.

붓다가 긴 시간 동안 멀고 먼 거리를 여행한 까닭은 무엇이었을까? 당연히 자신이 깨달은 진리를 중생들에게 전하기 위해서였다. 깨달음의 법열(法悅)이 어떤 것인지 누구보다 잘 알았기에 하화중생의 여행을 외면할 수 없었다. 번뇌에 찌든 사람을 만나면 그 사연을 들어 적절한 진리를 설해 주고, 몸과 마음이 아픈 사람에게는 자비의 손길로 치유의 문을 열어 주었다. 그렇게 진리를 하나하나 풀어 가면서 정진의 벼리도 가다듬었을 것이다.

붓다의 위대함은 깨달음에 만족해 멈추지 않았다는 데 있다.

깨달음의 실체를 이론과 실천으로 단단하게 완성하는 노력에도 게으르지 않았다. 증세를 보고 다양한 처방을 하는 명의처럼 모래알보다 많은 중생의 번뇌를 씻어 내는 데 깨달음의 고갱이만으로는 충분하지 않다. 못 배운 사람과 똑똑한 사람, 권력을 쥔 사람과 부림을 당하는 사람, 어리석은 사람과 욕심 많은 사람 등 각양각색의 사람을 깨달음으로 이끌자면 수준 높은 설법과 비유는 물론 인간 내면에 대한 깊은 이해가 뒷받침되어야 한다. 붓다는 그 책무를 훌륭하게 완수했다.

어디서 그런 힘이 나왔을까? 나는 긴 여행에서 샘솟았다고 믿는다. 드넓은 세상과 새로운 사람을 만나면서 붓다의 깨달음은 더욱 구체화되었고, 뼈와 살이 붙고 피가 흐르게 되었으리라. 즉 구도와 교화의 여정이야말로 오늘날까지 붓다가 위대한 스승으로서 뭇 사람에게 숭앙받을 수 있는 원동력이라고 생각한다.

공자가 여행한 거리 또한 누구 못지않다. 공자는 춘추 시대 노나라에서 태어났는데, 지금의 산둥성 곡부(曲阜) 인근이다. 15살에 처음 학문에 뜻을 두었고, 19살쯤 말단 관리가 되어 학문과 지식을 넓히는 한편 하급 관료를 전전하며 입지를 다졌다. 그리고 30살이 되었을 때 (자평하길) 나름의 경지에 올랐다.

공자가 첫 여행을 시작한 것은 35살 되던 기원전 517년 경인 듯하다. 노나라에 내분이 일자 이웃 제(齊)나라로 갔다. 제경공을 만나 정치에 대해 토론하고 순임금의 음악인 소악(韶樂)을 들었다고 한다. 그러다 두 해 뒤 귀국했는데, 노나라에서 횡행했던 가신(家臣)

집단을 경계하기도 하고 조언도 하면서 자신의 사상을 실현하고자 모색했다. 공자는 기본적으로 정치 이론가였고 자신의 이론을 실현하려면 고위 관료가 되어야 했다. 잘나가는 가문 출신이 아닌지라 후원자가 필요했는데, 여러 사람에게 그 역할을 맡아 주길 부탁했지만 이뤄지지 않았다. 당시 권력자들에게 공자의 인정(仁政)은 듣기 좋은 노랫가락이 아니었기 때문이다.

일이 뜻대로 되지 않자, 공자는 55살에 제자들을 데리고 철환천하의 길에 나섰다. 왜 공자가 늘그막에 여행을 떠났는지 이유에 대해서는 몇 가지 주장이 있는데, 자신의 정치 철학을 받아들이고 권력을 쥐어 줄 군주를 찾아 여행길에 오른 것이 아니었을까 짐작해 본다. 기록에 따르면 이 기간에 공자가 지났거나 찾은 나라는 위(衛)나라를 비롯해 진(晉)나라, 조(趙)나라, 송(宋)나라, 정(鄭)나라, 진(陳)나라, 채(蔡)나라 섭(葉) 지역 등이었다. 그러나 환대는 받았으되 아무도 그에게 권력을 주어 정치를 맡기지는 않았다. 오히려 시련과 불운이 잇달았다. 이토록 선각자의 길은 괴롭고 힘든 법이다. 마침내 공자는 권력을 쥐려 했던 뜻을 포기하고 만다.

여행을 떠난 지 14년이 지나 기원전 484년, 68살의 노쇠한 나이로 공자는 귀국길에 오른다. 이후 후학을 통해 미래에 자신의 뜻이 이뤄지길 기약하면서 학문을 정리하고 제자들을 가르치면서 말년을 보낸다. 깨달음을 전하는 포교가 중심이었던 붓다와 달리 공자의 여행은 득의의 나날이라기보다 좌절과 수모, 위기가 연속된 환란의 길이었다. 그러나 시련에 주저앉지 않고 이를 통해 자신의 의지와 철학을 더욱 단단하게 정립했다. 만약 공자가 조국에서 편안하게 관리로서 일생을 살았다면 지금의 공자 철학은 없었을 것이다.

여행이란 그 자체로 사람을 담금질하고 생각을 붙들어 매는 의미 있는 경험이다. '인생길이 여행길'이라는 통속적인 경구도 있듯이 앉을 때와 걸을 때를 가리는 지혜가 우리 삶에서 참으로 소중하다. 앉아서는 내면을 여행하고, 걸어서는 세상을 여행하며, 늘 사색하는 자세로 살아갈 것을 다짐해 본다.

여운 있는 삶을 위하여

-

여유와 시심(詩心)

남해에는 유독 시인이 많다. 지역 신문을 보면 주마다 시 한두 편 안 실리는 날이 드물다. 남해의 명소를 자랑하거나 개인의 추억담을 읊은 작품들인데, 한 편 한 편 읽노라면 남해가 정말 시혼(詩魂)이 가득한 땅임을 깨닫게 된다. 좋은 시를 읽을 때면 나도 한 수 멋들어지게 지어 읊어 보고 싶지만 안타깝게도 내게는 그런 재능이 없다.

    신문에 작품을 싣는 사람은 대개 정식 등단한 시인들이다. 그러나 딱히 신문을 안 읽더라도 나는 날마다 시나 다름없는 아름다운 언어의 꽃밭을 만나곤 한다. 가만히 남해 사람들이 주고받는 말에 귀 기울이면 생각지도 못한 산뜻하고 감칠맛 나는 언어들이 두릅 엮듯 연이어 들려온다. 남해 사람들은 살면서 겪는 이런저런 어려움이나 즐거움, 기쁨을 시에 가까운 문구로 표현하는 데 익숙한 것 같다.

　며칠 전 산책을 나갔다가 이순신바다공원에서 아는 분을 만났다. 일흔을 훌쩍 넘긴 분인데, '고현집들이굿놀음' 연습을 할 때 자주 만나는 분이다. 들에서 자란 야관문으로 만든 막걸리를 나눠 주며, 혼자 사는 사람은 사고 치기 쉬우니 마시지 말라고 너스레를 떨어 웃음보를 터뜨리는 유쾌하기 그지없는 낙천가이기도 하다. 소일거리로 공원에 난 잡초를 뽑으러 왔다는데, 공원 안 식당에서 파는 짬뽕 비빔밥을 점심 삼아 들고 있었다. 나이와 밭일 때문에 불편해졌는지 몸이 예전 같지 않다며 이런 비유를 들었다.

　"이젠 쓸데가 한 개도 없어. 매운탕거리도 안 된다니께."

　본인은 천연덕스럽게 말했지만 나는 속으로 배꼽을 잡고 웃었다. 매운탕은 회를 다 뜨고 난 뒤 남은 자투리를 모아 끓인 음식이다. 버리기엔 아깝고 더 발라낼 곳은 없어서 채소와 고춧가루를 풀어 만든 탕이다. 자신의 다소 누추해진 몸을 이렇게 귀에 쏙 들어오게 엮어 내는 솜씨를 어디서 빌려 왔는지 감탄을 감출 길 없었다.

　그분은 자신을 낮춰 그렇게 표현했지만 내게는 다르게 받아들여졌다. 회도 맛있지만 매운탕만큼 입맛을 돌게 하는 음식이 또 어디 있을까? 얼큰해서 술안주로도 그만이고 저녁 먹을 때 국거리로도 이만한 게 없다. 그러니 '매운탕거리'라는 말이 내게는 우리 삶에 참으로 요긴한 사람이란 뜻으로 들렸다. 이렇게 중의적인 표현을 쓸 줄 아는 분을 '시인' 말고 달리 뭐라 부를 수 있겠는가!

　요즘 나는 남해유배문학관의 의뢰를 받아 남해 출신 작가들의 문학적 이력을 정리하는 일로 바쁘다. 문학관에서 올 11월 김만중 문학상 시상식에 맞춰 '남해 근현대 문인 재조명전'을 기획했는데, 숨어 있는 출신 작가들을 찾아 자료를 받아 정리해서 책자도 낼 예정이다. 지금까지 200여 분 정도 정리가 되었는데(이 숫자에는 작고한 문인 30여 분도 포함된다), 아직 자료를 받아야 하는 분도 꽤 남았다. 이들 중 상당수가 시인이었다.

우리나라는 예전부터 '시인 공화국'이라 불릴 만큼 시를 좋아하는 사람들이 많았다. 남해만큼 자연 경관이 아름다운 곳은 또 찾기 어렵고, 산과 들과 바다가 고루 정취를 돋우니 시심이 낭랑할 것은 당연하다. 지금 학생들 중에도 시와 문학을 좋아하는 문학 지망생들이 많으니 '문학의 고장'이란 명성은 꾸준히 이어질 것 같다.

알고 보면 붓다도 타고난 시인이다. 경전에 나오는 수없이 많은 비유담을 가만히 들어 보고 새겨 보면 어김없이 심오한 시구와 다름이 없다. 불경에는 게송(偈頌) 또는 가타(Gatha)라 해서 불교의 이치를 산문으로 풀고 그 의미를 시로 요약한 부분이 포도송이처럼 알알이 열려 있다. 또 독경 소리를 들으면 높낮이가 어우러진 시를 듣는 듯한 묘한 리듬감에 젖게 된다. 그래서 붓다나 고승대덕의 운율 넘치는 설법을 들으면 절로 무한한 상상의 세계에 빠져 감동이 솟구치는 게 아닐까?

옛날 뛰어난 스님들은 깨달음의 경지를 곧잘 시로 노래하곤 했다. 이를 선시(禪詩)라 한다. 언제 누가 읊은 시가 선시의 시작인지는 사람마다 생각이 다를 수 있지만, 아무래도 육조혜능 스님과 신수(神秀, 605~706) 스님이 각자 깨달음의 깊이를 견줘 쓴 시에서 출발하지 않았을까 싶다. 혜능과 신수 사이에 있었던 일화는 혜능 스님의 생애와 사유를 풀이한 『육조단경』이라는 책에 자세히 실려 있다. 혜능 스님은 글을 몰랐던 분이니 이 책이 스님의 저작인지는 더 살펴볼 일이지만, 선종의 발원과 계승에 있어 대단히 중요한 문헌임은 분명하여 많은 사람이 읽어 봤으면 좋겠다.

두 스님의 나이 터울은 30년이 넘는다. 신수 스님은 일찍부터 오조홍인 선사의 문하에 들어와 수양을 거듭한 수행자였다. 반면 가난한 집에서 태어나 나무를 팔아 어머니를 봉양하던 혜능 스님은 세속의 배움이 옅었다. 어느 날 장터에 나무를 팔러 갔다가 누군가 『금강경』을 읽는 소리를 듣고 깨달은 바가 있어 홍인 선사를 찾았다. 혜능의 법기를 엿본 홍인은 일단 불목하니로 두어 일을 시키면서 때를 기다렸다.

신수 스님은 홍인의 문하에 들어와 진즉에 자질을 보였고, 동료 스님들의 존경과 신임을 받아 교수사(敎授師)가 되어 상좌로 불렸다. 스님들은 신수가 오조의 의발을 이을 것이라 믿어 의심하지 않았다. 홍인 선사로서는 다소 난처해졌는데, 그래서 제자들에게 각자 자신이 수양하고 깨달은 바를 게송으로 써내라고 주문했다. 신수의 위상을 알고 있는 제자들은 아무도 시를 써내지 않았다. 이에 신수 스님이 먼저 한 수 지어 기둥에 걸어 놓았다.

身是菩提樹 몸은 보리수요

心如明鏡臺 마음은 명경대라.

時時勤拂拭 날마다 열심히 닦고 털어 내

莫使惹塵埃 먼지가 일지 않게 하리라.

신수 스님은 비록 법력은 혜능 스님만 못했어도 겸손하고 성실했던 분임이 틀림없어 보인다. 몸은 진리가 담긴 나무고 마음은 깨달음을 비추는 거울이란 비유가 남다르다. 그런 몸과 마음에 세상의 티끌이 묻지 않도록 늘 닦고 털어 내면서 본연의 풍광을 간직하겠다는 다짐을 시에 담았다. 깨달음에 이르지는 못했음을 자각하면서도 그 길을 향한 구도의 행진을 멈추지 않겠다는 의지를 잘 보여 주었다.

다음 날 아침 신수 스님의 시를 읽은 다른 스님들이 감탄을 하며 웅성거렸다. 다만 홍인 선사만은 아직 그릇이 다 차지 않았음을 꿰뚫어 보았다. 마침 지나가던 혜능 스님이 시를 보고 옆 스님에게 물어 그 내용을 들었다. 그러고는 자신도 한 수 지을 테니 대신 적어 달라고 부탁했다.

菩提本無樹 보리는 원래 나무가 아니고

明鏡亦非臺 명경도 또한 대가 아니라네.

本來無一物 본래 한 가지 물건도 없는데

何處惹塵埃 어디서 먼지가 일어나겠는가?

확실히 깨달음의 경지는 혜능 스님이 한 수 위였다. 나무니 거울이니 하는 외물에 얽매여 어찌 깨달음을 얻겠는가? 혜능 스님은 눈에 보이는 물건에 미혹되면 함정에 빠져 장애를 넘어설 수 없음을 간파했다. 원래 깨달음이란 텅 빈[空] 것이니, 먼지나 티끌이 나올 데가 없다는 것이다.

두 시를 모두 본 홍인 선사는 혜능이 의발을 이을 사람이라는 생각이 확신으로 바뀌었다. 그러나 제자들의 반발을 염려해 밤에 몰래 의발을 전하면서 절을 떠나라고 재촉했다. 그리하여 혜능은 6조가 되었고, 훗날 그의 깨달음이 많은 제자에게 이어져 선종사(禪宗史)에 길이 빛나는 남종선이라는 큰 줄기를 이루었다. 남종선은 선리(禪理)를 돈오(頓悟)에 두었다.

신수 스님은 어땠을까? 스님은 의발이 혜능에게 전해진 것을 당연하게 받아들였고, 나름대로 자신만의 수양법을 갈고 닦아 점오(漸悟)를 선리로 한 북종선을 완성했다. 두 스님이 살던 시대는 중국사의 유일한 여왕인 측천무후가 다스리던 때였다. 신수 스님은 그녀의 신임을 얻어 널리 선리를 펼쳤다. 측천무후가 정통을 이으려면 혜능이 장애가 될 테니 없애 주겠다고 하자, 자신은 혜능의 법력을 따를 수 없다며 만류하는 미덕을 보이기도 했다. 그 깊은 인격과 넉넉한 마음 때문인지 신수 스님은 102살까지 장수를 누리고 열반에 들었다.

청천벽력의 깨침을 담기는 혜능의 선시가 윗길이지만, 시의 아기자기한 맛으로 보면 신수의 선시에도 얕잡아 볼 수 없는 비범함이 스며 있다. 오늘날 널리 회자되는 선가의 돈오점수(頓悟漸修)

수양법은 이 두 고승의 선시에서 출발한 것이다.

'공자왈맹자왈'이라는 허튼소리 때문에 공자의 문학적 재능이 주목받진 못하지만, 공자의 문학적 공력도 대단히 높았다. 사람들이 노래했던 민요를 정리해서 『시경』을 편찬해 제자들에게 가르친 사실에서도 문학에 대한 그의 깊은 이해를 짐작할 수 있다. 수준에는 편차가 있지만, 유가 지식인치고 시를 읊지 않은 이가 없는 것도 이런 데서 연유한다.

공자가 썼다는 시는 현재 전하는 게 없다. 『논어』에도 실려 있지 않다. 그러나 평이해 보이는 말이지만 시적인 비유가 짙게 깔려 있는 구절을 여러 군데서 찾을 수 있다. 그중 한 구절이 『논어』 「자한편」에 나온다.

子在川上　　스승께서 시냇가에서 흐르는 물을 보시더니
逝者如斯夫　흘러가는 것이 저와 같구나
不舍晝夜　　밤낮을 가리지 않고 흘러가네그려.

단순히 보면 쉬지 않고 흐르는 물줄기를 보면서 그 흐름의 끝없음을 표현한 것처럼 보이지만, 이 말에 담긴 함축은 무궁무진하다. 짧은 시라 불러도 손색이 없다. 이 구절이 얼마나 후세 시인의 마음을 울렸으면 정희성 시인은 「저문 강에 삽을 씻고」를 쓰면서 공자의 이 구절을 빌려 "흐르는 것이 물뿐이랴/ 우리가 저와 같아서/ 강변에 나가 삽을 씻으며/ 거기 슬픔도 퍼다 버린다"라고 오마주했다. 공자가 저물녘 시냇가에 서서 탄식하며 숨겼던 속마음을 보는 듯하다.

같은 「자한편」에 나오는 이런 구절도 점층법의 형식을 빌린 시의 한 구절이라 봐도 무방하다.

> 苗而不秀者 有矣夫 　싹은 났지만 꽃을 피우지 못하는 경우도 있고
> 秀而不實者 有矣夫 　꽃은 피웠지만 열매를 맺지 못하는 경우도 있느니라.

사람은 누구나 기본적인 능력이나 덕성을 타고난다. 그런데 이런 능력을 충분히 발휘하는 사람이 있는가 하면, 중도에 포기하거나 장애가 생겨 기량을 미처 발휘하지 못하고 사라지는 사람도 있다. 이런 안타까운 현실을 '꽃'에 견주어 노래했다. 이 점에서도 공자는 타고난 시인이라 아니할 수 없다.

소설가 박상은 단편소설 「가지고 있는 시(詩) 다 내놔」에서 '시'가 화폐로 쓰이는 희한한 세상을 유쾌하게 상상하며 시를 안 읽는 이 시대의 메마른 풍조를 아주 걸쭉하게 풍자했다. 실제로 그런 세상이 올 리야 없겠지만, 가슴 속에 시 한 편쯤 품고 살아간다면 그런대로 넉넉한 심정으로 살아갈 수 있지 않을까. 사는 게 지칠 때 시가 가진 여유와 여운에 풍덩 잠겨 보는 것도 좋겠다.

2

누구에게나
한결같은 인생의 법칙

사람됨은 태도에서 드러난다

-

붓다와 군자(君子)

어김없이 또 새로운 하루가 밝았다. 어제와 고작 하루 차이, 아니 단 일 초의 찰나에 지나지 않는데도 기묘하게 세상을 바라보는 눈은 달라진다. 사람이 멋대로 나눈 시간일 뿐이지만 사람들은 거기에서 울림을 느낀다. 강물이 굽이치며 출렁거려야 그 존재에 주목하듯이 시간도 굽이칠 때가 있어야 의미를 응시하게 되는 듯하다. 이렇게 젊은 하루를 맞으면 우리는 무엇을 지표로 삼아 살아야 할지 되새기게 된다.

지루하고 번잡했던 서울 생활을 털어 버리고 경남 남해군에 내려온 지도 열세 해째다. 그새 많은 일이 있었다. 책을 몇 권 냈고, 코로나 전까지는 가까운 진주시에 가 교육대학교에서 다섯 해 동안 강의를 하기도 했다. 몇 차례 이사를 했는데, 작년 11월에는 정든 고현면 생활을 털어 버리고 다시 읍으로 들어왔다. 또 많은 사람을 만나고 헤어졌다. 여전히 그리운 사람들도 있고, 빨리 잊고 싶은 사람도 있다. 다 시절인연이 닿아 거둔 수확이겠다. 그리고 이제 이 글을 쓴다.

돌아보면 지난 여러 해 동안 빚어진 나의 일이란 '만남'이라는 말로 수렴되는 듯하다. 책을 통해 독자를 만나고, 강의를 통해 학생을 만나고, 이사를 해서 이웃을 만나고, 스마트폰을 통해서 도반(道伴)을 만난다. 모두 좋은 만남이랄 수는 없지만, 어쨌거나 만남은 흥분되고 기분 좋은 일이란 생각이 든다.

인연이란 너무나 소중한 것이지만, 내가 좋다고 마냥 만날 수도 없고 싫다고 아예 안 볼 수도 없다. 이래저래 버거운 일이다. 그래서 『법구경』에서는 "싫어하는 사람도 좋아하는 사람도 만들지 마라. 싫어하는 사람은 만나서 괴롭고, 좋아하는 사람은 만나지 못해 괴롭다"라고 설파했는가 보다.

우리는 한평생 살면서 몇 명의 사람이나 만나게 될까? 지구상의 인구가 80억 명이 넘는다고 하는데, 그중 우리는 기껏해야 1,000명도 안 되는 사람들과 어우러지며 살다 죽는다. 당장 손에 들린 스마트폰의 연락처 명단을 헤아려 보라. 천 명은 고사하고 반도 안 된다. 게다가 이름만 보고는 누군지 떠오르지 않는 사람도 수두룩하다. 그러니 누군가를 만나서 안다는 일이야말로 고귀한 축복이 아닐 수 없다.

공자는 『논어』 「술이편」에서 만남에 대해 "세 사람이 길을 가다 보면 그 안에 반드시 스승 될 이가 있다. 착한 사람은 본받아서 스승이고, 못된 사람은 내 허물을 고칠 수 있으니 스승이다"라고 말했다. 세상에서 만나는 사람의 반은 선인(善人)이고 반은 불선인(不善人)이라는데, 내가 선인을 많이 만났다면 전생에 많이 쌓은 선행이 일궈 낸 행복일 것이다.

그런데 이것은 내가 남을 보면서 얻는 경험이요 판단이다. 세상의 중심이 나인 것은 분명한데, 나만으로 세상을 살아갈 도리는 없다. 내가 있어 남이 있듯이 남이 있어 내가 있다. 시야를 바꿔 남은 나를 어떻게 보는지 둘러보자. 나는 과연 남에게 '좋아하는 사람'이고 '선인'일까? 참으로 섬뜩한 질문이 아닐 수 없다.

새해는 해도 새롭지만 나도 새롭게 태어난다. 새로운 결심을 하고 새로운 계획을 세우고 새로운 만남을 가진다. 그리고 새로운 사람이 되고자 마음을 다잡는다. 그러니 인간은 일생에 한 번 태어나는 것이 아니라 매초 매시간 다시 태어나는 존재일 듯도 하다. 이것은 사람만이 아니라 한갓 미물도 마찬가지일 것이고, 붓다와 공자 또한 매한가지일 것이다. 미물과 붓다도 찰나의 순간마다 다시 태어나 스스로를 새롭게 갈고 닦으리라. 그리하여 미물도 붓다가 되고 붓다는 더욱 큰 붓다가 되는 게 아니겠는가. 공자도 이 진리를 알아 '일신우일신(日新又日新)', 날마다 새로워지라고 말한 게 아니었을까?

우리는 붓다가 생명을 받아 처음 태어날 때 외쳤던 일성을 잘 기억하고 있다. "이 우주 위와 아래에서 나만이 홀로 존귀하다[天上

天下唯我獨尊]"라는 선언이다. 이 말에 이어 붓다는 "온 세상 중생들이 다들 괴로움 속에 놓였으니, 내가 마땅히 이들을 편안케 하리라[三界皆苦 我當安之]"라는 말도 남겼다. 이는 붓다가 이생에서 한 말이 아니라 첫 번째 전생인 위빳시(Vipassi, 毘婆尸) 일화에서 나온 것이라는데, 중국에서 경전이 한역되는 과정에서 와전되었다고 한다. 그러나 붓다 역시 항상 새로 태어나는 존재로 본다면 그것이 어느 때인들 무슨 상관일까.

나는 이 말을 되새길 때마다 첫 번째 두 구절만 기억하고 이어지는 두 구절은 덮여 버린 것이 아쉬웠다. 붓다는 '나'의 소중함을 역설하면서 남과 함께 어깨를 비비며 살아가는 세상에서의 구실을 잊어서는 안 된다고 말하고 싶었던 것이다. 자리행(自利行)과 이타행(利他行)은 별개가 아니라 한 몸인 것을 자각하라고 죽비로 등짝을 세게 내리치면서 베푼 가르침이었다. 남을 먼저 생각하는 사람이어야 참다운 나로 존립할 수 있음을 반추하도록 이끈 말씀이다.

『장아함경』에는 첫 발성의 내용이 조금 다르게 실려 있다. 붓다는 태어나자마자 일곱 걸음을 걸은 뒤 "천상천하 유아위존 요도중생 생로병사(天上天下 唯我爲尊 要度衆生 生老病死)", 즉 "이 우주 위와 아래에서 나만이 홀로 존귀하다. 오로지 중생들을 생로병사의 질곡에서 구해 낼 것이다"라고 말했다는 것이다. 큰 차이는 없지만 고(苦)의 구체적인 내용을 담고 있어 잇속 빠른 중국인다운 번역이란 생각이 든다.

우리는 모두 학교에 다녔을 것인데, 학교마다 교훈이란 게 있다. 내게 가장 인상 깊었던 교훈은 배재중학교의 교훈이다(내 동생이 이 학교를 졸업했다). '크고자 하거든 남을 섬겨라'로 기억한다. 가장 편한 우리말로 가장 깊은 진리를 담았다. 붓다가 세상에서 유달리 특별한 사람이라서 붓다가 된 것은 아니다. 남을 편안하게 하려는 마음, 남을 섬기는 마음이 있었고 이를 실천했기에 붓다가 된 것이다.

공자에게 있어 이런 붓다에 해당하는 존재가 있다면 군자(君子)가 아닐까? 내게는 성현(聖賢)보다 군자가 더 친근하다. 『논어』에는 군자가 어떤 사람인지에 대한 장광설이 끝도 없이 펼쳐진다. 공자는 세상 사람을 세 부류로 나눠 보는데, 성현과 군자 그리고 소인(小人)이다. 계층이 아니라 인격을 바탕으로 삼은 구분이다. 공자는 「계씨편」에서 성현(원문은 '上')은 "나면서부터 아는 이[生而知之者]"라 했고, 군자(원문은 '次')는 "배워서 아는 이[學而知之者]"라 했으며, 소인(원문은 '下')은 "답답해하면서도 배우지 않는 이[困而不學]"라고 규정했다. 내가 조금 고쳐 푼 것이지만 대의에서 크게 어긋나지는 않을 것이다.

군자로만 국한해 살펴보면 "허물이 있으면 고치기를 꺼리지 않는[過則勿憚改 - 「학이편」]" 사람이라 했고, 또한 "남의 아름다움을 이뤄 주지만 남의 악함을 이뤄 주지는 않는다[成人之美 不成人之惡 - 「안연편」]"라고 했다. 군자는 자신의 잘못을 인정하고 고치는 데도 적극적이지만, 남이 훌륭한 사람이 되도록 이끌어 주는 데도 소홀하지 않는다는 말이다.

그렇게 할 수 있는 원천은 무엇일까? 공자는 그것을 어짊[仁]

에서 찾았다. 인이란 남을 위해 발현하는 덕성(德性)이다. 나는 인을 가장 잘 설명한 말로 "내가 하기 싫은 일을 남에게 시키지 마라[己所不欲 勿施於人]"를 첫손가락으로 꼽는다. 나도 싫고 남도 싫지만 꼭 해야 할 일이라면 누가 해야 할 것인가? 바로 그 사실을 깨달은 나, 즉 군자가 하라는 말이다.

붓다는 나면서부터 나의 존귀함과 남의 소중함을 깨쳤으니 성현이고, 공자는 뒤늦게 공부하여 도를 알았으니 군자로구나 생각할 수도 있다(「위정편」 제3장을 보면 공자는 열다섯이 되어서야 배움에 뜻을 두었다고 한다). 그러나 차이는 없다. 붓다도 인간이라면 누구나 겪을 수밖에 없는 생로병사의 고통을 보고서야 깨달음을 얻었으니 이생에서 배움의 길을 거친 셈이다. 깨달음의 씨앗은 붓다와 공자 모두에게 잉태되어 있었다.

대자대비한 마음으로 중생을 교화해 구제하려 했던 여러 보살의 태도나 치군택민하려 했던 군자의 지향은 모두 붓다와 공자의 가르침에서 출발했다. 세상의 제도나 논리가 바뀌었다고 해서 근본이 달라질 리는 없다. 한 송이 꽃에서 우주의 아름다움을 깨닫는 것처럼 붓다의 말씀과 공자의 가르침을 알곡 고르듯이 낱낱이 읽고 꼼꼼히 실천한다면, 그 안에서 연화장세계와 대동세상이 결실을 맺을 것이다.

새로운 하루를 맞는 아침에 우리는 떠오르는 해를 만나러 집을 나서 먼 길을 떠난다. 탁 트인 동해에서 파도를 가르며 솟아나는 해를 품기도 하고, 하늘과 닿을 듯 높은 산봉우리 운무 속에서 춤추며 떠오르는 햇살의 기운을 만나기도 한다. 나 역시 남해에 살면서 이따금 새 해를 반기려고 남해의 영산 금산(錦山)에 오르곤 한다. 보리암에서 만나는 해는 붓다의 넉넉한 미소만큼 은은하게 오래도록 마음을 적신다.

  우리가 해를 찾아 새벽 밤길을 더듬는 일은 마치 미망(迷妄)의 어둠 속에서 자신이 가져야 할 올바른 생각과 행동을 모색하는 일과 다르지 않다. 그래서 나는 붓다와 거룩한 제자들의 말씀, 공자와 훌륭한 계승자들의 언행을 밭 갈 듯 쟁기질하라고 권하고 싶다. 이 글이 그런 농사에서 풍성한 수확을 거두는 데 작은 도움이 되기를 바란다. 다시 시간이 열심히 달려 세모가 왔을 때 우리가 붓다의 터전에 성큼 다가와 있고, 공자의 울짱으로 들어가는 문 앞에 선뜻 와 있음을 알게 되기를 바란다.

유연함이 지혜가 될 때

-

방편(方便)과 권도(權道)

우리가 자주 쓰는 속담 중에 '모로 가도 서울만 가면 된다'라는 말이 있다. 정해진 규칙대로 일을 수행하기가 어려울 때 우회적인 방법을 써서 목적을 이루는 경우를 말한다. 이때 '모로 간다'는 것은 부당하거나 비정상적인 방법을 써서라도 목적을 달성한다는 부정적인 뜻이 강하기는 하지만, 물질적·감정적으로 피해를 가져오는 정면 돌파보다는 서로 양보해 원만한 타협점을 찾을 때도 쓰일 수 있다.

　사람이 주어진 일을 하면서 원칙을 지키고 오해나 갈등을 조정하면서 협력과 동의를 구해 성과를 거둔다면, 이것이야말로 가장 바람직한 마무리일 것이다. 그러나 실제로 일을 하다 보면 순리대로 되지 않는 상황이 종종 발생한다. 특히 관련된 사람들의 이익이 충돌하거나 원하는 결과가 다를 때면 단순한 대립이나 반목을 넘어 일이 중단되는 지경에 이르기도 한다. 그에 따른 피해는 결국 구성원 모두가 감수해야 한다.

이럴 때 우리는 어떻게 대처해야 할까? 내 주장과 방식이 옳으니 끝까지 굽히지 않고 밀고 나가야 할까? 상대방에게도 유리한 방향으로 계획이나 세부 사항을 변경해 타협점을 찾아야 할까? 여기에는 언제 어디서나 적용될 모범답안이 없다. 그러니 상황에 따라 적절한 방법을 찾아서 맞추는 것이 세상을 살아가는 원만한 지혜일 것이다.

나는 성격이 유순한 편이지만 스스로 옳다고 여기면 막무가내로 내 주장만 내세워 타협점을 찾지 않을 때도 있다. 물론 상대의 주장이나 해명이 합리적이면 뜻을 거두고 상대가 제시한 방법을 수용하기도 한다. 그러나 상대의 저의가 악의적이거나 불순해서 의심스러우면 성격상 이를 용납하지 못한다. 지금 사는 남해에서도 이런 버릇을 고치지 못해 나를 좋아하고 지지하는 사람이 있는가 하면, 나를 싫어하고 적대시하는 인간도 더러 생겼다. 어쩌겠는가? 내 업보라 여기고 옳은 길을 갈 수밖에 없다.

서울에 살 때도 외골수로 고집을 꺾지 않아 손해를 본 적이 잦았다. 한번은 교수 임용 과정에서 나보다 실력이나 성과가 떨어지는 사람을 채용하려는 교수가 있었다. 어느 날 나에게, 이곳은 포기하고 지방대학에 비슷한 공고가 났으니 응모하면 어떻겠냐며 넌지시 제안했다. 거기라면 자신이 힘을 써 줄 수 있다는 암시였는데, 나는 거절했다. 억울하게 지방으로 쫓겨나는 모양새도 싫었지만, 그대학 역시 배출한 졸업생이 있으니 그들에게 기회가 주어져야 한다는 내 지론을 스스로 꺾을 수는 없었다.

결국 나는 몇 차례 임용 보류 끝에 낙루를 삼키고 말았다. 그때 사연을 다 밝힐 수는 없지만, 몇 번의 실패를 겪으면서 임용은 이미 물 건너갔음을 깨달았다. 내가 만약 비열하기 짝이 없던 그 교수의 제안을 받아들여 지방대학으로 내려갔다면, 편안하게 교수 생활에 안주하면서 학자로서 역할도 하고 원하던 성과를 거두었을 수도 있다. 가끔 그때 제안을 받아들일걸 하는 후회가 밀려오기도 하지만 끝내 제안을 거절하고 원칙을 지킨 스스로가 대견하고 자랑스럽다. 나는 내가 교수가 못 되어 인생을 망쳤다고 생각한 적은 한 번도 없다. 오히려 그때의 좌절과 실패가 나를 더 성장시키고 새로운 길을 찾는 데 도움이 되었다고 본다.

어쩌면 앞서 말한 속담처럼 교수가 되어 연구에 매진할 수 있다면 꼭 어느 곳에 있는 대학이어야 한다고 고집을 피울 필요는 없었을지 모른다. 알량한 자존심 때문에 천금 같은 기회를 걷어찼고, 그 덕에 지금껏 삶의 굴곡을 고스란히 감수해야 했는지도 모른다. 돌이켜 보면 나름대로 올바른 길이라 생각했던 원칙을 지켰다고 자부하지만 정말 그 길밖에 없었을까 회의가 들기도 한다. 다리가 끊겨 건널 수 없는 바른길보다 굽고 에둘러 가도 목적지에 닿을 틈새 길을 찾는 게 현명하지 않았을까 하는 의구심에 젖기도 한다. 이렇듯 시간도 걸리고 굽었지만 목적 달성에는 문제가 없는 대안을 찾는 일을 두고 우리는 '방편을 찾는다'라는 말을 쓴다.

방편(方便)이란 산스크리트어 우빠야(upāya)의 한역으로 '어떤 목적을 이루기 위한 방법이나 수단'을 가리키는 일상적인 어휘다. 상황이나 조건에 맞는 시의적절한 방법을 일컫기도 한다. 대승불교가 번성하면서부터 이 말에 힘과 깊이가 더해졌다. 원래 추구했던 목적에서 당장은 어긋나지만 큰 틀에서 올바르고 다수의 이익을 극대화하는 길이 있을 때 그 길을 택하는 자세를 뜻하게 되었다. 즉 깨달음을 이루었지만 세상의 중생들이 아직 번뇌와 고통에서 벗어나지 못했으니, 해탈의 시간을 미뤄 사바세계에 머물면서 중생 제도를 마친 뒤 열반에 들겠다는 서원(誓願)을 세우는 자세를 방편이라고 부르는 것이다.

 붓다는 성도한 뒤 곧바로 해탈하고자 했지만 범천(梵天)의 간곡한 설득과 청원을 외면하지 못해 깨달은 바를 중생들에게 설파했다고 한다. 이 역시 크게 보면 방편의 한 사례라 할 것이다. 그 방편의 길은 45년이라는 긴 시간 동안 이어졌다. 이렇게 보면 방편이라는 행위는 꼼수를 찾거나 편법을 모색하는 소극적인 행동이 아니라 더 큰 원융(圓融)의 길을 추구하는 숭고한 행위라고 결론 내려야 할 듯하다.

 이후 경전에서 방편에 대한 논의는 다양하게 펼쳐진다. 그중 가장 주목할 내용은 『유마경』「방편품」에 나오는 논의다. 여기서는 방편이 지혜와 짝을 이뤄 설해지는데, "방편이 없는 지혜는 얽힘이지만 방편이 있는 지혜는 풀림"이라면서 그 반대도 마찬가지라고 설파한다. 지혜가 어머니라면 방편은 아버지이며, 이는 우리 삶과 의식에 활기를 불어넣어 주기에 수행과 지향에서 함께 안고 가야 할 터전임을 분명하게 밝힌다.

『법화경』「방편품」에서도 "삼승의 방편이 담긴 가르침이 하나의 진리[三乘方便 一乘眞理]"라 하여 방편이 곧 진리로 가는 길임을 천명한다. 삼승은 성문승(聲聞乘)과 연각승(緣覺乘)과 보살승(菩薩乘)을 가리킨다. 성문승은 '사성제와 팔정도를 닦아 열반을 증득하는 길'을 가리키고, 연각승은 '십이연기를 관(觀)하여 일체법의 인연을 잘 아는 길'을 말하며, 보살승은 '육바라밀을 닦아 깨달음을 구하는 길'이다. 이 세 방편을 활용해 참다운 깨달음에 이를 수 있다는 믿음을 회삼귀일(會三歸一)이라 부른다.

사람은 주어진 조건에 따라 상중하 등 다양한 근기(根機)를 갖는다. 따라서 근기에 맞게 설법하고 제도해야 궁극의 깨달음에 이르게 된다. 이렇게 중생의 처지와 편의에 따라 설법함으로써 해탈의 목표에 닿게 한다는 의미가 속화되면서 방편에 부정적인 기운이 깔리게 되었다. 그렇다고 원래의 거룩한 의도와 구경(究竟)의 목표를 의심해서는 안 될 것이다.

욕망과 이권의 아수라장을 살아가는 세속의 중생인 우리는 어떻게 방편의 참된 가치를 실현해야 할까? 당장의 요행수나 행운에 기대어 원칙을 저버리고 사심에 빠지는 방식을 방편이라는 말로 호도해서는 안 될 것이다. 진실한 깨달음과 가르침의 본령이 무엇인가를 항상 되새기면서 적절하게 변화에 대응할 때, 진정한 방편의 효과가 세상에 가득 찰 것이다.

유교에서 방편과 비슷한 지향과 의미를 띤 말을 찾는다면 권도(權道)가 가장 적절하지 않을까 싶다. 권도에 대응하는 말은 상도(常道)다. '상' 자의 새김은 으레 '항상 상'이라 푸는데, 이 말에는 '떳떳할 상'이라는 새김도 있다. 누구에게나 항상 적용되기에 떳떳하고 당연한 도리라는 뜻이다. 그렇게 보면 권도는 '저울 권(權)'이 표방하는 것처럼 올라가는 물건의 무게에 맞춰 적절하게 균형을 맞추는 도리가 된다. 그러니 권도에 담긴 부정적인 함의도 다시 생각할 필요가 생긴다.

처음 권도에 대해 논의하고 적절한 비유를 제시한 사람은 맹자다. 『맹자』 「이루장구상편」에 이런 문답이 나온다. 전국 시대 제(齊)나라 사람으로 직하[稷下: 제나라의 도성 임치의 직문(稷門) 서쪽 지역. 제나라 선왕(宣王)이 학자를 우대하자 천하의 학자들이 다 이곳으로 모였다] 출신의 변사인 순우곤(淳于髡)이 어느 날 맹자에게 "남녀 사이에 물건을 주고받을 때 직접 손을 대어 전하지 않는 것이 예인가?[男女授受不親 禮與]"라고 물었다. 이에 맹자는 "그것이 예"라고 대답했다. 그러자 순우곤이 말꼬리를 잡아 "형수님이 물에 빠졌다면 손을 내밀어 잡아 살리는 것은 어떤가?[嫂溺則援之以手乎]"라고 힐문했다. 이 말에 맹자는 주저하지 않고 "형수가 물에 빠졌는데 구하지 않는다면, 이는 승냥이나 이리 같은 짐승의 짓이다. 남녀가 물건을 주고받을 때 손을 쓰지 않는 것이 예라면, 손을 내밀어 물에 빠진 형수를 구하는 것은 권도다[嫂溺不援 是豺狼也 男女授受不親 禮也 嫂溺援之以手者 權也]"라고 명쾌하게 대꾸했다.

이 문답에서 알 수 있듯이 상도에만 집착해 상황에 유연하게 대처하지 않는다면 그것은 짐승이나 다를 바 없는 무도(無道)한 행위다. 임기응변의 지혜가 필요한 상황에서 고지식한 관습에 빠져 최악의 상황을 자초해서는 안 될 것이다. 불교에는 개권현실(開權顯實)이란 말이 있다. '방편을 열어 진실을 드러낸다'라는 뜻인데, 여기에 나오는 '권'이 바로 권도다. 권도와 방편의 유사한 효용을 옛사람들도 진즉에 간파했음을 알 수 있다.

　　우리는 날마다 판단과 선택의 기로에 서서 쉽사리 결정을 내릴 수 없는 어려운 상황에 처하곤 한다. 그때 정도와 상도를 따를지, 아니면 방편의 지혜를 발휘하거나 적절한 권도를 구사할지 갈림길에 서게 된다. 당장 파도가 치고 폭우가 쏟아지는데 머뭇거리고 있을 수만은 없다. 판단은 결국 나 자신의 몫이다. 주체적으로 판단하고 정곡을 찌르는 결정은 사심과 사욕을 버리고 무엇이 대의에 이르는 길인지 스스로 찾아낼 때 가능하다. 그러기 위해서 우리는 평소 수양과 연마에 힘써 완성된 인격에 이르도록 노력해야겠다.

다름을 인정할 때 시작되는 대화

-

불교와 유교에서 벌어진 논쟁

백인백색이란 말이 있듯이 사람은 얼핏 비슷하게 생긴 듯해도 자세히 뜯어보면 저마다의 개성과 생각을 가지고 산다. 무엇을 보느냐, 관심사가 무엇이냐에 따라 판단하고 이해하는 방식이 천차만별이다. 이런 다양함은 개인이든 세상이든 우리의 삶을 흥미진진하게 만들고, 궁극적으로는 서로 대화를 나누도록 이끈다. 차이란 토론의 씨앗이자 발전의 원동력이며 통섭(統攝)의 발판이다.

그런데 이런 순기능도 서로 입장을 받아들일 준비가 되어 있어야 나온다. 나는 맞고 너는 틀리다, 그러니 네 것을 버리고 나를 따르라고 우긴다면 대화는 일찌감치 물 건너가고 먹살잡이나 하지 않으면 다행이다. 사람은 어쩔 수 없이 이기적이라서 제 주장에 대해 트집을 잡거나 이의를 제기하면 너그럽게 수용하기보다 공격할

태세부터 갖춘다. 무하유지향(無何有之鄉: 어디에도 있지 않은 곳)이나 무릉도원, 유토피아는 누구나 꿈꾸는 이상향이지만 그것이 정말 현실 속에서 실현될 수 있다면 '꿈꾼다'라는 수식어가 아예 붙지도 않았을 것이다.

예로부터 남해는 신선의 고장으로 알려져 있지만 아쉽게도 모두가 신선은 아니다. 이곳에서도 서로 입장이 다르고 이해관계에 얽혀 이게 옳으니 저게 그르니 하면서 언쟁이 벌어질 때가 있다. 한때는 진산 망운산에 풍력발전을 위한 발전용 날개를 세워야 되느냐 마느냐를 두고 다투더니, 얼마 전에는 신재생 에너지 발전 설비 건설을 두고 날카롭게 신경을 곤두세웠다. 근래에는 여수를 잇는 해저터널 건설이 화두로 떠올랐는데, 다행히 이는 군민 모두 원만하게 합의를 이뤄 공사에 들어갔다. 모쪼록 해저터널이 남해 발전의 밑거름이 되기를 바라는 마음이다. 발전의 의미를 어디에 두느냐에 따라 선택은 달라지겠지만, 부디 서로의 지혜를 모아 올바른 판단에 이르길 기대한다.

다툼은 이런 거대 담론에서만 빚어지는 게 아니다. 개인 간 사소한 문제에서도 충돌은 따라온다. 남해는 인구가 급격히 감소하는 지역인데도 주차 문제가 심각하다. 대중교통이 불편해 집집마다 차 한두 대씩을 가지고 있다 보니 종종 내 가게 앞에 주차하지 마라, 공용도로인데 왜 주차하지 못하느냐, 이런 입씨름이 벌어지기도 한다. 대개 친인척 관계로 얽혀 있어 극단적인 감정싸움으로 치닫지는 않지만, 감정은 묘한 물건이라 없어진 듯해도 앙금은 쉽게 가셔지지 않는다.

나도 성격이 원만한 편은 못 돼 남해에 내려와 산 13년 동안 척을 진 사람들이 여럿 있다. 이런 사람들과는 말도 섞기 싫어서 아예 만나지도 않는다. 원만하게 지내는 게 좋지 않냐는 충고도 듣지만, 그러자면 내가 그 수준에 맞춰야 하니 그럴 수는 없다. 상대편 주장을 들어 보면 분명 내게도 허물이 있을 것이다. 나로서는 개인적인 이익 때문에 그들과 대립하지 않았다는 것으로 위안을 삼지만, 너울가지가 도탑지 못하고 대화와 설득에 능하지 못한 단점은 상처만 남길 뿐이니 고치고 싶은 마음도 간절하다.

백 년도 못 사는 인생을 싸움만으로 일관한다면 그 인생을 두고 잘 살았다고 말하기는 어렵겠다. 모든 사람에게 좋은 기억만 남기기란 불가능하더라도, 타고 남은 재가 다시 기름이 되진 않더라도, 죽어 육신은 먼지가 되고 생각은 안개처럼 사라져도, '그 사람 이름값은 하고 살았다'라는 평은 들어야 하지 않을까? 연기처럼 가뭇없이 스러지는 사람의 숙명 앞에서 '겸허'라는 말의 뜻을 되새겨 본다.

원융의 화엄장(華嚴藏) 세계를 지향하는 불교에서는 다툼이나 논쟁이 없었을까? 분별과 대립이 극복된 이상적인 불국토 실현이 궁극의 목표인 불가의 터전이라면 없어야 당연한데, 실상은 꼭 그렇지 않아 보인다. 우선 붓다부터 논쟁과 갈등에서 자유롭지 못했다. 생로병사의 고통을 보고 난 뒤부터 붓다의 내적 갈등은 시작되었다. 이 번뇌를 털어 내고자 붓다는 부귀영화를 버리고 출가했다.

세상을 두루 다니면서 방법을 찾았고 갖가지 수행법을 시도해 보았다. 자기 몸을 학대해 깨달음을 얻는 고행법(苦行法)까지 감행했지만 해탈의 삼매경은 쉬 손에 쥐어지지 않았다.

나는 이런 일련의 과정이 논쟁의 연속이었다고 생각한다. 많은 외도(外道)가 권유한 방안을 실천하며 따져 보았고, 그 결과 올바른 길이 아님을 절감했다. 말하자면 붓다는 수행법을 두고 외도들과 논쟁을 벌인 셈인데, 일단은 수용했지만 바른길이 아님을 알자 바로 버렸다. 정각(正覺)을 이룬 뒤에도 숱한 마군(魔軍)이 달려들어 붓다를 회유하고 공격했다. 결국에는 이런 외도들과 마군마저도 모두 귀의하게 만들었으니, 붓다는 남달리 수완이 좋은 논쟁가라고 말해도 지나친 말은 아닐 듯하다.

대승(大乘)을 따를 것인가 소승(小乘)을 좇을 것인가도 논쟁의 대상이었다. 불가 수행자의 최종 목표는 '상구보리 하화중생(上求菩提下化衆生)'이다. 소승이 '상구보리'에 주로 뜻을 두었다면, 대승은 한 걸음 더 나아가 '하화중생'에 이르고자 했다. 동전의 양면처럼 이 둘은 떨어질 수 없는 관계인 것을, 사람들의 견해에는 차이가 있었다.

교종(敎宗)과 선종(禪宗)의 구분도 논쟁거리였다. 붓다의 말씀을 좇을 것인가, 붓다의 마음을 좇을 것인가를 두고 벌어진 대립이었다. 말씀의 깃발 아래 깨달음의 성채를 쌓자는 논의가 나왔고, 마음을 보아 성불의 문을 열자는 주장도 제기되었다. 그러나 이 논쟁은 서로 배척하는 분열이 아닌 선교일여(禪敎一如)로 통합하자는 방향으로 매듭지어졌다. 말씀이 따로 있고 마음이 따로 있는 것이 아닌 불이(不二)의 해법을 수용한 것이다.

선종에서 보자면 돈오(頓悟)와 점오(漸悟)의 문제도 논쟁의 초점이었다. 오랜 수행과 명상을 통해야만 깨달음에 이를 수 있다는 사람들과 근기(根機)가 고양되면 일순간 깨달음에 들 수 있다는 주장을 편 사람들이 자신의 논리를 내세웠다. 사실 이 논쟁에서도 방점은 '오(悟)'에 찍히는 것이라 방법론의 울타리를 벗어난 싸움은 아니었다. 그래서 간화선(看話禪)이 주창되었지만, 여기서도 점수(漸修)라는 또 하나의 언덕을 마련해 논쟁을 중재했다.

조주(趙州, 778~897) 스님이 제안한 무자(無字) 화두 역시 시비의 속박에서 자유롭지 않았다. 만물실유불성(萬物悉有佛性)이 붓다의 가르침인데, 조주는 개[犬]에게도 불성이 있느냐는 질문에 '없다'라고 단호하게 선을 그었다. 바람과 먼지에도 있다는 불성이 어찌 개라고 해서 없을 수 있는가? 이 궤변 같은 선언은 많은 수행자를 당혹감에 빠뜨렸다. 조주의 깊은 오의(奧義)를 나로서는 알 수 없지만, 이 화두를 들고 많은 이들이 깨달음을 얻었다고 하니 이 얼마나 아름다운 논쟁인가.

네가 없어져야 내가 존재할 수 있다고 서로 버티면 한쪽이 소멸하지 않는 한 싸움은 끝나지 않는다. 서슬 시퍼런 칼부림과 비릿한 피비린내가 뒤따르는 제로섬 게임의 양상을 띨 수밖에 없다. 강자독식의 섬뜩한 투쟁은 결국 양자 모두의 파멸을 가져오는 극악한 논쟁 방식이다. 이렇게 보면 불교에서 벌어진 논쟁은 상멸(相滅)이 아닌 상생(相生)의 몸짓이었음을 알게 된다. 화쟁(和諍)의 길이었다. 붓다 이후 태어난 모든 불제자는 붓다가 갈파한 상생의 논쟁법을 배우고 익혔다. 그래서 다양한 논쟁이 있었지만 서로 뺨을 때리는 파국이 아니라 손을 맞잡고 품는 미담으로 귀결되었다. 이런 논쟁이야말로 모두가 이기는 논쟁이 아닐 수 없다.

　유교의 창시자 공자 역시 논쟁의 달인이었다. 뒤를 이은 맹자는 상대를 끝까지 물고 늘어져 완전한 항복을 받아내야 직성이 풀리는 극렬한 논쟁가의 정수를 보여 주었다. 얼마나 지독했는지 사람들이 맹자와 논쟁하기를 꺼릴 정도였다.

　『논어』에 공자가 얼마나 열띤 논쟁가였는지를 보여 주는 대목이 곧잘 나온다. 공자라고 해서 적이 없을 수 없고, 그런 이들에게까지 공자는 충서의 가르침을 실천하지는 않았다. 그 첨예한 예로 소정묘(少正卯)를 죽인 일을 들 수 있다. 『논어』에 나오는 이야기는 아니라서 썩 믿기지는 않지만 『사기』나 『공자가어』, 『순자』 등에는 소개되어 있으니 다소 난감하긴 하다.

　소정묘는 공자와 동시대를 산 노나라의 대부(大夫)였는데, 그 역시 제자를 모아 자신의 사상을 전파한 교사였다. 그런데 그의 주장이나 이론이 공자와는 대척점에 서 있었다. 중국의 학자 양영국(楊榮國)은 소정묘가 당시 신흥 지주계급의 이익을 대변했다면 공자는 노예제를 기반으로 한 구체제(舊體制)를 옹호한 지식인이었다고 규정했다. 범박하게 말하자면 소정묘는 진보 성향의 사상가였고 공자는 보수성이 강한 사상가였다. 오늘날의 유교가 보여 주는 교조적인 태도를 보면 바른 구분인 듯도 하다.

공자는 지금의 법무부 장관에 해당할 대사구(大司寇)가 된 지 이레 만에 소정묘를 체포해 다섯 가지 대악(大惡)을 저질렀다는 이유로 처형한 뒤 시체를 사흘 동안 궁정에 내걸었다고 한다. 자신과 의견이 다르면 공존은 언감생심, 목숨까지 빼앗고야 마는 유가의 극단적인 이단 배척의 뿌리는 아무리 좋게 봐도 공자에게서 출발했던 것으로 보인다(물론 공자는 대사구에 오른 적이 없으며, 이는 허구라고 주장하는 사람도 있다). 이런 성향 때문에 유가는 화이론(華夷論)에 사로잡혀 다른 종교는 물론 다른 민족까지도 박멸해야 편히 잠을 잘 수 있게 되었다. 개인적인 생각이지만, 유가의 극악한 이단 구분 악습은 조선의 멸망과 함께 사라지지 않고 이어져 지금의 일부 왜곡된 개신교의 폐단과도 맥이 닿아 있는 듯하다.

유가는 특히 논쟁을 즐겼다. 대표적으로 맹자의 성선(性善)과 순자의 성악(性惡) 논쟁이 있었다. 또한 조선 시대 전반기에는 이기(理氣) 논쟁으로 침을 튀겼고, 후반기에는 인물성동이(人物性同異) 논쟁으로 세월을 보냈다. 사상사적으로 볼 때 이 두 논쟁은 조선의 미래를 가늠하는 중요한 논쟁이었다. 결국 이(理)의 우월성이 인정되었고, 인성과 물성은 다르다는 논리가 우세승을 거두었다. 개인적으로 볼 때 이는 조선의 불행이었고 우리 역사의 불행이었다.

조선의 선비란 작자들은 도대체 싸우지 않으면 직성이 풀리지 않는 희한한 품성을 지닌 것 같다. 국가 대사를 두고도 당파가 다르면 사실과는 다른 억지 주장을 펼쳤다. 임진왜란을 앞두고 일본의 동태를 파악하라고 보냈더니 당파가 다르다며 각기 다른 결론을 내렸다. 김성일(金誠一, 1538~1593, 南人)은 왜군의 침입이 없을 것이라 보고했고, 황윤길(黃允吉, 1536~?, 西人)은 반드시 침략할 것이라 주장했다. 이런 균열 때문에 조정이 김성일의 아전인수격인 답안을 수용해 조선 강토는 피 웅덩이가 되지 않았던가? 나라보다는 당파가 우선인 모습은 지금도 길거리에 나가 보면 떼를 지어 몰려다니는 일부 사람들의 광기에서 그 흔적을 읽을 수 있다.

의견이 충돌할 때, 그것은 서로 생각이 다른 것이지 어느 편이 틀린 것은 아니다. 타인의 논리를 존중하고 나의 주장을 설파하는 데서 참된 논쟁의 길이 열린다. 이렇게 열린 귀 열린 마음을 가진다면 우리는 세상을 적의와 멸절(滅絶)이 아니라 화해와 화쟁의 눈길로 바라보게 될 것이다.

다툼 후에 남는 건 상처뿐이다

-

법난(法難)과 사화(士禍)

같은 공간에서 숨 쉬며 살아갈 수 없을 정도로 쌓인 원한을 두고 불구대천(不俱戴天)이란 말을 쓴다. '함께 하늘을 머리에 이고 살 수 없다'라는 뜻이다. 이렇게 남을 뼛속 깊이 미워하다 보면 사실 괴로운 것은 상대가 아니라 나 자신이다. 저주란 약한 자의 파괴력 없는 무기일 뿐인데, 이것이 집단화되거나 권력자들이 사악하게 이용하면 최악의 결과를 가져온다.

    저들이 나보다 행복해 보여서, 나보다 돈이 많거나 출세를 해서, 내게는 없는 것을 가지고 있기에 미워하는 마음이 움튼다. 이런 미움은 발전보다 파괴를 가져오기 마련이며 물질과 인명을 말살한 끝에 인성마저 피폐하게 만든다. 남을 미워하는 일은 칼끝이 자신에게로 향한 저주에 불과하다. 이를 번연히 알면서도 인간들은 서로를 미워하면서 산다.

예수는 "원수를 사랑하라" 했고, 공자는 충서가 자신의 절대 좌우명이라 갈파했으며, 붓다는 "미워하는 이도 사랑하는 이도 만들지 마라. 모두 괴롭다"라고 간곡히 권했다. 하지만 돈의 논리가 신탁이나 다름없는 자본주의 사회에서 경쟁은 피할 수 없는 일이고, 패자를 밟고 일어서야 승자의 특권을 유지할 수 있는 게 엄연한 현실이다. 그래서 패자를 긍휼히 여기기보다 미워하는 일에 급급하다. 두 번의 기회는 주지 않는, 피도 눈물도 없는 경쟁 사회에서 인간의 삶은 황폐의 극한에 이르고 말았다. 쓰러뜨렸으면 밟아야 제맛으로 안다.

그러나 승패는 병가지상사(兵家之常事)라 했듯이 경쟁의 악령에 사로잡히다 보면 결국 남는 것은 적자생존이 아니라 공멸(共滅)뿐이다. 모든 방패를 뚫는 창과 모든 창을 막아 내는 방패를 든 자의 싸움처럼 자기모순에 빠져 돌이킬 수 없는 파괴를 번갈아 저지른다. 불교가 이루려는 연화장세계, 유교가 꿈꾸는 대동세상은 끝내 환상에 그치고 만다.

'너와 내가 더불어 잘 살자'라는 조화보다 '네가 없어져야 내가 산다'라는 대결 논리는 개인만이 아니라 집안 사이에서도 벌어지고, 집단 사이에도 빚어지며, 민족 사이에도 출현하다가 심지어 나라 사이에서도 충돌한다. 한 걸음 더 나아가 이런 증오가 이념이나 종교 사이에서 벌어지면 말로 표현이 안 될 만큼 무섭고 끔찍한 재앙으로 들이닥친다. 유발 하라리는 『사피엔스』에서 종교와 이데올

로기는 동전의 양면과도 같아서 양자가 비슷한 속성을 가졌다고 갈파했다. 차이를 다름으로 인정하지 않고 틀림으로 받아들이면 글자 하나만 달라도 서로 죽이지 않고는 직성이 풀리지 않는 극한을 맛볼 수밖에 없다.

중세 서양에서는 초승달과 십자가의 전쟁이라 불리는 '십자군 전쟁'이 11세기 말에서 13세기 말까지 200년에 걸쳐 완강하게 지속되었다. 이 전쟁은 종식은커녕 불씨로 남았다가 지금까지 이어져 횃불과 불나방처럼 서로를 활활 불태우고 있다. 중세 교회의 마녀사냥은 또 어떤가. 뛰어난 여성은 남성의 공동 적(敵)이 되어 치욕과 죽음의 길로 내몰려야 했다. 처음 아메리카 대륙에 들어선 유럽의 군대들은 그곳 주민들을 개미 떼 밟듯이 가차 없이 섬멸했다. 원주민을 인간으로 보지 않았다. 선교사들조차 이교도를 죽이는 것이 주님의 뜻이라 설교했다지 않은가!

인간의 행복과 안녕을 지향하는 종교가 극한의 대립 끝에 무수한 인명을 살육하는 꼴을 해당 종교의 창시자가 본다면, 과연 무슨 통탄의 넋두리를 쏟아 낼지 귀를 막아도 귓전을 울린다. 인간들끼리의 공존을 외치는 종교가 오히려 갈등과 적개심을 지피는 불쏘시개가 되는 현실이 우리를 나락에 빠뜨린다.

모든 사람이 평등과 평화의 어깨춤을 추는 세상을 꿈꾸며 붓다의 가르침으로 터를 닦은 불교는 지금 세계 3대 종교로 자리 잡았다. 그러나 역사를 돌아보면 불교가 항상 꽃길만을 걸어왔던 것은 아니다. 시련으로 고통받고 박해를 당해 신음하던 때도 없지 않았다. 믿음이 다르다고 상대를 적대시한 적이 없는 불교가 탄압과 약탈의 대상이 되다니 어처구니없는 일이지만, 인류사를 돌아보면 그런 일이 드물지도 않다.

불교가 다른 종교나 이념에 의해 피해를 입거나 존재가 부정당하는 상황을 가리킬 때 법난(法難)이라는 용어를 쓴다. 불법(佛法)이 당한 재난 또는 환란이라는 뜻이다. 붓다가 태어난 나라 인도에서 지금 불교는 흔적조차 찾기 어려울 만큼 교세가 미미해졌다. 12세기를 전후한 시기에 불교 교단은 쇠퇴했다고 보는데, 이슬람의 침략에 따른 박해도 한 가지 이유라고 한다. 그들은 불교를 우상의 종교로 보아 불교 사원을 파괴하고 불자들을 억압했다고 한다.

상대 종교를 인정하지 못하고 문화재나 예술품, 유적을 파괴하고 심지어 교인들을 죽이는 야만 행위를 반달리즘(Vandalism)이라 부른다. 조선 시대 유가 지식인들이 석불(石佛)의 코를 자르거나 부숴 버린 일부터 2001년 탈레반이 저지른 바미안 석불 파괴를 우리는 기억한다. 일종의 종교적 증오범죄라 할 만한데, 지금도 이런 반인륜적 범죄가 세계 곳곳에서 자행되고 있다.

인도를 떠나 중국으로 들어온 붓다의 가르침도 항상 환대받은 것은 아니다. 당나라 시인 왕유(王維, 699~759)는 선불교가 보여 준 고요한 선정(禪定)의 세계를 아름다운 시로 구현해 시불(詩佛)로 불렸다. 또 많은 왕조가 산스크리트어나 빨리어로 쓰인 경전을 한문으로 옮기는 사업을 대대적으로 벌여 방대한 역경 사업을 펼치기도 했다. 돈황석굴이 보여 주는 장엄한 불교예술은 또 얼마나 휘황찬

란한가. 그러나 늘 이런 황금기만 있지는 않았다.

중국에서 일어난 네 차례의 법난이 기록으로 전한다. 이를 삼무일종(三武一宗)의 법난이라 부른다. 북위의 태무제(太武帝, 423~452 재위)와 북주의 무제(武帝, 560~578 재위), 당나라 무종(武宗, 840~846 재위), 후주의 세종(世宗, 954~959 재위)이 저지른 폐불(廢佛)을 일컫는다. 당나라를 대표하는 문인 한유는 스스로 유교의 계승자를 자처하며 「논불골표(論佛骨表)」를 올려 황실의 불교 수용을 노골적으로 비난했다. 이처럼 이단에 대한 유교의 적의는 대개 불교를 향했다.

삼국 시대에 우리나라에 전래된 불교도 이차돈의 순교라는 상징적인 박해를 겪은 뒤에야 안착할 수 있었다. 이후 불교는 고려 시대 때까지 국교라 해도 좋을 만큼 번영을 누렸다. 그러다 유학자의 나라 조선이 건국되면서 된서리를 맞았다. 이민족과 타문화에 대한 맹목적인 혐오와 배척을 숨기지 않았던 중화주의자 주희에 의해 완성된 성리학은 조선 유학자들에게 전가의 보도였다. 그들은 불교뿐만 아니라 토착 신앙마저 죄악시해서 종교 혐오, 문화 혐오의 끝판을 보여 주었다. 주희의 가르침이 아닌 모든 것은 사악한 유산이었고 양립할 수 없는 존재로 간주되었다.

물론 불교에 호의적이었고 신앙으로 받아들인 사람도 없진 않았지만, 상당수의 유학자에게 관용이나 공존의 논리는 찾아보기 어려웠다. 이렇듯 지독히 폐쇄적이고 타협을 용납하지 않는 유학자들의 관념과 실천은 결국 조선 자체를 '우물 안 개구리'로 만들어 버렸다. 이런 기막힌 사연들은 정동주가 쓴 『부처, 통곡하다』(2003, 이룸)

에 잘 나오니 일독을 권한다.

　2,000년 동안 동아시아의 사상과 문화, 제도를 공식적으로 지배한 유교도 혐오범죄의 칼날을 온전히 피해 가진 못했다. 춘추전국 시대 유가는 제자백가 가운데 한 유파에 지나지 않았다. 공자는 평생 천하를 떠돌며 자신의 주장을 설파했는데, 상객(上客)으로 대우는 받았을지언정 정치에 참여할 수는 없었다. 공자의 계승자를 자처한 맹자도 당대에는 묵적(墨翟)의 이타주의와 양주(楊朱)의 이기주의가 판을 친다면서 세태를 비난했다. 한편 장자와 같은 사상가는 유가의 구성원을 두고 남이 죽어야 제 세상을 만나는 어릿광대이자 남의 무덤이나 도굴하면서 먹고사는 비열한 존재라며 썩 달가워하지 않았다.

　중국에서 유교가 탄압을 당한 가장 뚜렷한 예는 분서갱유(焚書坑儒)일 것이다. 진시황이 천하를 통일한 뒤 제국의 통치를 위해 여러 가지 조치를 취했는데, 도량형의 통일이나 문자의 정비 등은 중국 문화의 발전에 기여한 바가 적지 않다. 그런데 정책이 너무 급진적이어서 곳곳에서 부작용이 발생했다. 타고난 기회주의자(?)인 유가들이 이 기회를 놓치지 않았다.

　진시황의 사상 검열을 비난하는 것을 넘어 일부 유가 지식인들은 진시황의 허영심을 악용해 사리사욕을 채우기도 했다. 그런 선에서 그쳤다면 무마되었겠지만, 교만에 빠진 그들은 진시황이 무지하고 아둔하다며 공공연하게 모욕을 일삼았다. 이것이 도화선이 되어 분서갱유가 일어났다고 보는 학자도 있다. 그러나 진시황이 천하의 유가 경전을 다 불태우고 유가들을 모조리 생매장했다면 후대에 어떻게 유가가 존속했겠는가. 한편 진나라가 무너진 뒤에 들어선 한(漢, 전한)나라의 패권을 장악한 유가는 모든 악행의 원흉으로 진시황의 얼굴을 치켜들었다. 이런 몰아치기는 그들이 왕왕 쓰는 수법이었다.

중국에서나 조선에서나 유가 지식인들의 패거리 정치는 대개 막장을 치달았다. 송나라 문인 구양수(歐陽脩, 1007~1072)는 「붕당론(朋黨論)」을 지어 대인의 붕당과 소인의 붕당을 구분했다. 이는 붕당의 긍정적인 효과를 갈파하기 위해 쓴 글이지만, 속내를 뒤집어 읽으면 그만큼 소인배들의 붕당 정치가 일상적이었고 썩을 대로 썩어 있었다는 반증이기도 하다.

한편 조선 시대에 유가의 불교 탄압이 횡행했다지만, 유가들끼리 벌인 피비린내 나는 사상적·정치적 쟁투에 비하면 새 발의 피에 불과하다. 같은 유가들끼리 헤게모니 다툼을 벌이다가 살육으로 이어진 참극을 사화(士禍)라고 부른다. 역사에 기록된 굵직한 사화만 총 네 차례다. 무오사화(연산군 4년, 1498), 갑자사화(연산군 10년, 1504), 기묘사화(중종 14년, 1519), 을사사화(명종 즉위년, 1545)가 그것이다. 그 밖에도 정미사화(丁未士禍, 1547)와 신임사화(辛壬士禍, 1722)도 있다. 명칭만 다를 뿐 역시 선비들 간의 유혈 살육 행각은 옥사(獄事)나 환국(換局) 등의 사례도 있었다.

소인배들의 붕당 싸움에서 빚어진 조선조 당쟁을 두고 마냥 색안경을 끼고 봐서는 안 된다고 주장하는 이들도 있다. 그러나 바깥을 향하던 이단 혐오의 칼끝이 내부로 역주행한 이 어두운 역사는 유가에 의한 유가 탄압의 결정판이었다. 그들은 같은 울타리 안에서도 이단을 찾아내 불구대천의 원수로 매도해 칼질하기를 서슴지 않았다.

임진왜란 직전인 1589년(선조 22) 고변(告變)으로 시작된 정여립(鄭汝立, 1546~1589) 모반사건은 이후 3년 동안 관련자를 심문하고 처벌하는 과정에서 사망한 사람이 무려 1,000여 명에 이르렀다. 영남 유림의 씨를 말렸다고 일컬어지는 이 사건은 기축옥사(己丑獄事)로 불린다. 이때 심판관으로 맹활약하면서 숱한 사람을 형장의 이슬로 사라지게 만든 장본인이 조선 전기 최고의 서정시인 정철(鄭澈, 1437~1594)이었으니, 참으로 아이러니하다.

조선 시대 '사화'와 '옥사'는 정치적인 성격이 강하지만, 유가들 사이에 벌어진 이념 투쟁이자 욕망과 증오가 뒤범벅된 내부의 유가 탄압이었음도 무시할 수 없다. 나와 다르면 그들에게는 모든 것이 적이었고 박멸할 대상이었다.

몇 년 전 부처님오신날 경축 법요식에서 어떤 정치가가 합장을 거부하고 관불(灌佛)을 외면해서 많은 사람의 눈살을 찌푸리게 했다. 그가 독실한 개신교인이라 해서 이를 비난하고 혐오하는 불자는 없었다. 부처님오신날과 크리스마스 때가 되면 이웃 종교끼리 서로 오가며 축하하듯 믿음은 존중받아야 마땅하기 때문이다. 건전하고 합리적인 신앙심이 사회를 건강하게 만든다는 사실을 누가 부정하겠는가. 그러나 오늘날 사회 전역에서 벌어지는 혐오와 적대감의 회오리는 양상이 심상치 않아 보인다. 과연 나는 그런 광풍에서 자유로운지 작은 일에서부터 반성해 볼 일이다. 그 광풍이 내가 적대하는 세력만 휩쓸어 버리지 않고 역풍이 되어 내게로 몰아칠 때, 말법(末法)의 시대가 도래하는 것이다.

내일은 저절로 오지 않는다

-

육바라밀(六波羅蜜)과 실천

하루하루를 지옥에서 사는 듯이 보내는 사람이 있다. 안 좋은 일만 꼬이는 것 같고 불쾌한 일만 계속되는 것 같을 때도 있다. 보기 싫은 사람은 왜 그리도 잘 보이는지, 누군가 나를 흘겨보는 느낌이 끈끈하게 달라붙으면 공연히 짜증이 밀려온다. 지난날을 돌이켜 보면 미래는 더욱 암울해진다. 그렇게 열심히 일하고 준비했는데, 지금 내 모습을 보면 조금도 나아진 게 없어 보인다. 내일인들 뭐가 좋아질까 싶다. 피곤이 확 밀려온다. 눈치 보며 사는 것도 귀찮고 멋대로 살자니 가진 게 별로 없다.

    오늘이 연휴의 첫날이면 얼마나 좋을까. 침대에 드러누워 세수도 양치질도 다 집어치우고 하루 종일 잠만 잤으면 좋겠다. TV를 틀어 놓고 보는 둥 마는 둥 잠들었다가 깨었는데 아직도 한낮이라면, 평소 주말은 발만 몇 발자국 옮겨도 저녁이고 눈만 잠깐 붙여도 출근하고 설거지할 시간이 코앞인데 이렇게 시간이 더디게 가기도 하는구나 느낄 수 있다면, 그곳이 바로 지상낙원이겠다.

오후의 저무는 햇살을 느끼면서 골목길을 산책하고, 기분이 내키면 소소한 등산로를 따라 뒷산에도 올라간다. 마침 정상에 아담한 정자가 나를 기다리고 있다. 멀리 읍내 경치가 한눈에 들어오고 도심지를 오가는 사람들이 깨알처럼 작게 보인다. 누군가는 머리를 맞댄 채 이야기를 나누고, 누군가는 뭐가 틀어졌는지 삿대질을 하며 드잡이 중이다. 초등학교 꼬마 애들이 삼삼오오 짝을 지어 재잘거린다. 세상이란 게 조금만 멀리서 내다보면 유유자적 한가하고 아름다우며 넉넉하다. 이렇게 며칠을 무욕무념한 상태로 지낼 수만 있다면 무얼 더 바라겠는가!

그러나 현실은 전혀 그렇지 않다. 오늘이 어제 같았으니 내일도 오늘 같을 게 뻔하다. 무엇을 위해 살고 있나? 이러다 아무것도 이뤄 놓은 것 없이 늙어서 꿔다 놓은 보릿자루 신세가 되는 건 아닐까? 덜컥 병이라도 걸리면, 사고라도 나면, 아직 돌봐야 할 자식들도 있는데……. 상상만 해도 끔찍하다.

대부분 사람의 일상이 디테일만 다를 뿐 비슷할 것이다. 출퇴근으로 부대끼고, 집에서 살림하고, 장을 봐 와 저녁 준비하고, 연속극을 보든 도란도란 이야기꽃을 피우든 가족들과 저녁 시간을 보내다가 침실로 가 잠든 뒤 아침에 깨어난다. 그러다 문득 자신을 돌아볼 때가 있다. 가끔 신나고 즐거운 일이 없지는 않지만, 전체적으로 나를 둘러싼 세상은 흉흉하게만 돌아가는 것 같다.

　이게 내가 원한 세상인가? 내 가족들과 내 이웃들은 지금 행복한가? 어릴 때보다 분명 살기 좋아졌다고 하는데, 자살률은 어째서 세계 최고지? 점점 갑갑해진다. 로또를 사서 일주일간 흐뭇한 상상에 취해 보지만 용꿈은 항상 개꿈으로 끝난다. 즐거워지고 싶은데 마땅한 방법이 없다. 누군가 대신해 주면 좋겠지만 나도 못하는 숙제를 누가 대신할 수 있겠는가!

　그래도 살아가는 데는 다 이유가 있고 목적이 있다. 딱 그려 내지는 못해도 마음 어느 한구석에 늘 자리하고 있는 미래가 나에게 손짓한다. 오늘 꽃이 피었으면 내일은 분명 열매가 열린다. 그게 섭리다. 그 미래, 오늘보다 나은 내일에 대한 기대감과 성취 욕구가 있어 다시 한번 힘을 내 어깨를 으쓱한 뒤 힘차게 밖으로 나가는 문을 여는 게 아니겠는가.

　붓다가 몸과 마음의 고통을 감내하면서 힘든 수행의 시간을 거쳐 깨달음에 이른 까닭은 나만 잘 먹고 잘살기 위해서가 아니었다. 한 나라의 왕자로서 그런 조건은 이미 갖춰져 있었다. 그런데 왕궁 밖을 나가 보니 세상 사람들이 너무 힘겹게 살고 있었다. 굶주려 허덕이고, 병고에 시달리고, 죽은 이를 붙들고 이별에 통곡했다. 고해에서 벗어나지 못해 버둥거리는 중생을 위해 할 수 있는 일이 없을까? 측은에서 우러난 대자대비심이 붓다를 왕성 밖으로 이끌었고, 마침내 그는 고해와 번뇌를 소멸시키는 길을 찾아 나섰다.

　붓다가 찾아낸 해방의 길은 연기법과 사성제 등의 토대를 밟아 구경(究竟)의 영역에 이르는 것이었다. 분별하고 차별하는 감각 세계를 버리고, '나'에게 집착하는 욕망도 떨쳐 내며, 실상의 세계를 벗어나는 자기 노력과 배려에 힘쓰라고 일깨웠다. 당연히 그 궁극의 지점은 쉽게 오지 않는다. 몇만 겁의 전생 동안 윤회하며 쌓은 업(業)이 자꾸만 발목을 잡으니, 백척간두에 서서 진일보하려는 간절함이 있어야 한다고 강조했다.

힘들다고, 보이지 않는다고, 믿을 수 없다고 주저하거나 멈추면 이 삶에서 애써 쌓은 수행이 수포로 돌아가 다시 고해에 빠질 수밖에 없다. 그래서 붓다는 과보를 마치고 깨달으면 이르게 될 세계의 비전을 제시했다. 그곳을 일러 피안(彼岸)이라 불렀다. 산스크리트어로 파라미타(paramita)라 하고 음차해서 바라밀다(波羅密多)로 쓴다. 애욕과 번뇌의 이 땅[此岸]을 건너 도달한 이상향이 바로 피안의 세계이다. 그래서 피안의 세계에 이르는 일을 두고 도피안(到彼岸)이라 부른다. 국보로 지정된 철조비로자나불좌상이 봉안된 철원의 도피안사도 여기서 이름을 따왔다.

그 깨달음의 경지에 이르고자 실천하는 수행이 육바라밀(六波羅蜜)이다. 보시(布施)는 상대방에게 음식이나 의복, 친절을 베풀거나 어려움과 고통을 덜어 주는 따뜻한 선행을 말한다. 지계(持戒)는 계율을 잘 지켜 행실을 청정하게 유지하거나 고난이나 핍박을 이겨 내는 노력이다. 인욕(忍辱)은 외부에서 오는 모욕과 번뇌를 참고, 화나고 수치스러운 상황을 잘 견뎌 내는 태도다. 정진(精進)은 성실하게 수행에 힘쓰면서 붓다와 보살의 가르침을 실천하는 자세다. 선정(禪定)은 깊은 사색에 잠겨 반야의 지혜를 얻고 성불하기 위해 마음을 닦으면서 분별심을 버리는 수행을 말한다. 반야(般若)는 마음이 흔들리지 않고 참된 지혜에 집중하여 분별의 망념에 빠지지 않는 상태를 가리킨다. 특히 반야바라밀은 육바라밀 중에서도 가장 중요한 수행으로서 다른 다섯 가지 바라밀을 빚어내는 바탕이 된다.

붓다는 깨달음을 얻으려거든 이 육바라밀을 체득하여 실천하라고 권했다. 중생이 발심(發心)하여 피안에 이르고자 할 때 가야 할 길을 분명하게 밝혀 준 것이다. 이처럼 불가의 깨달음은 자력행(自力行)이다. 노력하지 않으면 붓다도 도울 수 없다.

피안을 달리 이르는 말이 여럿 있다. 우선 열반(涅槃)이 있다. 번뇌가 완전히 사라진 상태나 깨달음이 완성된 세계를 뜻한다. 우리나라에서는 큰스님이 세상을 떠나거나 대중이 이승에서의 인연을 다했을 때 흔히 '열반에 들었다'라는 표현을 쓰지만, 이는 죽음을 숭고하게 꾸민 말일 뿐 열반의 참뜻이라 하기 어렵다. 다음으로 해탈(解脫)이 있다. 이 또한 죽음을 고상하게 표현할 때 자주 쓰이지만, 본뜻은 인간이 짊어져야 할 숙명인 윤회의 올가미에서 완전히 벗어남을 의미한다. 이 외에 극락정토(極樂淨土) 역시 피안의 세계를 이르는 표현 중 하나이다.

누구나 자신이 생각하는 이상향에 대해 말할 수 있다. 다만 그것을 명확하게 보여 주지 못하거나 실제로 실현한 사람을 제시하지 못한다면 남을 설득하고 감복시키기가 쉽지 않다. 이 점에서 붓다와 공자는 각자의 이상향을 명징하게 드러내 보여 주었다는 공통점이 있다.

공자에게도 이상향이 있었다. 공자는 그 이상세계를 실현하고자 평생 노력했는데, 그가 이상세계를 실현한 최고의 인격으로 존경했던 인물은 바로 주공(周公, ?~?)이었다. 주공은 주나라를 세운 문왕의 아들이자 무왕의 동생으로 비록 왕위에 오르지는 못했지만 그 이상의 큰 업적을 이루었다. 주나라의 세 번째 임금 성왕(成王)이 즉위한 후 왕으로서의 역량과 품행이 신통치 않자 주변에서 주공에게 대신 즉위할 것을 제안한다. 주공은 이를 거절하고 섭정을 통해 조카 성왕이 개과천선하기를 기다림으로써 왕위를 보전할 수 있게 도왔다. 그는 군왕이라는 최고의 지위를 탐하는 욕망을 버릴 줄 아는 사람이었다.『논어』「술이편」에 "내가 많이 쇠약해졌구나! 꿈속에서 주공을 뵙지 못한 지가 오래되었다[甚矣吾衰也 久矣 吾不復夢見周公]"라며 공자가 탄식하는 장면이 나온다. 그만큼 공자는 주공을 높이 평가했으며, 성현이 보여야 할 최고의 미덕을 보여 준 인물로서 주공을 마음속 깊이 존경했다.

한편 유교에서 정치적·도덕적 이상이 실현된 세상을 일컬을 때 즐겨 쓰는 표현으로 대동(大同)이라는 말이 있다.『예기』「예운편」에 공자의 말로 처음 등장하는 이 말은 '크게 하나가 된다'라는 단순한 뜻이지만 실현은 말처럼 쉽지 않다.

이런 까닭에 대도(大道)가 실현되었을 때는 천하가 공정했고, ……
간교한 꾀가 막혀서 일어나지 않았으며, 도적질하고 반란을 일으키는 무리가 나타나지 않았다. 그래서 바깥문을 닫지도 않았으니, 이것을 '대동'이라 이른다.

[是故謀閉而不興 盜竊亂賊而不作 故外戶而不閉 是謂大同]

지금도 대학가의 축제를 '대동제'라 부르기도 하고, 마을에서 때마다 모시는 행사나 제사를 이렇게 부르기도 한다. 모두 공자의 '대동 세상'에서 기원한 말이다. 대동세상이 되기 위해서는 몇 가지 조건이 따르는데, 무엇보다 '평등'과 '공정'이 전제되어야 한다. 고대 동양 사회는 계급상 차별과 불공정이 판을 치는 시대였다. 지배층은 피지배층을 자원과 인력을 공급하는 대상으로 인식했다. 그것이 과중해지면 민란과 소요가 발생했고, 그 결과로 하나의 왕조가 몰락의 길을 걷곤 했다. 이런 위기 상황을 예방하는 선제적 장치로서 대동세상을 꿈꿨다고 볼 수 있다.

이상사회를 꿈꾼 것은 공자만이 아니었다. 도가의 노자(老子, 기원전 571~기원전 471)는 '어떤 인위적인 행위가 없어도 모든 일이 순리대로 저절로 풀리는[無爲自然]' 세상을 상정했고, 노자의 뒤를 이은 장자(莊子, 기원전 369?~기원전 286) 역시 '무하유지향'을 노래했다. 다만 공자가 무언가를 해서 세상을 바꾸려고 했다면 노자는 인위가 개입할 때 오히려 천도(天道)가 어그러진다고 보았다. 둘을 비교해 보면 노자의 관점이 다소 소극적으로 느껴지지만, 인위나 인공이 가져온 폐해와 파괴적인 결과를 떠올린다면 무위의 긍정적인 측면도 무시해서는 안 될 듯하다.

삶은 누구에게나 고달픈 법이다. 뜻대로 이루어지는 일은 거의 없고 과정 역시 예상을 빗나가기 일쑤다. 그러니 너무 안달복달하지 말자. 노력의 결과는 반드시 돌아온다. 피안의 세계를 꿈꾸며 거기에 이르는 길을 묵묵히 걸어가다 보면, 어느 날 눈앞에 유토피아가 펼쳐질 것이다. 이것이 붓다와 공자가 우리에게 들려준 세상의 이치이자 구원의 약속이다.

지금이 가장 빠른 때다

-

배움의 즐거움

무슨 일을 하든 욕심을 부리는 태도가 꼭 나쁘다고 할 수는 없다. 인간에게 탐욕이 없었다면 진즉에 멸족되어 지금과 같은 고도 문명 시대를 맞이하지도 못했을 것이다. 원래 인간의 유전자는 '이기적'이라고 리처드 도킨스도 갈파하지 않았는가! 더 나아지고자 하는 욕망, 남들보다 앞서가겠다는 경쟁심, 역경을 이겨 내고 존재하겠다는 강인함. 이런 일들이 공정하고 합리적으로만 이뤄진다면 세상은 아름다운 성공담으로 가득할 것이다. 다만 자신의 처지나 능력을 넘어서는 과욕은 몸에 문제를 일으킬뿐더러 영혼마저 갉아먹는다. 그래서 세상에는 과유불급이나 중용 같은 모든 세대에 적용되는 준칙이 있는 게 아니겠는가.

꽤 오래전 서울에서 살 때였다. 어느 날 내 나이가 쉰이 되었다는 사실을 깨달았다. 팔팔한 대학생일 때가 엊그제 같은데, 영원히 그 나이가 지속될 줄 알았는데, 고작 눈을 몇 번 깜박였을 뿐인 듯한데, 공자가 말한 지천명(知天命)의 세상에 접어든 것이다. 나이는 숫자일 뿐이고 마음이 젊으면 늙은 것이 아니라고 위로해 본들 충격이 가시는 건 아니다. 인간은 늙으면 대개 추해진다는 사실을 인정할 때 비로소 나이란 게 의미가 없어지는 게 아닐까 싶다.

나는 쉰 살이 된 사실을 기억하고자 무언가 새로운 것을 시작해 보자는 엉뚱한 결심을 했다. 이것저것 고민하다가 악기를 배우기로 마음먹었다. 하모니카나 트라이앵글을 배우겠다면 남들이 코웃음을 칠 테니, 뭔가 그럴듯한 것을 찾다가 바이올린에 눈이 갔다. 팔길이보다 짧은 이 악기를 까짓것 못 다룰 게 뭐냐며 아주 만만하게 보았다. 그러나 머지않아 '우습게 봤다가 큰 코 다친다'라는 말을 절절히 체감했다. 바이올린의 복잡한 기법을 익히기에 내 몸은 무디기만 했다. 왜 바이올린을 두고 '악마의 악기'라 부르는지 실감했다.

어쨌거나 그때 쥔 바이올린이 남해까지 따라와 여기서도 좋은 선생님을 만나 레슨을 이어 갔다. 둔한 몸이라도 연륜이 쌓이자 기본적인 곡은 혼자서 연주할 정도가 되었는데, 딱 거기까지였다. 조금 어려운 기교가 들어간 곡을 연주하려니 기대보다 화음이나 기술이 신통찮았다. 물론 게으름이 제일 큰 문제였겠지만, 손가락이 굳어 현 위를 헛돌거나 엉뚱한 곳을 짚어 댔다. 실력이 늘기는커녕 짜증과 감질만 늘어났다. 늙어서 욕심을 내는 일을 두고 '노탐(老貪)'이라 했던가. 그제야 나는 노탐의 대가를 톡톡히 치른다는 자괴감에 빠져들고 말았다.

하지만 뒤늦게 배워 보람을 느낀 경우도 있다. 고현면으로 이사 온 겨울부터 우연찮은 계기로 매구(농악)를 배웠다. 남해에 있는 '고현집들이굿놀음보존회' 단원으로 들어간 게 계기였다. 상모를 돌리고 소고를 치고 발동작과 진법(陣法)을 따라가느라 애를 먹었다. 그래도 조금씩 몸에 익으니 재미도 있고 운동도 되었다. 말을 타면 경마 잡히고 싶다더니 매구를 익힌 김에 사물놀이까지 도전하게 되었다. 그때는 북을 맡았는데, 그럭저럭 잘 따라가는 편이라 내심 자신이 대견하기도 했다.

이 정도에서 분수를 알고 멈춰야 했는데, 고현면 주민자치회에서 주관하는 바리스타 강습에도 나가고야 말았다. 커피를 좋아하는 게 이유라면 이유겠다. 진주에서 커피 바리스타 트레이닝 아카데미를 운영하는 전문가의 지도 아래 매주 두 차례씩 연말까지 강습을 받았다. 선생님은 실력도 출중하지만, 연세가 많은 수강생 주민들을 흥겹게 만드는 입담도 남달라 배우는 재미가 쏠쏠했다.

바리스타 자격증을 따려면 시험도 봐야 하고 실습도 통과해야 한다. 카페라테를 만들어 표면에 하트 무늬와 나뭇잎 무늬를 그려낼 줄 알아야 했기에 솔직히 큰 부담이었다. 실제로도 이상한 기하학적 무늬만 둥둥 뜰 뿐 제대로 된 하트 모양이 나올 기미가 전혀 보이지 않았다. 그래도 기왕 칼을 뽑았으니 끝장은 봐야 한다는 각오로 매일 열심히 수업에 참여했는데, 눈 가리고 아웅 하는 시험이라 자격증을 따기는 땄다. 몇 달 강습으로 받은 자격증이 수십 년 공부하고 받은 박사학위증보다 백배는 더 화려하고 요란해 '빛 좋은 개살구'가 이런 건가 싶기도 했다.

누군가는 '배움에는 나이가 없다'라고 말하기도 하고 '인생은 배움의 연속이다'라는 진리를 속삭이기도 하지만, 여전히 내가 과욕에 빠져 노탐을 부리는 게 아닌지 실소가 나올 때가 있다. 그렇지만 바리스타 강습 때 나보다 나이가 훨씬 많은 어르신들이 열심히 커피 머신을 조작하면서 애쓰는 모습을 볼 때면, 배움에는 결과도 중요하지만 그만큼 과정도 아름답다는 생각이 들었다. 사소한 일이더라도 무언가에 집중하고 익히려는 자세야말로 젊어지고 새로워지는 지름길이 아닐까. 백세 시대에 접어들었다고 외치는 요즘, 나는 죽어도 백 살 근처에는 못 가리라 장담하지만 새로운 것에 대한 호기심과 열망이 없었다면 벌써 산송장이 되었을지 모른다. 더구나 배움에는 만시지탄(晚時之歎)이 없지 않은가!

따지고 보면 깨달음도 배움의 결과물이다. 어느 때 느닷없이 이치를 깨닫는 일을 일컬어 돈오(頓悟)라 한다. 그러나 세상에 근원 없는 물은 없듯이 깨달음에 '갑자기'란 없다고 생각한다. 백조가 물 위를 유유히 헤엄치는 듯 보이지만 물 아래서 끊임없이 발을 움직이는 것처럼, 깨달음 또한 보기에 찰나인 것처럼 느껴질 뿐 지속적인 수행과 정진이 뒷받침되지 않는다면 깨달음의 추구는 연목구어(緣木求魚)나 다름없을 것이다.

붓다는 누구보다 이 사실을 잘 알고 있었다. 어떤 신분으로 태어났느냐가 아니라 무엇을 배웠느냐에 따라 어떤 사람이 되는지가 결정 난다고 가르쳤다. 향을 싼 종이에서는 향내가 나고 생선을 싼 종이에서는 비린내가 난다는 유명한 비유를 들어 갈파한 내용이 바로 그것이다.

그러나 한편으로 붓다는 무작정 높은 목표만 세우고 과정을 밟지 않는 배움의 자세를 경계했다. 깨달음에 이르는 데는 왕도가 없지만 실천 없이 요령만 찾으려 들거나 엉뚱한 방법을 고르면 좌절만 안겨 줄 뿐이다. 서울을 가자면서 남쪽 길로 내려가면 경기도 땅도 밟지 못할 건 당연한 이치다. 『불수반열반약설교계경』에 이런 말이 나온다.

부지런히 정진하면 일에 어려움이 없을 것이다. 비유하면 작은 물방울이 쉬지 않고 흐르면 마침내 돌을 뚫는 것과 같다. 게을러서 공부하지 않으면, 그것은 마치 나무를 비벼 불을 내고자 할 때 나무가 뜨거워지기도 전에 쉬는 것과 같아서 아무리 불을 얻고자 해도 얻지 못한다.

물방울이 바위를 뚫으려고 연신 떨어지는 것은 아닐 것이다. 여기에 담긴 뜻은 끊임없는 수행 정진, 물러섬 없는 노력이야말로 궁극의 목적을 이루는 방법이라는 가르침인 듯하다. 바늘에 실을 꿰려면 눈을 똑바로 뜨고 정확하게 바늘구멍을 겨냥해야 하듯이 목표를 정했으면 한눈팔지 말고 올곧게 나가야 뭐든 성과가 나오기 마련이다.

쉬지 않고 정진해서 깨달음을 얻는 일이 고승대덕의 일이라고

만 말할 수는 없다. 중생 하나하나 모두 번뇌를 없애고 깨달음을 얻어 윤회하는 일이 없기를 바란다. 그조차 번뇌의 실마리라 하면 할 말은 없지만, 배움이 깊어질 때 번뇌도 사라지고 깨달음도 온다는 사실은 명백하다. 그러니 배울 때가 바로 깨달음의 문을 여는 순간이 아니고 무엇이겠는가?

배움을 중시하기는 공자도 마찬가지였다. 유교에서는 깨달음을 얻는 일을 일러 문도(聞道: 도를 듣다)라 한다. 공자가 『논어』「이인편」에서 "아침에 도를 들으면 저녁에 죽어도 괜찮다[朝聞道 夕死可矣]"라고 한 말에서 유래했다. 도를 깨닫는 일이 얼마나 절실한지 삶과 죽음의 비유로 설파했다. 공자가 배움을 얼마나 중시했는지는 그의 문답집 『논어』 첫 장 맨 앞에 나오는 구절이 배움에 대한 내용인 것만 봐도 알 수 있다. 좋은 책은 사람들이 자주 펼쳐 보긴 하지만 끝까지 읽지는 못한다. 그래서 영리했던 옛날 학자들은 핵심 문구를 책의 맨 앞에 두었다.

공자께서 말씀하셨다. "배우고 때때로 익히면 기쁘지 않으냐? 벗이 있어 멀리서 찾아와 함께 익히면 즐겁지 않으냐? 내 학문을 남이 몰라 주어도 화를 내지 않으니 군자가 아니냐?"
[子曰 學而時習之 不亦說乎 有朋自遠方來 不亦樂乎 人不知而不慍 不亦君子乎]

공자는 홀로 배워야 할 때도 있지만 여럿이 어울려 해도 좋다는 생각을 가졌던 듯하다. 진정한 깨달음은 독식(獨食)보다 공유(共有)할 때 더 가치와 보람이 있는 법이다. 요즘은 어떤 기술이나 이론을 고안하면 다들 저작권부터 따져서 공유에 대한 비용을 요구한다. 노력과 고충에 대한 보상은 당연히 누려야 할 권리지만, 그것이 지나친 이익 추구로 나가 남을 지배하고 착취하는 수단이 된다면 배운 사람의 참된 자세는 아닐 듯하다.

공자는 속수(束脩: 포 열 조각)의 예만 갖추면 누구에게든 자신의 경험과 이치를 가르쳐 주었다. 나만 아는 비법 따위는 없었다. 이렇게 아낌없이 베푸는 나무가 공자였고 또 그렇게 살라고 가르쳤건만, 과연 중국과 조선의 유학자들이 배운 대로 실천했는지는 의문스럽다. 오히려 공자가 가장 싫어한 독점의 논리에 골몰했던 것은 아닐까?

선비란 자들은 배우기 쉽고 쓰기도 쉬운 한글이 만들어졌는데도 기어이 조선조 말까지 한문 사용을 고집했다. 15세기부터 한글 전용이 일반화되었다면 지금처럼 국어사전의 60%가 한자어가 되지는 않았을 것이다. 이제는 다들 국제화를 한다고 영어만 파고드니, 100년 뒤 국어사전 어휘의 다수가 영어에서 온 말이 되지 않을까 걱정된다.

아무것도 하지 않는 것보다 박혁(博奕: 노름)이라도 하는 게 낫다고 공자는 꾸짖었다. 이런저런 핑계를 대며 배우기에 이미 늦었다고 말한다면 영원히 새로운 배움으로 나가지 못한다. 배우기 시작할 때가 가장 빠른 때다.

배움에는 정해진 자리가 없다

-

야단(野壇)과 행단(杏壇)

나는 오랫동안 강단에서 학생들을 가르쳤다. 강의 장소는 주로 대학이었고 학생은 신입생이 많았다. 예외로 2005년부터 2년간 지방에 있는 대학 한문교육과에서 이름도 얄궂은 '비정년트랙 전임강사' 노릇을 했는데, 그때 유일하게 1학년부터 4학년까지 다 가르쳐 봤다.

첫 강의는 나이 서른이 되던 해 시작했다. 대학원에서 박사과정 3년을 수료하면 강사 자격이 주어지는데, 30세부터 강의할 수 있다는 나이 제한이 있었기 때문이다. 나는 '국어 작문'과 '초급 한문' 수업에 들어갔다. 참으로 까마득한 옛날 일이지만, 지금도 그때의 설렘과 떨림이 새록새록 하다.

그렇게 첫 단추를 잠근 이후 30년 넘게 여러 곳에서 학생들을 만나 내가 알고 느낀 바를 전하며 살았다. 누군가를 가르치는 일은 보람도 있지만 부담도 크다. 과연 내가 남을 가르칠 자격이 있는지, 자격이 있다면 무엇을 기준으로 그렇게 말할 수 있을지 참으로 대답하기 난감한 질문이다. 더구나 무엇을 가르치고 어떻게 가르칠 것인가로 범위가 넓어지면 대답은 더욱 궁색해진다.

맹자는 일찍이 군자삼락(君子三樂)을 거론하면서 그중 세 번째 즐거움으로 "천하의 영재를 얻어 가르치는 것[得天下之英才而敎育之 - 『맹자』「진심장구상편」]"을 들었다. 그러면서 누군가를 가르치는 일에 긍지를 가지라고 말했다. 하지만 교육은 백 년 앞을 내다보는 큰 계획이라는 말이 있듯이 그것이 가져다주는 자긍심만큼이나 두렵고 벅찬 과제이기도 하다.

당나라 학자 한유가 쓴 「사설(師說)」이라는 글이 있다. '스승이란 어떤 존재인가?'에 대한 자신의 의견을 담은 명문인데, 그 서두는 이렇게 시작한다.

> 옛날 배우는 사람에게는 스승이 있었으니, 스승이란 도를 전하고 과업을 일러 주며 의혹을 풀어 주는 역할을 한다. 사람이 나면서부터 다 알고 태어나지 않았다면 누가 능히 의혹이 없겠는가? 의혹이 있으면서도 스승을 좇아 풀지 않는다면 그 의혹됨이 끝내 풀리지 않을 것이다. 나보다 먼저 태어나서 도를 들은 것이 진실로 나보다 앞서면 나는 그를 좇아 스승으로 섬길 것이고, 나보다 늦게 태어났더라도 도를 들은 것이 나보다 앞서면 나는 그를 좇아 스승으로 섬

길 것이니, 나는 (사람을 스승으로 섬기는 것이 아니라) 도를 스승으로 섬기기 때문이다. 대저 어찌 그의 나이가 나보다 앞서고 늦은 것을 따지겠는가! 이에 스승의 신분이 귀한지 천한지 따지지 않으며, 나이가 많은지 적은지도 따지지 않는 것이니, 도가 있는 곳에 스승도 계시기 때문이다.

[古之學者必有師 師者所以傳道授業解惑也 人非生而知之者 孰能無惑 惑而不從師 其爲惑也 終不解矣 生乎吾前 其聞道也 固先乎吾 吾從而師之 生乎吾後 其聞道也 亦先乎吾 吾從而師之 吾師道也 夫庸知其年之先後生於吾乎 是故 無貴無賤 無長無少 道之所存 師之所存也]

참으로 당당하고 패기 넘치는 '스승론'이다. 내가 배워 깨우칠 바가 있다면 가르치는 사람의 신분이 고관대작이면 어떻고 밭갈이하는 농부면 또 어떠하겠는가! 또 내가 알고자 하는 바를 시원하게 답해줄 사람이 100살 노인이면 어떻고 열 살 삼척동자면 어떻겠는가!

그런데 현실은 이렇지 못하다. 지식이 있든 없든 인격을 갖췄든 아니든, 자기 뒷배가 되어 줄 권력자라면 큰절을 올리며 굽실거리고 돈줄이 되어 줄 거부라면 땅에 머리를 박고 공손을 다하는 것이 세태다. 한유 시대도 별다를 게 없었는지 "옛날 성인(聖人)은 출중하면서도 스승을 좇았는데 지금 사람들은 성인보다 못하면서 스승 섬기는 일을 부끄럽게 여긴다"라며 질타했다. 그러면서 무당이나 신기료장수도 모르면 스승에게 가서 배우는데, 사대부란 작자들은 나이가 같은 사람에게 배운다고 비웃거나 관직이 낮은 사람에게 묻는다며 멸시하니, 이는 사도(師道)가 끊어졌기 때문이라고 선언한다.

흔히 좋은 스승 되기도 어렵지만 좋은 학생 되기도 쉽지 않다고 말한다. 맹자가 말한 '영재'도 머리 좋고 약삭빠른 학생이 아니라 배우려는 열의가 넘치는 학생을 일컫는 것이리라. 남의 글을 베껴 석사학위를 받고, 경력을 위조해 대학에서 강의하는 솜씨를 미덕이라 보는 이 시대에는 스승도 고개를 떨어뜨리고 학생도 돌아설 법하다.

내 경험담도 하나 얹어 보자. 몇 년 전 일반인을 대상으로 글쓰기 수업을 진행한 적이 있다. 아무래도 글쓰기가 서툴거나 주저할 듯해 미리 몇 가지 주제를 정해 하나씩 맡아 써 보도록 권했다. 다들 잘 호응했는데, 유독 한 여성만 파르르 떨면서 정색을 했다. 자신이 알아서 주제를 정한 뒤 내겠다는 것이었다. 그러라고 하고 수업을 마쳤는데, 끝나고 나를 찾아오더니 자신은 공직 생활을 오래 해서 서류 작업도 많이 해 보고 글도 숱하게 써 봤다면서 초등학생 대하듯 하면 되겠냐며 비난조로 따졌다. 그렇게 잘하면 왜 배우러 왔냐고 반문하고 싶었지만, 괜한 문제를 일으키기 싫어서 사과하고 마무리했다.

대개 이렇듯 허장성세를 부리는 사람은 글을 제때 내지도 않을뿐더러 내도 엉망인 경우가 많다. 아니나 다를까! 나중에 써낸 것을 보니 노트를 찢어 볼펜으로 딸랑 한 장을 써 냈다. 어이가 없어서 컴퓨터로 작성해 이메일로 보내 달라고 했더니 제목도 없고 줄거리도 없는 글을 보내왔다. 말 많고 자기주장만 앞세우는 사람치고 실속 있는 사람 없음을 다시 한번 깨달았다. 배우든 가르치든 겸손은 최고의 미덕이다. 그 여성을 또 만나면 암에 걸릴 것 같아 다음 번 강의는 포기하고 말았다.

살면서 우리는 누군가의 스승이 될 수도 있고 학생이 될 수도 있다. 배움은 죽어야 끝이 난다고 하듯 삶의 길은 가르침과 배움의 연속이다. 형식이나 절차에 구애받지 않고 배우고 가르치는 사람이 된다면 이상한 궤변이나 악어(惡語)에 현혹되는 일은 없지 않을까 하는 생각이 든다.

붓다는 성도한 후 열반에 들 때까지 45년 동안 인도 전역을 다니면서 중생들을 가르쳤다. 배우겠다는 사람이 있으면, 삶의 무게에 허덕이는 이가 있으면, 모르는 게 있어 묻는 사람이 있으면, 어디든 자리를 펴고 함께 토론하고 일깨웠다. 붓다는 왕족이나 귀족, 부자나 학자만 가르침의 대상으로 삼지 않았다. 진실로 배우고자 하는 이라면 가난하든 병이 들었든 여성이든 가림 없이 가르침을 펼쳤다. 이것이야말로 붓다의 대자대비가 아닐까?

붓다의 교육법을 보면 반복이 많다. 자세히 설명한 뒤에 압축해서 핵심만 다시 들려준다. 그래도 잘 모르겠으면 다시 물어보라고 권유한다. 어떤 질문이든 귀 기울였고, 적절한 비유와 화법으로 이해와 공감을 이끌었다. 때문에 붓다에게는 교실이 따로 없었다. 자리에 앉으면 그곳이 강의실이고 교탁이 되었다.

붓다가 설법한 장소는 정사(精舍)의 정원도 있었지만 넓은 숲도 있었고, 비스듬히 기운 언덕도 있었으며, 탁 트인 들판도 있었다.

워낙 많은 사람이 설법을 듣고자 모였기 때문에 이왕이면 너른 곳, 소리가 멀리까지 들리는 곳을 즐겨 찾았다. 이런 장소를 보통 야단(野壇)이라 부른다. 붓다가 들판에 자리를 깔면 그곳이 법석(法席)이 되었다. 사람들은 붓다의 말씀을 한 구절이라도 더 들으려고 비좁은 틈을 헤치며 웅성거렸다. 여기서 나온 말이 '야단법석'이다.

들판은 인류에게 등불이 되었던 스승들이 늘 가르침을 베풀던 장소였다. 예수는 광야에서 복음을 전했고, 소크라테스도 아고라 광장에서 학생들을 기다렸다. 지금은 야단에 앉아 있는 붓다를 직접 만나 설법을 들을 수 없지만, 대신 그의 가르침을 이어받은 큰스님들이 있다. 조금만 눈을 돌리면 지금도 곳곳에서 펼쳐지는 '야단'의 현장을 찾을 수 있다.

반면 공자는 교사나 스승이 될 생각이 전혀 없었다. 그저 빨리 관직에 올라 지난 성현들이 전한 도를 실천하고자 했다. 여러 권력자를 만나 청탁하기도 했고, 심지어 목적만 달성할 수 있다면 수단이 나빠도 마다하지 않았다. 『논어』 「옹야편」에 공자가 평소 행실이 나쁘고 평판이 고약했던 남자(南子)를 만나고 돌아오자 제자 자로가 언짢아하는 장면이 나온다. 그러자 공자는 "맹세코 내가 예에 합당하지 않은 행동을 했다면 하늘이 나를 버리리라! 하늘이 나를 버리리라![予所否者 天厭之天厭之]"라고 딱 잘라 말했다.

'남자'는 위(衛)나라 영공(靈公)의 부인으로 음란하다고 손가락질받던 여자였다. 공자도 처음에는 그녀와 만나길 거절했지만 어쩔 수 없이 만나고 왔다. 혼란한 세상을 바로잡으려면 고위직에 올라야 하는데, 군주의 부인이 추천하면 도움이 될 터였다. 그만큼 공자는 절박했다.

젊은 시절 공자는 홀로 고군분투했지만 나이가 들면서 문하에 추종자들이 모이기 시작했다. 공자는 그들의 재능을 파악하고 천하를 바로잡는 데 기여하리라 여겨 자신의 이론과 지식을 가르쳤다. 그러다 삼환(三桓: 노나라의 권력층) 세력과 대립해 철퇴를 맞고 쫓겨나다시피 조국 노나라를 떠났다. 이후 13~14년 동안 제자들과 함께 천하를 떠돌며 수많은 고초를 겪었다. 환퇴(桓魋) 같은 이들에게 생명의 위협을 당하기도 했다. 끝내 원하던 권력을 손에 잡지 못하고 60대에 조국으로 돌아왔는데, 이를 철환천하(轍環天下)라 부른다. '수레바퀴가 천하를 굴러다녔다'라는 뜻이다.

노쇠한 공자는 당대에 자신의 꿈이 실현되기 어려움을 깨닫고 제자들에게 큰 기대를 걸었다. 노나라 도성 안에 학당을 열고 본격적으로 후학들을 키웠다. 그렇게 기른 학생 수가 3,000여 명에 이르렀다는데, 이는 과장된 표현이고 실제로는 70여 명(이름이 전하는 제자) 안팎이었을 것으로 추산된다. 전하는 말에 따르면, 공자가 제자를 가르치던 곳을 행단(杏壇)이라 불렀다고 한다. 이때 '행'이 '살구나무'인지 '은행나무'인지는 모르겠지만, 지금도 공자나 유교와 관련된 시설에 가 보면 은행나무가 많이 심어져 있다. 성균관대학교 교표에도 은행나무 잎이 그려져 있다. 이 나무 아래서 공자는 마지막 기력을 다해 제자들에게 자신의 철학과 정치를 설파했다.

방식이나 내용은 다소 다르지만, 붓다나 공자나 자신의 신념과 깨달음을 후세에 전하고자 최선을 다했다. 붓다는 '야단'에 법석을 깔았고 공자는 '행단'에서 강단에 올랐다. 두 분 다 경직된 격식보다는 자유로운 분위기에서 교리(敎理)가 전파되기를 바랐다. 형식에 묶인 삶은 자신이나 남에게나 불편하기 때문이다. 흉금을 터놓고 진심을 전할 때, 전하는 사람이나 받아들이는 사람이나 전수의 효과가 배가되는 법이다.

배움의 끝은 어디인가

-

자등명 법등명(自燈明 法燈明)과 발분망식(發憤忘食)

　사람의 배움에는 끝이 없다고들 말한다. 동물이야 나면서부터 타고난 본능만 가지고도 사는 데 큰 지장이 없지만, 복잡다단한 사회 속에서 다양한 문화 장치들을 익히고 부리려면 사람은 끊임없이 배울 수밖에 없다. 더구나 며칠 전의 신기술이 내일이면 구닥다리가 되는 변화의 극을 달리는 시대에 배우지 않는다면 도태를 각오해야 한다.
　인간의 기대 수명이 100세를 바라보는 이 시대에 배우는 시간도 그만큼 길어졌다. 우선 당장 의무교육만으로 우리는 9년 세월을 보낸다. 초등학교와 중학교 교육은 반드시 이수해야 한다. 그러나 그것만 배우고 과연 살아갈 수 있을까?
　조기 교육 시대를 맞아 초등학교에 입학하기도 전에 아이를 유아원, 유치원에 보낸다. 그것만으로는 뒤처질까 싶어 영어학원이니 수학교실, 미술, 음악학원 등 온갖 사교육에 열을 올린다. 고등학교와 대학교를 졸업해도 배움의 욕망이든 경쟁에서 이기기 위해서든 대학원에 들어가 학력을 높인다. 국내에서 배우는 교육만으로는 성이 차지 않아 외국으로 유학을 떠나 한껏 스펙을 높인다. 유학이 어려우면 어학연수라도 다녀오려 한다.

이것으로도 만족할 수 없다. 각종 자격증을 따야 취업에서 유리하니, 되는대로 자격증 숫자를 고층 빌딩만큼 쌓아 올린다. 더 좋은 것은 국가고시에 합격하는 것이다. 이제 사법고시는 없어졌지만 행정고시나 외무고시는 엄연히 살아 있다. 성공의 길에 한 발자국이라도 가까워질 수 있다면 배움에 거칠 게 없다.

나이 들어 은퇴를 해도 자의 반 타의 반 배움의 길은 막힐 수 없다. 도시는 말할 것도 없고 농촌에서도 배우려고 마음만 먹으면 어지간한 것은 문제가 없다. 해마다 봄과 가을에 도서관이나 문화원, 대학 등에서 시민과 군민들을 대상으로 여러 가지 교육 프로그램을 운영한다. 재료비는 본인이 부담해야 하지만 어지간한 것은 무료다. 강사비와 운영비를 국가나 시청, 군청에서 부담해 주니 과목도 풍성하다. 면마다 노인대학이 있어 배우려는 노인들에게 손짓하고, 주민자치회에서도 강좌를 마련해 주민들을 유혹한다. 읍면마다 있는 체육회에서도 각종 구기 종목을 배울 회원들을 모집하기에 혈안이다. 바둑이나 장기, 악기, 댄스, 심지어 체스 동호회도 있다. 그러니 배우려고 들면 기회는 널려 있다.

문제는 배울 사람이 줄어드는 것이다. 또 교육 주체들마다 개설하는 강좌가 엇비슷하다는 점도 아쉽다. 외진 시골은 원한다고 강사를 다 초빙할 수 없어서 손쉽게 수배가 가능한 사람을 찾는 게 당연하기는 하다. 다만 이렇게 사분오열되어 겨우 몇 사람을 앉혀 두고 진행하느니 통합하거나 등급을 나누면 좋을 텐데 하는 생각이 절로 든다.

나는 정규교육과정에서 한문학을 전공해 박사학위까지 받았으니 더 늘릴 가방끈은 없다. 한문을 읽을 수 있어서 가끔 지인들이 찾아와 이 비석에 쓰인 글자가 뭐냐, 집에 옛 문서가 있는데 무슨 뜻이냐, 심지어 사찰을 찾았다가 대웅전 기둥에 걸린 주련을 찍어와 음과 뜻을 알려 달라는 분도 있다. 웬만하면 알려 주지만 양이 많은 경우는 사절한다. 호의만으로 해 주기에는 시간 부담이 너무 크기 때문이다. 남들에게 단 한나절 시금치를 뜯게 해도 임금을 지불하면서 이런 일은 당연히 무상으로 받아도 괜찮다고 생각한다. 시골에서는 대개 '글값'은 똥값이다.

어쨌거나 나도 한때 기회나 시간이 되면 뭐든 배워 보려고 애쓴 적이 있다. 악기 욕심이 많아서 바이올린도 배우고 사물놀이도 배웠다. 손에 딱 들어오는 오카리나와 칼림바까지 넘봤지만 결과적으로 다 실패했다. 이제 악기 배우기는 포기했다. 잘 안 되니까 성질만 나빠져서 정신 건강에도 좋지 않았다.

대신 얼마 전부터 재미를 붙인 공부가 있다. 유튜브를 통해 지식과 경험을 습득하는 것이다. 낚시 채널을 보면서 물고기 잡는 기분을 내고, 등산 채널을 통해 국내와 해외 곳곳에 있는 명산을 오른다. 폭우가 쏟아지거나 폭설이 내리는 중 야박(夜泊)하는 모습을 보면서 간접 체험의 묘미와 정보를 누린다. 가장 시간과 집중력을 쏟는 분야는 우주와 과학, 자연과 예술에 대한 정보를 전해 주는 채널이다. 문과 출신이라 방정식은 보기만 해도 섬뜩하지만, 역사적 배경이나 흐름을 듣노라면 나도 과학자가 된 기분이 든다. 특히 천문학의 경이로움은 비교할 대상이 없다. 이런 채널이 주는 내용은 단순히 배운다기보다 발견하는 기쁨을 준다.

호기심 가득한 지적 생명체인 인간에게 뭔가를 알고자 하는 욕망은 거의 생래적인 것으로 보인다. 앎이 주는 기쁨과 성취감은 알량한 사회적·경제적 성공이나 성취에서 오는 만족감보다 그 밀도가 훨씬 높다고 단언한다. 예컨대 내가 처음 '두타제일(頭陀第一)'이라는 말을 접했을 때, '두타'의 뜻이 무엇인지 명확하게 와닿지 않았다. 그냥 기계적으로 외우고 넘어갈 수도 있었지만 뭔가 미진한 기분이 들어 영 개운하지 않았다. 그래서 사전이나 인터넷을 뒤져 그 뜻이 '출가자가 세속의 욕심이나 번뇌를 끊고 몸과 마음을 닦아 능히 고행을 참고 행하는 불교의 수행법'임을 알게 되자 그렇게 기분이 상쾌할 수 없었다.

우리는 모두 뭔가를 배우려고 하고, 배움을 통해 물질적인 보상과는 다른 즐거움과 성취감을 충족시킨다. 특히 종교에 귀의해 신자가 되면 교리를 익히고 교조(教祖)의 가르침에 따르면서 그 깊이와 의미를 알고자 하는 염원이 나날이 커진다. 배움에 대한 열정과 즐거움은 평범한 중생인 우리에게도 이토록 간절한데, 목숨 걸고 깨닫고자 했던 붓다나 수행자들이 배움에 다가가는 자세는 또 어떠했을까.

불교는 관념이 지배하는 종교나 가르침이 아니다. 그냥 믿고 의지하면 평생 못된 짓을 하고 파락호(破落戶)로 살았어도 천국에 갈 수 있다고 가르치지 않는다. 자신이 한 모든 언행은 한 톨 한 톨이 모두 카르마, 업(業)이 되어 자신의 운명을 결정한다고 말한다. 그래서 말과 행동을 건강하고 맑게 지녀야 죄악의 더러움에서 벗어나 청정한 세상에 이를 수 있다고 강조한다.

어떤 일을 실천해서 선과(善果)를 얻으려면 어떻게 해야 할까? 그것은 작은 일에서 비롯된다. 말로써 내 마음이 청정해졌다고 한들 진실로 그 마음이 청정해진 것은 아니다. 청정해지려면 행동이 따라야 한다. 아침마다 동네 골목을 쓸고 눈이 내리면 치우면서 실천으로 보여 주어야 한다. 그런데 이 행동이란 것이 말처럼 쉬운 게 아니다. 자신을 기름지게 할 시간을 줄여 남에게 도움이 되는 일을 하면 자신에게는 손해다. 피곤하기도 하고 힘도 든다. 누가 알아줘서 칭찬을 듣는 것도 아니니 보람도 없고, 쓰레기를 휙휙 잘도 버리면서도 편히 지내는 남들을 보면 괴롭다.

그래서 수행에는 본받고 따를 수 있는 가르침이 있어야 한다. 자신이 좋아하고 존경하는 사람이 앞장서서 힘겹고 성가신 일을 마다하지 않으면 나의 고초나 번거로움은 사소해 보이기 마련이다. 이것이야말로 진정한 배움이 아닐까 생각한다. 교학상장(教學相長)

이란 말이 있다. 스승의 가르침에서 배울 바가 있다면 그것 역시 교학상장의 한 예일 것이다.

수행자에게 가르침과 배울 터전을 제공해 주는 이는 스승이고, 그중 가장 훌륭하고 거룩한 스승은 붓다다. 붓다는 깨달음을 얻은 뒤 45년 동안 인도 곳곳을 다니면서 사람들에게 자신의 깨달음을 전파했다. 그래서 많은 제자와 신도가 선과를 쌓고 악업에서 벗어날 수 있었다. 그런 붓다가 세상과의 인연이 다해 이승을 떠날 때가 되자 제자들은 경악했다. 아직 배우고 익혀야 할 과제가 산처럼 쌓였는데, 깨달음의 근처에도 이르지 못했는데, 가장 크고 밝은 거울이 사라진다면 어디서 배움의 빛을 쬘 수 있단 말인가?

붓다의 열반 소식을 듣고 가장 놀란 제자는 아난 존자였나 보다. 스승이 떠나면 누구를 등불로 삼아 배우고 실천할 수 있겠냐면서 세상에 더 머물러 달라고 청한다. 아마도 이는 아난의 배우고자 하는 간절한 열망에서 나온 간청이었을 것이다. 이런 절박한 요구에 대해 붓다는 충격적이랄 수 있는 답변을 내놓는다. "아난아, 나는 이제 가야 할 때가 되었다. 나는 깨닫고 난 뒤 45년 동안 설법을 했지만 단 한 차례도 너희들을 가르친 적이 없다. 왜냐하면 내가 한 설법은 벌써 너희들이 다 가지고 있던 것이기 때문이다. 나는 새로운 이치를 만들어 설법하지 않았다."

한 번도 가르침을 준 적이 없다는 선언도 놀라운데 이미 깨달음의 씨앗이 각자의 마음에 다 있다니, 마음 어디에 있다는 말인가? 아난은 그 말이 믿기지 않았다. 그래서 다시 붓다에게 묻는다. "스승님이 떠나시면 저희는 앞으로 누구에게 가르침을 들어야 합니까?" 그러자 붓다는 누구에게서 배워야 한다는 믿음은 아집이요 집착일 뿐이라며, 단 하나 따라야 할 것이 있다면 그것은 '큰 진리의 실천', 곧 마하반야바라밀(摩訶般若波羅蜜)뿐이라고 이른다. 그러고는 다음과 같은 마지막 한마디를 남긴다. "자등명(自燈明) 법등명(法燈明)이니라."

『대반열반경』에 나오는 붓다의 열반 장면에서 장엄한 대미를 장식하는 말이다. 자기 내면에서 타오르는 등불을 밝히면 진리의 등불도 저절로 밝아지리란 선언이다. 여기서 나는 불교가 자력행의 실천임을 알게 되었다. 누가 떠먹여 주는 가르침, 단순히 귀의하고 믿는다고 해서 해결되는 문제란 게 과연 있을까? 스스로 부단히 갈고 닦으며 실천하는 각고의 노력이 동반되지 않는 배움은 마치 물거품과 같다. 잠시 빛을 받아 반짝일지 모르나 그 빛은 찰나의 어둠조차 밝히지 못할 것이다.

공자 역시 자발적인 공부와 학습을 중시했다. 간절하게 배우고자 안달이 나지 않으면 배웠다 한들 오래갈 수 없음을 공자도 알았다. 달빛을 벗 삼아 책장을 넘기면서 한 자 한 자 의미를 되새기고, 차곡차곡 뇌리에 쌓으려는 정성과 노력이 뒤따를 때 참된 지혜와 지식을 얻을 수 있다는 것이다. 『논어』「술이편」에 다음과 같은 공자의 육성이 실려 있다.

섭공이 자로에게 공자에 대해 물었는데, 자로가 대답하지 못했다.

이 말을 들은 공자가 꾸짖으며 "너는 어찌 그 사람은 한번 배움에 흥이 오르면 끼니도 잊어버리고 즐거움으로 근심도 잊어 장차 늙음이 오는 줄도 모른다고 대답하지 않았느냐!"라고 하였다.

[葉公問孔子於子路 子路不對 子曰 女奚不曰 其爲人也 發憤忘食 樂以忘憂 不知老之將至云爾]

공자가 말한 '발분(發憤)'이란, 앵무새처럼 들려주는 무미건조한 정보의 수수에서 벗어난 상태다. 자발적으로 뭔가를 알고 싶어서 몸이 달아오르고 땀이 흐르는 고양된 순간을 가리킨다. 그렇게 배웠기에 공자의 앎은 수많은 시간이 흘렀어도 여전히 큰 울림으로 우리에게 다가오는 것이 아니겠는가? 이 토로에 이어 공자는 자신의 배움이 왜 그리 간절한지, 어떤 방향과 자세로 배움에 임하는지도 설명했다.

공자가 말씀하시기를 "나는 나면서부터 진리를 안 사람이 아니니, 그저 옛것을 좋아하고 민첩하게 그 진리를 찾으려는 사람일 뿐이다"라고 하였다.

[子曰 我非生而知之者 好古 敏以求之者也]

공자가 지닌 배움의 자세가 이러했으니, 그의 가르침을 이어받은 학자들이 학문에 임하는 자세도 다를 리 없었다. 사마천(司馬遷, 기원전 145~기원전 86?)이 대표적이다. 대개 궁형(宮刑: 생식기를 제거하는 형벌)

이라는 형벌을 받으면 치욕 때문에 스스로 목숨을 끊기 마련인데, 사마천은 죽지 않고 아버지가 남긴 유업을 이어 『사기』 130편이라는 위대한 저술을 완성했다. 치욕의 울분을 역사서 편찬이라는 대사업의 동력으로 끌어 올린 바탕에는 배움을 향한 공자의 '발분망식'했던 열정이 고스란히 묻어 있다.

공자는 제자를 가르칠 때도 같은 방식을 유지했다. 「술이편」에 "알고 싶어 안달하지 않으면 열어 줄 수 없고, 애태우지 않으면 말해 줄 수 없다. 한 모퉁이를 예로 들어 주었는데, 나머지 세 모퉁이를 알지 못하면 다시 알려 주지 않노라[不憤不啓 不悱不發 擧一隅不以三隅反 則不復也]"라는 구절이 나온다. 평소 공자가 제자들에게 얼마나 치열하게 공부할 것을 강조했는지 알 수 있는 대목이다.

무엇을 언제 누구에게 배우든, 이렇게 간절하고 절박한 자세가 밑받침될 때 배움의 마지막 종착점에 닿게 될 것이다. 쉽게 얻은 것은 쉽게 잃는 법이다.

아는 것보다 행하는 것이 어렵다

-

운력(運力)과 향약(鄉約)

남해는 섬 지방이라 어업으로 생계를 꾸려 가는 주민이 많다. 남해에는 모두 111개의 어항이 있다고 한다. 남해도와 창선도 두 개의 큰 섬과 79개의 작은 섬(그중 주민이 사는 섬은 조도와 호도, 노도 세 군데밖에 안 된다)으로 이뤄진 남해의 해안선 길이가 302km쯤 된다니 2.7km마다 어항 한 개가 있는 셈이다. 2,000여 척의 배가 매일 바다로 나가 고기를 잡고, 해안에는 다양한 가두리 양식장이 설치되어 주민들의 수익을 늘려 주고 있다.

어종을 살펴보면, 바다에서는 감성돔을 비롯해 장어, 삼치, 오징어, 방어, 멸치, 도다리 등이 많이 잡힌다. 양식 어류로는 우럭을 비롯한 넙치, 농어, 돔, 홍합, 김, 미역, 다시마, 바지락, 보리새우 등이 있다. 어디를 가도 싱싱한 횟감이 즐비하다. 특히 겨울에는 물메

기탕이 별미로 유명하다(맛이 기가 막힌데, 요즘은 수온상승 때문에 어획량이 줄어 값이 너무 비싸졌다).

이처럼 남해의 주된 산업은 수산업이지만 의외로 농사를 짓는 분도 적지 않다. 사실 남해는 산이 많아서 농지 면적이 전체 면적의 1/4 정도밖에 되지 않는다. 적은 농지를 이용해 식량을 생산하자니 부지런해야 하는 것은 당연하거니와 한 뼘의 땅이라도 더 확보하고자 필사의 노력을 다했다. 지금은 인구가 줄고 농민 연령이 고령화되어 놀리거나 버려진 농지가 많지만, 산언덕을 깎아 개간한 다랑논부터 산속 평평한 땅을 농지로 사용했던 흔적을 쉽게 찾아볼 수 있다. 남해를 대표하는 주요 농산물은 마늘과 시금치, 쌀, 고구마, 고사리 등이다. 그중 남해는 마늘의 주산지로 명성이 높아 전국 생산량의 7%를 차지하고 있다. 요즘에는 특용 작물도 많이 심어서 농산물 다변화에도 신경을 쓰고 있다.

글을 써서 먹고사는 나는 글감을 얻고자 때때로 여행하듯 남해를 돌아다닌다. 그러다 보면 자연스럽게 고깃배를 띄우거나 농사를 짓는 분들을 만나게 된다. 가까운 예로 작년과 올해 농사와 관련한 뜻깊은 행사에 참여한 적이 있다.

앞서 말했듯이 남해는 마늘 생산지로 유명한데, 마늘 농사는 손이 많이 가는지라 수확철이 되면 일손이 딸린다. 말 그대로 고양이 손이라도 빌려야 할 판이다. 도시로 나간 자식들이 돌아와 거들기도 하지만 한계가 있다. 이때 필요한 도움이 바로 주변 군민들의 자발적인 봉사활동이다.

남해에는 관음성지 보리암부터 용문사, 화방사, 운대암 등 유서 깊은 사찰이 있어 불자가 많지만 그에 못지않게 천도교의 교세도 상당하다. 1894년 동학농민혁명이 터졌을 때 남해의 동학교도들도 참전해 많은 분들이 희생되기도 했다. 그런 동학혁명의 정신을 잇고 기념하기 위해 '남해동학혁명기념사업회'가 꾸려져 활동하고 있다. 불자인 나도 그 뜻에 동참하고자 회원으로 가입했다.

　　이 사업회의 중요한 사업 중 하나가 매년 5월 하순경에 열리는 농촌일손돕기 봉사활동이다. 마늘 농가들이 겨우내 정성 들여 가꾼 마늘 구근을 뽑아내는 일을 잠시 도맡는다. 서울이나 부산 등 대도시에서 뜻있는 분들이 찾아오고 회원들도 나서서 도움을 준다. 나는 전에는 이런 좋은 공덕 쌓는 일이 있는 줄 몰랐다가 회원이 되고서야 알게 되어 작년부터 처음 일손을 거들게 되었다.

　　농촌 출신이긴 해도 어렸을 때부터 도시에서 살았던 나는 농사를 지어 본 경험이 없다. 농사가 어렵고 힘든 줄이야 익히 알았지만, 내심 봉사활동이 힘들어 봐야 얼마나 힘들까 하고 만만하게 보았다. 그런데 막상 해 보니 보통 고된 노동이 아니었다. 허리를 굽히고 움직이면서 마늘 줄기를 뽑아야 하는데, 땅도 말라 있는 데다가 뿌리가 단단히 박혀 있어서 뽑아 올리기가 수월하지 않았다. 첫날 해가 저물 무렵이 되니 허리가 뻐근해 왔다. 하루 자고 나면 나을 줄 알았더니 다음 날 아침 눈을 뜨자마자 뻐근한 기운이 밀려왔다. 그렇다고 여기서 쓰러지기에는 자존심이 허락하지 않아서 꾹 참고 오전 일과를 마쳤다. 다행히 봉사활동이 오전까지였기에 망정이지 온

종일 했더라면 분명 탈이 났을 것이다. 허리 통증은 열흘이 지나서야 가셨다.

　힘은 들었지만 보람 있는 행사였다. 농사를 짓는 분들이 주로 연로한 노인 분들이라 도움을 받고 몹시 기뻐하시는 모습을 보니 참여하기를 잘했다는 뿌듯함이 밀려왔다. 비록 짧은 이틀 동안의 활동이지만 도움을 받은 분들에게는 수십 일의 노동을 덜어드린 셈이다. 내년에도 어김없이 일손돕기 봉사활동이 열릴 것이다. 그날을 대비해 미리 체력을 좀 길러 놓아야겠다.

　서로 돕고 더불어 사는 정신은 예부터 우리 일상에 녹아 있었다. 예를 들어 불교에는 운력(運力)이라고 해서 절에 사는 모든 스님이 함께 노동하는 문화가 있다. 일찍이 승가(僧伽)를 이뤄 공동체 생활을 해 온 불교에서는 매 끼니를 해결하는 일이 적잖은 문제였다. 그럴 법도 한 것이, 인도 최초의 사찰이라는 죽림정사(竹林精舍)에는 당시 1,200여 명이나 되는 스님이 거처했다고 한다. 규모 자체도 놀랍지만 그 많은 사람이 어떻게 매일 공양을 해결했을지 상상이 안 간다.

　붓다는 수행자가 재산을 가지면 사심이 생긴다고 하여 무소유를 강조했다. 그러다 보니 사사롭게 끼니거리를 마련할 수 없어서 대신 저잣거리로 나가 음식을 얻어먹었다. 이것이 탁발(托鉢)의 기원이다. 탁발로 식사를 해결하면 입맛에 맞는 음식을 가려 먹을 수 없으니 욕망을 누르고 감사하는 마음을 갖게 되어 수행의 차원에서 큰 의미가 있다. 또 불자 입장에서는 스님에게 음식을 보시함으로

써 공덕을 짓게 되니 일거양득(一擧兩得)의 효과가 있다.

그런데 시간이 흐르고 중국, 한국, 일본 등으로 불교가 전래되는 과정에서 스님들 사이에 의식의 전환이 일어났다. 탁발의 정신이 좋기는 하지만 대중들에게 부담을 줄 수 있다는 배려의 인식이 생겨난 것이다. 이에 작은 텃밭에서 채소류를 길러 먹는 것에서부터 점차 모든 음식을 자급자족하는 방향으로 생활 방식이 바뀌었다. 이것이 운력의 시작이다. 인과의 법칙에 따라 모든 일은 스스로 짓고 스스로 돌려받는다는 자작자수(自作自受)의 이치를 몸소 보여주는 대표적인 사례라 하겠다.

운력을 실천한 대표적인 스님이 백장회해(百丈懷海, 749~814) 선사다. 당나라 때의 큰스님인 마조도일(馬祖道一, 709~788)의 제자이기도 했던 스님은 율원(律院: 경전을 공부하는 곳)에서 더부살이를 했던 선원(禪院: 선 수행하는 곳)을 독립시키면서 몇 가지 규율을 제정했는데, 이를 백장청규(百丈淸規)라 부른다. 그 규율 가운데 대표적인 가르침이 일일부작 일일불식(一日不作 一日不食)이다. '하루 일을 하지 않으면 하루 먹지 말라'라는 원칙이다. 중생들의 모범이 되어야 할 수행자가 끼니조차 중생들에게 의지한다면 수행할 자격이 없다는 엄숙한 지침이었다.

요즘 들어 스님들이 속세에 분란이나 문제가 생기면 적극적으로 나서서 문제를 제기하고 동참하는 경우를 자주 보게 된다. 중생들과 어려움을 함께하면서 수고와 고충을 나누고 풀어 주는 자세는 종교의 사회 참여를 실천하는 일이다. 또 중생들을 교화하는 중요한 책무를 게을리 하지 말라는 붓다의 가르침을 실천하는 것 같아 불자로서 존경하는 마음과 함께 큰 연대 의식을 느낀다.

공자는 어린 시절을 몹시 가난하게 살았다. 원인이 무엇인지는 분명하지 않지만 『논어』「자한편」에 "나는 어렸을 때 가난하게 살아, 이 때문에 비루한 일에도 능력이 많게 되었다[吾少也賤 故多能鄙事]"라면서 스스로 자신이 미천한 집안 출신임을 밝히고 있다. 고생을 많이 했으니 노동에도 종사했을 것이고, 당시 주된 생산 계층이었던 농민의 삶에 대해서도 잘 알았을 것이다. 그래서 공자는 나보다 남을 먼저 배려하고, 그들의 힘겨움을 덜어 주고 감당하는 것이 도를 배우는 자의 소임이라고 이해했다.

그런 예는 『논어』에 자주 보인다. 백성들을 부역에 동원할 때는 때(농한기)에 맞춰 부담을 줄여 주라[使民以時 -「학이편」] 권했고, 노나라 애공(哀公, ?~기원전 467)이 "어떻게 하면 백성이 복종하겠습니까?"라고 묻자 "정직한 이를 등용해 굽은 이를 바로잡으면 백성이 복종할 것이지만, 굽은 이를 등용해 정직한 이를 뒤흔들면 백성은 복종하지 않을 것입니다[何爲則民服 孔子對曰 擧直錯諸枉 則民服 擧枉錯諸直 則民不服 -「위정편」]"라고 충고하기도 했다.

공자를 이어 맹자도 농민들이 농사지을 때를 놓치지 않게 하라고 권했다. 한 걸음 더 나아가 『맹자』「양혜왕장구상편」에서는 "부엌에 기름진 고기가 있고 마구간에는 살찐 말이 있는데, 백성들에게 굶주린 기색이 있고 들판에 굶어 죽은 시체가 있다면, 이것이야말로 짐승을 몰아 사람을 잡아먹게 하는 것[庖有肥肉 廐有肥馬 民有

飢色 野有餓莩 此率獸而食人也]"이라며 질타하기도 했다.

이와 같은 위민정신(爲民精神)이 잘 반영된 것이 향약(鄕約)이다. 향약은 향촌규약(鄕村規約)을 줄인 말이다. 각 지역의 향인들이 서로를 단속하고 어려울 때 도우며 살아가자는 약속이다. 시작은 중국 북송(北宋, 960~1127) 때 나온 여씨향약이지만, 조선 시대 때 우리나라에 보급되어 크게 성행했다. 향약은 우리나라에서 예전부터 전래되어 내려온 두레나 품앗이, 계(契) 등 농촌 공동체에서 서로 협동하여 돕는 고유한 풍습에 유교적 가치를 더하여 제정되었다. 이 향약의 정신을 가장 잘 보여 주는 조목 네 가지가 있다. 덕업상권(德業相勸), 과실상규(過失相規), 예속상교(禮俗相交), 환난상휼(患難相恤)이다. 앞의 세 가지 조목은 유교의 이념이 가미된 것이지만, 네 번째 환난상휼은 어렵고 힘들 때 서로 나서서 도와주고 도움을 받는 상부상조의 정신이 잘 배어 있다.

우리는 오래전부터 이웃이나 주변 사람들이 어려움에 처했을 때 서로 돕고 부족한 부분은 거들어 힘든 때를 이겨 내는 미덕을 발휘했다. 불교의 수행자들이 대중들의 수고에 보답하는 길을 찾고, 유교의 선비들이 백성들은 부림의 대상이 아니라 더불어 살아가는 동료임을 자각한 사실에서 아름다운 풍속이 꾸준히 이어졌음을 알 수 있다.

사람은 남을 가르치며 산다

-

대기설법(對機說法)과 임기응변(臨機應變)

예전 한동안은 3월이 오는 일이 그리 달갑지 않았다. 따뜻하고 화사한 봄이 미소를 지으며 매화며 벚꽃, 목련이 지천으로 넘치는 철이 왔는데 뭐가 탐탁지 않냐고 물을 것이다. 왜 그런 화신(花信)이 반갑지 않겠는가? 다만 대학에서 강의가 시작되어 학생들을 가르쳐야 하니, 그게 나로서는 큰 고역이었다. 지금은 강의를 그만두어 홀가분하지만, 그래도 3월이 오면 그 시절 긴장이 되살아난다. 교육은 행복한 일이기도 하지만 힘들고 부담되는 일이기도 하다.

    남을 가르치는 사람의 태도는 크게 두 부류로 나뉜다. 교육이 부담인 사람과 교육이 체질인 사람이다. 강의 준비를 착실히 하는 것이야 양자가 다를 리 없다. 다만 그것을 강의실에서 전할 때 느끼는 긴장의 밀도가 다르다. 자신의 지식이나 경험을 학생들과 공유하는 데 이것저것 신경을 쓰다 보면, 내가 강의를 하는 게 아니라 강의가 나를 끌고 나간다는 기분을 버릴 길이 없다. 강의를 마쳐도 개운치가 않고 피곤하다.

그런가 하면 강의가 즐거운 소풍인 사람도 있다. 편안하게 머릿속 지식이 입에서 술술 풀리고, 강의를 마치고도 조금의 피로도 느끼지 못하는 이들을 보면 정말 부럽다. "절망 없는 강의는 없다"라고 누가 말했던가. 내가 그런 자괴감의 소유자니 3월은 내게 큰 괴로움의 달이 되어 버렸다.

지난 월요일 저녁에 나는 오랜만에 강사가 아닌 학생이 되었다. 남해에 내려와 알게 된 대학 후배의 인문학 강의를 듣게 된 것이다. 남해 토박이로 누구보다 남해의 역사에 큰 관심을 두고 있을 뿐더러 고향의 발전에 열성인 친구다. 고려 팔만대장경 전체가 남해에서 판각되었다는 믿음을 가지고 있는 그는 여러 근거를 가지고 네 차례의 강의를 통해 이를 설파했다. 나는 개인적인 사정으로 앞선 세 강의는 참가하지 못했는데, 마지막 강의마저 놓칠 수는 없어서 읍내에 있는 아담한 강의 장소를 찾았다.

그의 강의 방식은 나와는 딴판이었다. 우선 듣기에 편안했다. 유머와 해학을 적절하게 반죽해 넣어, 마치 입에서 살살 녹는 잘 빚은 인절미 같았다. 공부가 깊은 탓이겠지만 무엇보다 그는 타고난 강사였다. 강의를 지배했지 지배당하지 않았다. 오랜만의 강의를 기분 좋게 듣고 난 뒤 몇몇 지인들과 자리를 옮겨 늦은 밤까지 유쾌한 술자리를 가졌다.

감히 우리 같은 속인에 견줄 수는 없겠지만, 붓다와 공자도 훌륭한 교사이자 강사였다. 나는 두 분이 그처럼 많은 제자를 둘 수 있었던 이유, 그 가르침이 지금까지도 세계인들의 가슴을 뜨겁게 달구는 이유 중 하나가 틀에 박힌 교육에 얽매이지 않았기 때문이라고 생각한다. 백과사전이나 국어사전을 들려주는 식의 교육을 했다면 결코 두 분의 가르침이 빗물이 되어 지구 전체를 촉촉이 적시지는 못했을 것이다. 붓다와 공자는 어떻게 진부한 틀을 깬 것일까? 그분들이 가르쳤던 방식을 통해 실체를 더듬어 보자.

붓다가 중생을 가르쳐 진리를 깨치게 만드는 설법을 일컫는 말로 차제설법(次第說法)과 대기설법(對機說法)이 있다. 차제설법은 쉬운 것부터 차근차근 이해시켜 상대의 의욕과 관심도를 높인 뒤 어려운 진리를 일깨우는 방식이다. 대기설법은 상대의 근기(根機: 지적 수준이나 심리적 자세의 정도)에 맞춰 같은 진리라고 해도 다른 방식으로 들려줌으로써 결국에는 해탈의 경지에 도달하게 만든다. 우리 속담에 '모로 가도 서울만 가면 된다'라는 말이 있는데, 붓다는 서울(진리)에 닿기 위해 '모'만이 아니라 하늘과 바다, 언덕과 강물을 넘어 우주와 땅속까지 휘젓고 파헤치는 기기묘묘한 방식을 차용했다. 그래서 붓다의 말씀을 비유할 때 장광설(長廣舌)이라 휘갑한 것이 아닐까?

붓다가 처음 큰 깨달음을 이루었을 때 진리를 대중에게 알리기를 주저했다고 한다. 이 어려운 진리를 과연 제대로 전할 수 있을지, 또 대중이 이해할 수 있을지 확신이 없었기 때문이다. 또 악귀의 무리가 방해하기도 했다. 그러나 범천의 권청(勸請)을 받은 뒤 마음을 바꿔 설법을 시작하게 되었다.

붓다가 고해를 사는 중생들에게 괴로움의 바다를 건너는 도구로 제시한 궁극적인 가르침이 사성제(四聖諦)다. 그런데 오랜 시간 굶주리고 헐벗은 사람에게 처음부터 기름진 음식을 주면 오히려 건강을 해치듯이 무턱대고 이 진리를 말할 수는 없었다. 약을 준다는 게 병을 줄 수도 있기 때문이다. 그래서 단계를 밟아, 즉 차제설법을 통해 진리 세계의 문을 열었다.

붓다는 먼저 가난한 사람들에게 옷과 음식을 베풀어 구제하라는 시론(施論)부터 말했다. 내가 가진 것을 남에게 주는 보시의 정신을 권한 것이다. 사람이면 당연히 해야 할 덕행이니 수긍하지 못할 까닭이 없다. 이어 생물을 죽이지 말고, 간음을 범하지 말며, 거짓말을 입에 올리지 말고, 남의 물건을 훔치지 말며, 정신을 놓게 만드는 술을 마시지 말라는 오계를 가르쳐 계론(戒論)을 펼쳤다.

다음으로 생천론(生天論)을 갈파해 선업을 쌓으면 죽어서 극락에 가고 다시 인간으로 태어난다는 논리를 가르쳤다. 이렇게 길고 긴 방편의 골목길을 다 지나게 한 뒤에야 비로소 사성제의 깊은 이치를 전했다. 이런 설법이라면 가장 낮은 근기를 가진 사람이라고 해도 진리의 깨침에 도달하지 못할 이가 없을 것이다. 더러운 물을 정수하려면 먼저 불순물부터 없애야 하듯이 붓다는 마음속에 똬리를 튼 선입견이나 오해, 악심(惡心)부터 걸러 내는 길을 택했다.

대기설법이란 진리를 들으려는 사람의 자질이나 소양이 어느 정도인지 먼저 살펴보고, 그 수준에 알맞은 설명 방식을 찾아 말하는 것을 일컫는다. 또는 그 사람이 무슨 마음의 병이 있는지 혹은 어떤 근심에 빠져 있는지 파악하고, 거기에 대응해 진리의 문으로 이끄는 방식이기도 하다. 남편이 죽어 슬픔에 잠긴 여인에게 아기의 탄생을 축원하는 덕담을 하면 설득은 고사하고 분노만 자아낼 뿐이다.

경전을 읽노라면 때로 붓다가 어떤 문제에 대해 아예 침묵하거나 동떨어져 보이는 대답을 하는 경우가 종종 눈에 띈다. 왜 대답이 없거나 엉뚱한 대답을 늘어놓는지 이해가 되지 않는다. 심지어 붓다가 나를 속인다고 의심할 때도 있다. 그것은 붓다의 지혜가 옅어서도 아니고 대답할 답안이 없어서도 아니다. 서두르지 않게 하려는 배려다. 목이 말라 죽겠다면 시원한 물을 마실 수 있는 시내나 우물로 가는 길을 알려 주어야 한다. 갈증을 풀고 난 뒤에 배를 불리고 마음을 살찌울 양식을 전해야 진리의 고갱이를 몸과 마음으로 소화할 수 있는 것이다.

붓다의 한량없는 지혜와 끝없는 중생 사랑은 이런 차분하면서도 세심하고 배려 깊은 마음 바탕에서 나왔다. 이로써 오랜 가뭄으로 메마른 농토가 한달음에 장맛비를 빨아들이듯 많은 제자가 깨달음을 얻었고, 스승의 설법을 이은 제자들은 또 다른 제자와 신도에게 깨달음을 전했다.

공자가 제자를 가르친 방식도 붓다와 크게 다르지 않았다. 공자에게도 제자가 무수히 많았는데, 다 잘난 놈만 있었던 것은 아니다. 배우려는 열의는 같을지라도 가르침을 이해하고 실천하는 능력은 제각각이었다. 이런 제자들에게 너무 수준이 높아 상징적이거나 수

박 겉핥기식의 판에 박힌 대답만 뇌까린다면 알아듣는 사람이 소수에 그칠 게 뻔하다. 그러면 교육의 취지에서 한참 멀어진다. 나는 공자가 실천한 교육 방식을 임기응변(臨機應變)의 교육이라고 부른다.

공자가 목청을 세워 함양하라고 내세운 덕성은 인(仁)이었다. 인은 우리말로 '어질다'라는 뜻인데, 이게 말이 쉽지 무엇이 어진 것인지 설명하거나 실천하기가 어렵고 만만치 않다. 어질다는 것이 바람직한 덕행이기는 하지만, 부지런하다거나 똑똑하다거나 겸손하다거나 효자라는 말과는 달리 실체가 명확하지 않기 때문이다. 그래서인지 『논어』를 보면 제자들이 '인'에 대해 가장 많이 묻고 있다. 수십 차례도 넘을 것이다. 그 질문에 공자가 천편일률적으로 대답했다면 구태여 『논어』에 그 많은 질문이 다 수록될 까닭이 없다. 인용이 수십 차례가 넘는다는 것은 그 답변이 매번 달랐다는 뜻이다. 공자는 제자가 이해할 수 있거나 받아들일 수 있는 방식을 찾아 대답했다. 몇 가지 예를 들어 보자.

안연이 어짊에 대해 묻자, 공자는 "자신의 욕망을 이겨 내고 예(공공의 이익)를 되살리는 것을 어짊이라 한다[克己復禮爲仁]"라고 대답했다. 중궁이 물었을 때는 "자신이 하고 싶지 않은 일은 남에게도 베풀지 말아야 하느니라[己所不欲 勿施於人]"라고 답했다. 또 번지가 묻자 정말 간단하게 "사람을 사랑하는 일이다[愛人]"라고 대답했다. 같은 질문에 한 대답이 이렇게 다르다. 왜 그럴까? 진리가 하나가 아니라 여러 개이기 때문은 아니다. 같은 주제라도 그 사람이 가장 잘 이해할 수 있는 방식을 찾아 질문에 답한 것이다. 일종의 맞춤

형 수업이었다. 그렇게 보면 임기응변의 '기'도 '근기'의 변형이라 볼 수 있겠다.

예전에 내가 강의할 때 있었던 일화이다. 내 강의는 대개 교양과목이라 가능하면 좋은 점수를 주려고 했다. 착실히 수업을 듣고, 리포트를 잘 내고, 시험 성적도 어지간하면 최대한 높은 학점을 주었다. 너무 설렁설렁하는 거 아니냐고 따질 수도 있지만, 깐깐한 선생도 있으니 채찍은 그분께 맡기고 나는 당근을 아끼지 않았다. 그런데 어느 해엔가 성적 처리를 하려고 봤더니 몇몇 학생의 학점이 안 좋게 평가되었다. 리포트를 몇 차례 내지 않았던 것이다. 내 책임은 아니니 눈 감고 낮은 학점을 주어도 그만이었지만, 평생 남는 게 학점인지라 안타까운 마음이 들었다.

사실 그들에게 내 강의는 학점만 받으면 될 뿐 굳이 좋은 학점을 받아야 할 필요가 없는 수업이었다. 그러니 과락만 면하는 된다는 심정이었을 것이다. 그래도 내 입장에서는 아쉬워서 학생들에게 전화를 돌렸다. 리포트를 몇 개 안 내서 학점이 나쁘니 지금이라도 내면 학점을 올려 주겠다고 제안했다. 당연히 다들 감지덕지 리포트를 기한까지 내겠다고 했다. 나는 그들의 약속을 믿고 학점을 올려 처리했다. 리포트를 낸다고 해서 D학점이 A나 B가 되지는 않으니 제대로 학점을 받은 학생에게 피해가 가지도 않았다.

그렇게 성적 처리가 끝나고 리포트 제출 기한이 다가왔지만 약속이라도 한 듯 전부 리포트를 내지 않았다. 이미 준 학점을 어쩌겠냐는 '먹튀'의 전형이었다. 뒤통수를 한 대 얻어맞은 기분이었다.

훗날 교사가 되겠다며 교대에 입학해 놓고는 이런 안이한 태도를 보이다니, 배신감은 둘째 치고 괘씸했다. 나는 교무과에 연락해 사유서를 낸 뒤 이들의 성적을 모조리 F로 정정했다. 성적 정정 신청은 학생의 전유물이 아니라 강사도 할 수 있다. 야박할지 몰라도 자신이 무엇을 잘못했는지를 알고, 그 결과를 스스로 책임져야 한다는 교훈을 주고 싶었다.

해가 바뀌어 같은 수업을 또 하게 되었다. 첫날 출석을 부르는데, 희한하게도 2학년 학생이 네 명이나 강의를 신청했다. 알고 보니 작년에 F학점을 받은 그 친구들이었다. 침 뱉고 돌아선 우물을 다시 찾은 꼴이었다. 쉬는 시간에 네 학생이 머리를 끄적거리며 다가와 인사를 했다. 서로 무슨 말이 필요하겠는가? 이심전심 서로의 마음은 다 알 일이다. 나는 몇 마디 힐책을 한 뒤 수업은 안 들어도 좋으니 리포트는 내고 시험은 보라고 말했다. 그러면 C학점은 주겠다고 말했다. 그런데 학생들도 미안한 마음이 있었는지 그해 수업을 비교적 충실히 들었고, 리포트 제출과 시험에도 성실하게 임했다.

딱히 강단이 아니더라도 사람은 남을 가르치면서 산다. 부모는 자식을 가르치고, 상사는 부하를 가르치며, 선배는 후배를 가르친다. 그럴 때 우리는 어떤 교사의 모습일까? 내 말이 옳으니 무조건 따르라며 윽박지르고 있지는 않은가? 아니면 붓다와 공자처럼 듣는 사람의 마음 자세와 처지, 능력을 헤아려 귀에 와닿는 울림 있는 가르침을 전하고 있는가? 순간마다 자신의 말과 태도를 돌아볼 일이다.

스승은 제자를, 제자는 스승을 빛낸다

-

십대제자(十大第子)와 공문십철(孔門十哲)

남해에서는 정월 대보름이 오면 지신밟기 행사가 곳곳에서 벌어진다. 풍물패들이 집집마다 돌면서 한 해의 안녕과 건강, 풍년과 풍어를 비는 굿마당을 펼친다. 사람의 인연이란 알 수 없다고, 고현면에 살면서부터 나는 '고현집들이굿놀음보존회'와 '화전매구보존회'라는 모임에 들어가 농악과 풍물을 배웠다. 내가 대학에 다닐 때만 해도 우리 것 찾기에 관심이 많아 전통연희를 배우는 모임이 많았다. 하지만 나는 별 관심이 없어 구경이나 할까 배운 적은 없었다. 그랬던 내가 남해에 와 풍물을 배우게 될 줄 누가 알았을까?

　　풍물은 배우기가 쉽지 않다. 그런데 늦게 배운 도둑질에 날 새는 줄 모른다고, 몇 달 동안 밤낮 가리지 않고 상모를 돌리고 상쇠의 꽹과리 소리에 맞춰 소고를 치면서 군무(群舞)를 펼치는 과정을 익했다. 남해에서는 이런 일을 '매구'라 부르는데, 매귀(埋鬼)라는 한자어가 토박이말로 바뀐 것이라고 한다. 함께 배우는 것만으로는 성이 차지 않아 때로 혼자 상모와 소고를 들고 게이트볼장에 나가 연습에 열을 올리기도 했다. 그 덕분일까 아니면 타고났을까(?), 나는 비교적 빨리 기물을 다루게 되었다.

코로나가 오기 전에는 정월 대보름을 전후해 해마다 복색을 갖추고 사흘 동안 남해 곳곳을 함께 돌면서 지신을 밟았다. 이제 막 가락을 뗀 처지니 어설프기 그지없었지만, 그래도 어르신들과 어깨를 나란히 하면서 흥겨움을 만끽했다. 대보름 당일 밤에는 마을마다 달집태우기 행사가 벌어지기도 하는데, 우리 매구 팀도 초청을 받아 가까운 바닷가 동네에 가서 흥을 돋우었다.

매구를 익히고 지신밟기를 하면서 '용장 밑에 약졸 없다'라는 명구를 실감했다. 좋은 스승이 좋은 제자를 기른다는 속뜻이겠다. 잘못된 발 움직임이며 상모 돌리는 요령, 소고를 치는 위치 등 한번 몸에 배면 쉽게 고치지 못할 버릇을 좋은 스승들 덕분에 바로잡을 수 있었다. 매구패 단원들은 내게 뭐라도 하나 더 익히게 해서 어엿한 고수로 만들려고 항상 애를 썼다.

내 아버지는 한때 중학교에서 교편을 잡으셨다. 정년까지 가지 못하고 중도에 사직했다. 사실 아버지는 가장으로서나 인성의 측면에서 그리 훌륭하게 직분을 수행했다고 말하기는 어렵다. 다만 한 가지 내 머릿속에 남은 좋은 기억이 있다. 중학교에서 교사로 있을 때였는데, 한밤중에 학생 때문에 경찰서로 불려 가게 되었다. 어쩌다 보니 나도 따라갔는데, 학생이 뭔가를 잘못해서 경찰서로 온 모양이었다. 평소 그 학생이 어땠는지 나는 알 수 없었지만, 아버지는 학생을 보자 끌어안고 "네가 이래서야 되겠느냐!"라고 안타깝게 되풀이해 말했다. 그날 학생이 훈방조치를 받았는지, 이후 크게 반성했는지 모르지만 나는 그런 아버지의 모습에 약간 감동을 받았다. 저런 게 참다운 교사의 자세란 느낌이 들었기 때문이다.

뒤늦게 풍물을 배우는 내게 매구패 단원분들은 모두 소중한 스승이나 마찬가지다. 이후 코로나 때문에 한동안 중단되었고, 올해는 읍으로 이사하면서 참여하지 못하고 말았지만 나로서는 더없이 소중한 추억이고 경험이었다.

문득 세상에 이런 참다운 스승이 과연 얼마나 되는지, 있기나 한지 의문이 들었다. 돌아보면 세상에는 나름대로 한가락 한다고 너스레를 떨면서 고수를 자처하는 이들이 많다. 개중에 좀 배웠다 하는 사람들이 바늘구멍만 한 지식을 가지고 남들 앞에서 변변찮은 주장이나 내세우면서 대가인 척하는 걸 보노라면 저절로 눈살이 찌푸려진다.

좋은 스승도 만나기 어렵지만 좋은 제자 구실하는 사람은 또 얼마나 될까? 줄탁동시(䘒啄同時)란 말이 있듯이 원래부터 좋은 스승과 제자가 따로 있는 게 아니다. 다 시절인연이 닿아야 스승이든 제자든 빛이 난다고 나는 믿는다. '나귀를 강가까지 끌고 갈 수는 있어도 물을 마시게는 못한다'라는 격언처럼 스승이 아무리 기염을 토하며 가르쳐도 배우는 제자가 열의가 없으면 말짱 도루묵이다.

그러나 열정적인 스승과 열의 넘치는 제자가 제대로 만나면, 병아리가 껍데기를 깨고 새로운 세상을 경험하듯 놀라운 교학상장의 효과가 일어나고야 만다. 스승이 제자를 만들고 제자가 스승을 만드는 것이다.

붓다와 공자는 모두 인류가 낳은 위대한 스승이었고, 지금까지도 많은 사람이 그 깨우침과 가르침을 존중하면서 이어받고자 한다. 세계 4대 성인이라는 붓다, 공자, 소크라테스, 예수는 모두 훌륭한 교사였다. 그래서 제자들은 스승이 세상을 떠난 뒤에도 스승의 가르침을 세상에 널리 전파했다. 샘물이 솟아나도 중간에 물이 마르면 바다에 이를 수 없듯이, 스승이라는 샘의 물을 모으고 흐르게 한 제자들이 있었기에 가르침의 바다가 이뤄진 것이 아니겠는가.

붓다는 많은 제자를 받아들이고 깨달음으로 인도했는데, 그중 십대제자가 특히 손꼽힌다. 지혜제일(智慧第一) 사리불(舍利佛), 신통제일(神通第一) 목건련(目建連), 두타제일(頭陀第一) 마하가섭(摩訶迦葉), 천안제일(天眼第一) 아나율(阿那律), 다문제일(多聞第一) 아난다(阿難陀), 지계제일(持戒第一) 우바리(優婆離), 설법제일(說法第一) 부루나(富樓那), 해공제일(解空第一) 수보리(須菩提), 논의제일(論議第一) 가전연(迦旃延), 밀행제일(密行第一) 라훌라(羅睺羅)가 그들이다. 이들은 출신도 다르고 신분도 제각각이었지만, 붓다의 말씀을 듣고 깨달음을 얻은 뒤 자신만의 장점을 살려 스승이 미처 못 밝힌 지혜와 마음을 후세 사람들에게 전했다. 그리하여 오늘날 불교 교단이 완성되는 데 큰 밑거름이 되었다.

이들 가운데 마하가섭만큼 붓다의 사랑과 격려를 받은 제자도 드물 듯하다. 붓다와 가섭 사이의 비범한 전법의 실상을 알려 주는 이야기로 삼처전심(三處傳心)이 있다. 흔히 다자탑전분반좌(多子塔前分半座: 다자탑 앞에서 설법할 때 뒤늦게 온 가섭을 위해 붓다가 자기 자리의 반을 내어 줌), 영산회상거염화(靈山會上擧拈花: 영취산에서 꽃비가 내리자 붓다가 꽃 하나를 드니 가섭이 미소를 지음), 사라쌍수곽시쌍부(沙羅雙樹槨示雙趺: 사라수 앞에서 열반에 든 붓다가 뒤늦게 도착한 가섭을 위해 관에서 두 발을 내밀어 보임)라는 말로 축약되어 전한다. 이런 연유로 마하가섭은 붓다 가르침의 종지인 선법(禪法)을 이어받아 선불교의 제1조가 되었다.

공자에게도 많은 제자가 있었다. 전하는 말로는 3,000여 명의 제자가 있었다고 하고 이름을 남긴 제자만도 72명이라 한다. 그중 열 명의 제자가 특별히 뛰어났다고 한다. 이들은 덕행(德行)과 언어(言語), 정사(政事), 문학(文學) 등 그 능력에 맞춰 각각 사과(四科)에 배정되었다. 숫자가 열 명이라 공문십철(孔門十哲)이라 불리는데, 『논어』「선진편」에 명단이 실려 있다.

> 옛날 진나라와 채나라에서 고난을 겪으면서도 나를 따르던 사람들이 이제는 모두 문하에 있지 않구나. 덕행엔 안연과 민자건, 염백우와 중궁이요, 언어에는 재아와 자공이며, 정치엔 염유와 계로였고, 문학에는 자유와 자하가 뛰어났다.
>
> [從我於陳蔡者 皆不及門也 德行 顏淵·閔子騫·冉伯牛·仲弓 言語 宰我·子貢 政事 冉有·季路 文學 子游·子夏]

죽었을 때 공자가 대성통곡했다는 안연이 가장 사랑받은 수제자였 겠지만, 나는 개인적으로 계로로 나오는 자로(子路)가 진정한 제자 였다고 생각한다. 자로는 공자와 나이 차이가 아홉 살밖에 나지 않았 다. 원래 이단을 섬기다 공자와 논쟁한 뒤 설복되어 문하에 들어왔 다. 누구보다 실천을 중시하고 타협을 싫어했던 그는 결국 위(衛)나 라의 정변에 뛰어들었다가 비참한 최후를 맞고 말았다. 온건하고 내 면적이었던 안연이 공자우파(右派)의 전통을 이었다면, 적극적이고 의분이 강했던 자로는 공자좌파(左派)를 대표한다고 평가할 수 있다.

'가지 많은 나무에 바람 잘 날 없다'라고 했다. 이처럼 많은 제 자를 열성으로 키워 깨우침을 열고 지혜를 전했지만, 늘 좋은 제자 만 둘 수 없는 게 교사의 숙명이기도 하다. 앞서 붓다의 십대제자로 나왔던 아나율은 설법하는 붓다 앞에서 졸다가 크게 꾸지람을 듣기 도 했다. 십대제자가 이랬으니 나머지 제자 가운데 이래저래 부족 한 제자가 없었을 리 없다. 그래서 붓다는 포살이라는 제도를 만들 었다. 스님들이 매달 15일과 30일에 모여 계경(戒經) 외는 소리를 들 으면서 보름 동안 지은 죄를 참회하며 선을 기르고 악을 없애는 수 행법이다. 허물이 없으면 제일 좋겠지만, 지으면 그때그때 털어 버 리고 새로워지라는 가르침이다.

공자에게는 더 큰 골칫거리 제자가 있었다. 재여(宰予)라는 제 자다. 역시 낮잠을 자다 된통 혼이 났다. 공자와 이런저런 문제를 두 고 논쟁을 벌여 눈 밖에 났는지 모르겠지만, 이 꼴을 본 공자가 "썩 은 나무에는 무엇도 새길 수 없고, 분뇨가 섞인 흙으로 만든 담에는 흙손질을 할 수 없으니, 재여에게 더 이상 무엇을 꾸짖겠는가[朽木不可雕也 糞土之墻 不可杇也 於予與何誅]"라며 거의 저주에 가까운 악담을 쏟아부었다. 공자가 단단히 화가 났던 모양이다.

　붓다와 공자는 누구도 넘보기 어려운 인격을 지녔고 덕행을 실천했다. 그 지혜와 지성을 세상에 펼치면서 제자들을 육성하는 일에도 심혈을 쏟았다. 그 덕에 우수한 제자들이 배출되어 오늘날의 불교와 유교가 성립되었다. 제자들을 들일 때 신분이나 빈부를 가리지 않았고 가르칠 때 최선을 다했다. 제자들 역시 스승의 염원을 저버리지 않고 스승의 이름을 욕되게 하지 않았다.

　감히 두 분과 비교할 수는 없지만 나도 대학에서 30년 넘게 학생들을 가르쳤다. 좋은 선생이었다고 자부할 수는 없지만 그래도 기억에 남는 제자가 있다. 코로나 전까지 출강했던 진주교육대학교에서 만난 제자다. 그때까지만 해도 교사라는 직업은 안정적이고 평판도 좋아서 교사가 되려는 사람이 많았다. 덩달아 교육대학 입학도 쉽지 않았다. 성적이 좋은 학생들이 많았고, 사회에서 다른 직장을 다니다 뒤늦게 입학하는 학생도 더러 있었다.

　나는 주로 1학년 신입생들을 상대로 문학과 작문을 가르쳤다. 작문 실력을 키우는 지름길은 많이 써 보는 것이니 쓰기 과제를 많이 냈다. 그중 하나가 '자신의 성장기'를 주제로 글을 짓는 것이었다. 짧으면 18년, 길어 봐야 20여 년이니 특별할 게 있을까 싶지만 꼭 그렇지도 않았다. 특히 조금 나이가 들어서 입학한 학생의 과제를 읽으면서 가슴이 먹먹해졌다. 그 학생은 '사생아'였다. 어머니 쪽에 호적을 올리고 살았던 신산한 이야기가 적혀 있었다. 이제 당당히 대학생이 되었으니 부끄러울 것 없는 삶이지만, 이후 수업 때 그를 보면 뭔가 안쓰러웠다. 그래서 가끔 같이 저녁도 먹고 술도 마시면서 대화를 나누곤 했다.

그 친구는 졸업하고 임용고시에 합격해 좋은 교사가 되는 것이 꿈이라고 했다. 시간이 지나 서로 연락이 끊겼는데, 얼마 전 SNS를 통해 우연히 소식을 알게 되었다. 몇 해 전 교사가 되어 어느 초등학교에서 교사로 근무하고 있으며, 그사이 결혼도 하고 아이도 생겼다는 것이다. 반가운 마음에 메시지를 보냈는데, 다행히 그 친구도 나를 잊지 않고 있었다. 언젠가 방학 때 한번 가족들과 함께 남해로 놀러 오겠다는 설레는 기약을 남기기도 했다.

큰 인물은 자신의 노력이나 능력만으로 이루어지지 않는다. 남을 도울 때 남도 나를 돕는 법이다. 남을 도우면 남은 내게 양보한다. 내가 남을 훈계하고 훈육할 자격이 있는지 스스로 고민할 때, 나는 더욱 그릇이 큰 사람이 될 것이다.

기록은 지혜를 남긴다

-

팔만대장경과 석경(石經)

10여 년 전쯤, 남해문화원의 의뢰를 받아 남해군에 있는 금석문(金石文)을 조사해 판독하고 번역하는 작업을 한 적이 있다. 1년 가까이 일이 진행되었는데, 그 덕에 남해군에 숨은 비석이 그리도 많은 줄 처음 알았다. 남해읍부터 시작해 멀리 창선면까지 열 개 읍면을 다 훑고 다니느라 남해군의 지리를 소상하게 알게 된 것은 뜻밖의 덤이었다.

    금석문은 쇠나 돌에 새긴 글을 말한다. 쇠에 새긴 글은 따로 명문(銘文)이라 부르기도 하는데, 사찰의 범종 표면에 새겨진 글 등이 이에 해당한다. 그러니까 보통 금석문 하면 돌에 새긴 글이 주류를 이룬다. 당시 내가 찾은 금석문은 무덤의 비석을 제외하고 300여 건 정도 되었다. 미처 보지 못한 것도 있을 테니 꽤 많은 양이었다. 몇

백 년 된 것부터 최근에 만들어진 것까지 연대도 다양했다. 그때 정리한 자료가 『남해금석문총람』이란 이름으로 출간되었는데, 이런저런 이유로 전부 싣지 못하고 171건만 수록했던 게 못내 아쉽고 안타깝다.

산이 많은 우리나라는 돌이 풍부한 편이다. 단단한 화강암부터 현무암, 석회암 등 종류도 많다. 남해에서 금석문을 새긴 돌은 대개 모래가 굳어 만들어진 사암인데, 암질이 단단하지 않아 글자를 새기기 좋다고 한다. 보통 금석문은 암석을 적당한 크기로 잘라 용도에 맞게 쓰지만 남해 금석문의 특징 중 하나는 자연석 바위를 그대로 활용한 비율이 높다는 점이다. 이를 마애비(磨崖碑)라 부른다. 내가 확인한 마애비는 총 18건이었는데, 그중 남해읍 선소 강진만 바닷가에 있는 '장량상동정마애비(張良相東征磨崖碑)'가 유명하다.

1599년 10월 무렵 새겨진 이 마애비는 임진왜란이 끝나고 남은 왜군을 소탕한 뒤 명나라에서 온 '장량상'이란 사람이 전공을 기념해 만들었다. 바위 크기가 높이 10미터, 폭 10여 미터, 둘레 20여 미터에 달해 웅장하기 그지없다. 재미있는 사실은, 원래 이 돌은 왜군이 축성한 왜성(倭城) 주변 해발 20미터 높이의 언덕에 있었다고 한다. 그곳은 윤산(輪山)으로도 불리는데, 팔만대장경 판각을 돕고자 남해에 머물던 일연(一然, 1206~1289) 스님이 거처하던 곳이라 전한다. 그런데 2003년 태풍 매미 때 폭우로 인해 30미터 정도 미끄러져 내려와 현재 위치에 자리 잡았다고 한다. 굴러 떨어지지 않고 미끄러진 덕분에 온전히 보전되었다니 참 신기한 일이다.

나는 가끔 남해에 비석이 많은 까닭이 무엇일까 생각해 본다. 여러 이유가 있겠지만, 개인적으로 고려 후기 몽골의 침입 때 국난을 극복하고자 다시 새긴 팔만대장경 판각의 전통이 이어진 것이라 믿는다. 1236년부터 1251년까지 16년 동안 만들어진 대장경 판본은 그 수가 8만 1,352판에 이를 만큼 엄청난 불사(佛事)였다. 이 판본을 새긴 장소가 한동안 강화도로 알려졌다가, 최근에 여러 자료를 근거로 남해에서 새겨진 것이 정설로 굳어졌다.

남해는 지리산에 가까워 목판 제작에 필요한 나무를 쉽게 구할 수 있다. 또 섬진강을 따라 내려보내면 바로 남해까지 이르는 장점이 있었다. 그래서 지금의 남해군 고현면 일대에 남해분사대장도감(南海分司大藏都監)을 설치해 대장경 판각이 이뤄졌다. 위태로운 전란 중에도 긴 시간 남해 주민과 각수(刻手), 스님, 관리 등의 피땀이 어우러져 대장경이라는 인류의 보배를 완성한 것이다. 남해에서 목판 전체가 판각되었는지 일부만 제작되었는지는 논란이 있지만, 이곳이 판각 역사의 현장이었음은 분명하다. 그런 저력이 많은 금석문 제작으로도 이어졌다고 생각한다.

모든 일은 인연과 정성이 이어져 큰 결실로 드러난다. 지금 내가 하는 일 가운데 보잘것없고 아무 의미도 없는 것은 하나도 없다. 물방울이 모여 시내가 되고 강이 되고 바다를 이루듯, 하나하나가 쌓이면 엄청난 결과로 매듭지어진다. 지금 내 일을 알아주는 이 없고 신통한 결과로 나타나지 않는다 해서 실망할 이유가 없다. 시간은 분명 흘린 땀의 대가를 알아준다. 그 사실을 남해 대장경 판각지와 금석문을 보면서 절감한다.

중생의 번뇌를 씻어 내고 불성을 드러내기 위해 붓다는 45년간 길 위에서 설법했다. 그때 남긴 한마디 한 구절이 다 우리의 신심을 자극하고 우리를 성불로 이끄는 고귀한 보석이다. 물론 붓다는 열반에 들면서 "나는 45년간 아무 말도 하지 않았다"라고 말씀하셨지만, 이는 중생이 말의 감옥에 갇히지 않고 자유롭게 영혼을 움직여 깨달음의 바다로 나아가게 하려는 격려였다.

한편 제자들은 붓다가 열반에 들자 기억에 의존해 붓다의 가르침을 실천했다. 하지만 기억에는 한계가 있었다. 그래서 여러 차례 결집(結集)을 통해 자신들이 듣고 배운 가르침을 하나로 모았는데, 이것이 훗날 방대한 불경(佛經)이 되었다. 그리고 다시 그 수많은 불경을 한데 모아 수행과 공부에 도움이 되도록 집대성한 것이 '대장경'이다. 대장경 하면 으레 '팔만대장경'을 떠올리지만, 대장경 정리는 오랜 기간 여러 나라에서 이루어졌다. 그중 지금까지 가장 잘 보전된 것이 팔만대장경 판본이다.

초기 대장경은 붓다가 사용한 언어인 빨리어로 쓰였는데, 1세기 무렵이었다고 한다. 또 붓다의 말씀을 산스크리트어로 정리한 범어 대장경도 출현했다. 지금도 그 일부가 전해지지만 대부분 사라졌다. 대신 이를 저본으로 번역한 한역 경전과 티베트어 경전, 몽골어와 만주어 번역 경전이 남아 있다. 이 밖에도 다양한 경전이 번역되고 출간되었는데, 가장 중요한 성과는 역시 한역 대장경이다.

한문 역경은 오랜 시간 여러 왕조, 수많은 역경 승(僧)의 노력이 덧대어지면서 복잡다단하게 전개되었다. 긴 시간이 흐르며 실타래처럼 엉킨 한역 경전의 맥락을 처음으로 일목요연하게 정리한 사람은 당나라 지승(智昇, 658~740) 스님이다. 스님은 후한 명제(明帝) 영평(永平) 10년(67)부터 당 현종(玄宗) 개원(開元) 18년(730)까지, 664년 동안 중국에서 한역된 경전 목록을 정리해 『개원석교록(開元釋敎錄)』이라는 책을 펴냈다. 이 책에 실린 경전을 바탕으로 첫 한역 대장경 판각이 이루어졌는데, 북송 때 나온 목판 개보칙판대장경(971~983)이다.

이렇게 물꼬를 튼 대장경 판각은 고려의 초조대장경, 거란의 거란판 대장경, 고려의 재조대장경을 비롯해 남송과 원나라, 명나라, 일본, 청나라까지 계속 이어졌다. 지금은 이런 붓다의 말씀을 한글로 옮기는 작업이 동국대학교 역경원을 중심으로 다방면에서 이루어지고 있으니, 현대적 의미의 역경 불사라 할 만하다. 보이지 않는 곳에서 행해지는 이러한 노력들이 미래에도 붓다의 가르침이 고스란히 전해지고, 이로써 더욱 살 만한 세상이 만들어지는 데 커다란 초석이 되어 주길 간절히 바란다.

불교에 대장경이 있다면 유교에는 『논어』가 있다. 『논어』는 공자가 제자들과 주고받은 대화와 공자의 평소 언행을 모은 책이다. 공자가 제자나 당대 사람들의 질문에 답변한 부분을 '논(論)'이라 하고, 제자들에게 전한 가르침을 '어(語)'라 해서 '논어'라는 이름이 붙었다. 공자가 죽은 뒤 뿔뿔이 흩어진 제자들이 각자 만든 오리지널 자료를 후인들이 엮은 것으로 추정한다. 이 책이 언제 지금과 같은 체제를 갖추었는지는 정확하지 않지만, 대략 전한(前漢, 기원전 202~기원후 8) 시기에 처음 출현해 후한(後漢, 25~220) 때 지금과 같은 형태를 갖추었을 것으로 본다.

유가 사상을 담은 대표적인 서적으로 사서삼경(四書三經)이 많이 거론된다. 이 말은 송나라 이후 성립되었는데, 이전까지는 십삼경(十三經)이란 말이 통용되었다. 공자 시대는 종이가 발명되기 전이라 주로 죽간(竹簡)이나 목간(木簡)에 기록을 남겼다. 그런데 목간으로 묶이거나 필사된 경전이 늘어나자 같은 경전이라도 내용이나 순서가 일정하지 않았다. 이에 통일할 필요성이 생겨 누구나 확인하기 편리하도록 큰 돌에 경전을 새겼는데, 이를 '석경(石經)'이라 부른다. 가장 널리 알려진 것이 중국 서안(西安) 비림박물관(碑林博物館)에 있는 개성석경(開成石經)이다.

개성석경은 경전의 정본을 정하기 위한 눈물겨운 노력의 결과물이었다. 이 석경은 당나라 문종 때(837) 제작되었는데, 『주역』・『상서(서경)』・『시경』・『주례』・『의례』・『예기』・『춘추좌씨전』・『춘추공양전』・『춘추곡량전』・『효경』・『논어』・『이아』 12종이 새겨져 있다. 이후 청나라 강희제 때 『맹자』가 추가되어 13경을 모두 갖추게 되었다. 여러 곳에 흩어져 있던 석경이 비림에 들어온 시기는 북송 원우(元祐) 2년(1087)으로, 총 114개의 비석 양면에 새겨진 글자 수만도 65만여 자에 이른다고 한다.

옛말에 '구슬이 서 말이라도 꿰어야 보배'라는 속담이 있다. 아무리 좋은 것이 많아도 체계적으로 정리되지 않으면 혼란을 부추기고 와전을 불러일으킬 수 있다. 따라서 무언가를 할 때는 지금 하고 있는 일을 중간 중간, 혹은 마무리할 시점에 잘 정리해 두는 습관을 들이는 것이 중요하다. 무엇보다 기록하고 정리하는 행위는 자기 자신을 반성하고 미래를 계획하는 데 요긴하다.

고작 하루만 지나도 기억은 흐려진다. '원한은 물 위에 새기고 은혜는 돌 위에 새기라'라는 말이 있듯이, 특히나 살면서 내게 도움을 주고 은혜를 베푼 사람을 잘 기억해 둘 필요가 있다. 뒷날 그 일을 잊지 않고 보답한다면 성공적인 삶으로 나아가는 데 중요한 밑거름이 되어 줄 것이다.

진리는 비유로도 전해진다

-

법화칠유(法華七喩)와 우언(寓言)

나는 남해에서 2020년부터 2023년까지 4년 동안 화전도서관에서 운영하는 '수필창작교실'의 강사로 활동했다. 정식 이름은 '남해에서 水feel하다'이다. 이 강좌는 한국도서관협회에서 공모한 사업인데, 선정되면 매해 여름부터 가을까지 6개월 정도 진행되었다. 글쓰기 강좌의 혜택에서 소외된 농어촌 주민들에게 창작의 기회를 제공하고, 지역에 살며 상대적으로 어려운 환경에서 글을 쓰는 작가들을 돕기 위한 취지로 입안된 사업이다.

 처음 강의를 맡겠냐는 제안이 들어왔을 때 조금 주저했다. 대학에 있을 때는 논문을 쓰거나 번역을 했고, 작가로 등단해서는 소설을 주로 써서 딱히 수필을 써 본 적이 없었기 때문이다. 그런 내가 가르칠 자격이 있나 의심스러웠다. 그러다가 나 말고도 수필가 한 분과 시인 한 분도 동참한다는 말을 듣고 참여를 결정했다.

수업에 들어오는 분들은 주로 지역에 사는 중장년층들이었다. 20대 젊은 직장인이나 교사도 있었지만 대개 50대에서 60대였다. 어떤 식으로든 글을 접한 경험이 있고 연륜이 있으니 다양한 경험과 생각을 펼칠 수 있는 분들이었다. 수필은 분량도 짧은 편인 데다가 자신의 경험을 솔직담백하게 드러내는 것이니 소설이나 시보다 진입 장벽이 낮은 장르다. 사건을 꾸밀 필요도 없고 인과관계를 짜임새 있게 연결 짓지 않아도 무방하며, 고차원의 은유나 상징을 쓰지 않아도 전달에 별문제가 없다. 그러니 편안한 기분으로 기억의 흐름에 따라 써 내려가면 한 편의 글이 완성될 터였다.

그런데 막상 수업을 진행하니 처음에는 서른 분도 넘던 수강자가 차츰 줄어 곧 반 토막이 났다. 어쩐 일인가 싶어 따져 보았다. 우선 자기 삶의 내밀한 부분을 드러내는 점을 상당히 꺼렸다. 더구나 글은 누군가 읽게 마련이다. 자신의 개인적인 언행을 드러내는 일은 마치 발가벗고 거리에 서는 듯한 당혹감과 부끄러움을 불러일으켜 견디기 어렵다고 했다. 나는 무슨 도둑질을 한 죄과를 자백할 것도 아니고, 아내나 남편 몰래 외도를 저지른 일을 고백할 것도 아닌데 두려워할 필요가 뭐 있느냐고 설득했다. 그래도 나갈 사람은 나갔다.

또 어쨌든 글이니 적절한 비유나 묘사 등을 동반해야 하는데, 이것이 까다롭고 거추장스러워 한 줄도 나가지 않는다고 하소연하는 사람도 있었다. 그런 문제는 자꾸 쓰다 보면 저절로 습득되니 주저하지 말고 일단 써 보라고 권했는데, 역시 지레 겁을 먹고 포기하는 사람이 나왔다. 어떤 글이든 쓰다 보면 다소 과장하게 마련이다. 거짓말을 좋아해서가 아니라 더 생동감 넘치게 전달하고 싶은 욕심 때문이다. '오래 길을 걸어 지쳤다'라고 쓰면 뭔가 맹숭맹숭하지만 '오래 길을 걸어 숨이 넘어갈 지경이었다'라고 표현하면 실감이 나기는 한다. 나는 그런 분들에게 반드시 비유나 과장을 해야 좋은 글이 된다는 강박에서 벗어나라고 조언했는데, 시간이 지나면 터득될 것을 기다리지 못하고 수업에 나오지 않는 분도 있었다.

글을 쓰거나 말을 하면서 상대에게 정확히 자신의 의도를 전달해 목적을 달성하고 싶은 욕심은 누구나 갖는 인지상정이다. 그게 있어야 글도 써진다. 특히 설득하거나 감동을 주고 싶다면 무미건조한 글이나 말보다는 잘 꾸며졌을 때 효과가 배가되는 게 분명하다. 그래서 전문적인 작가든 글쓰기가 생소한 초심자든 멋진 표현을 찾는 데 골몰하게 되는 것이리라.

이처럼 평범한 글을 쓸 때도 효과가 신경이 쓰이는데, 종교적인 가르침을 전달하려 할 때는 더욱 주의를 기울여 쓰게 될 수밖에 없다. 더구나 그 가르침이 심오하고 난해해 일반 신도들이 이해하기 어려운 것이라면 더더욱 효과적인 표현을 찾아내고자 심혈을 기울이게 된다. 간혹 이런 비유나 표현 방식 때문에 오히려 본질이 무엇인지 잃어버리거나 오판하기도 하지만, 대중이 교리(敎理)를 꿰뚫어 보아 신심을 돈독하게 만드는 데 도움이 되는 것만은 분명하다.

기독교에서 경전으로 삼는 『성경』에도 과장되거나 비유적으로 표현된 구절이 상당히 많다. 그래서 역대 성경학자들은 어떤 이야기의 진의가 무엇인지 파악하기 위해 골머리를 앓았다. 그 결과 고안된 분석 방법이 알레고리(allegory)라고 한다. 즉 추상적이거나 관념적인 내용을 구체적이고 가시적인 대상이나 이야기에 비유했다고 보고, 그 본질을 역추적해 들어가 진실 또는 의도를 재구하고자 한 것이다.

예컨대 오병이어(五餅二魚)의 기적 같은 것이다. 보리떡 다섯 개와 물고기 두 마리로 5,000명을 배부르게 먹였다니! 놀라운 기적이기는 한데, 이 말을 곧이곧대로 믿으면 지구의 나이가 6,000여 년밖에 안 되었다는 헛소리를 금과옥조로 여기는 광신도 굴레를 벗어나지 못한다.

붓다와 공자 및 그 제자들도 비슷한 고민을 하지 않았을까? 높고 깊은 진리를 깨닫게 하고자, 이들이 어떤 방법을 써서 쉽고 편안하게 삶의 진리를 포장해 전달했는지 살펴보자.

붓다가 긴 시간의 수행과 사유 끝에 깨달은 진리는 한두 번 듣거나 읽어서 해득하기가 힘들다. 경전의 분량이 물경 8만 권에 이르니 평생 공부해도 깊은 경지를 파악하기가 만만치 않은데, 생업에 종사하면서 신행 생활을 하는 일반 신도로서는 접근 자체가 불가능하다. 이에 붓다는 염불(念佛)만 열심히 해도 마음속에 있는 불성이 깨달음의 세계로 인도할 것이라 말하기도 했다. 뿐만 아니라 적절하고 효과적인 비유를 통해 진리의 참된 경지를 맛보게 하고자 했다. 그중 하나가 법화칠유(法華七喩) 이야기다.

법화칠유는 『법화경』에 나오는 일곱 가지 비유 이야기를 가리킨다. '화택유(火宅喩: 불난 집의 비유)'를 시작으로 '궁자유(窮子喩: 떠돌이 가난뱅이 아들과 부자 아버지의 비유)', '약초유(藥草喩: 약초와 비구름의 비유)', '화성유(化城喩: 꾸며 낸 그림자 성곽의 비유)', '의주유(衣珠喩: 옷 속에 숨겨진 보배 구슬의 비유)', '계주유(繫珠喩: 상투 안에 넣어 둔 보배 구슬의 비유)', '의자유(醫子喩: 훌륭한 의사의 비유)'가 그것이다. 좀 더 자세히 살펴보자.

화택유는 삼라만상의 편안한 안식처인 집에 불이 난 상황을 묘사한다. 그 불난 집에서 즐거워하는 아이들을 본 아버지가 양과 사슴, 소가 끄는 수레로 유인해 이들을 바깥으로 빠져나오게 한다는 이야기다. 아버지는 붓다이고, 아이들은 중생이며, 수레는 세 가지 방편을 가리킨다.

궁자유는 부자 아버지를 둔 아들이 어려서 미아가 되어 고통 속에서 가난하게 살다가 마침내 자기 삶을 되찾는 이야기다. 유랑 걸식하던 아들이 아버지 집을 찾아왔지만 두려운 마음에 달아나는데, 이를 본 아버지가 여러 방법으로 설득해 기술을 가르친 뒤 재산을 물려준다. 아버지는 붓다이고, 가난한 거지는 중생이며, 기술 전수와 재산 상속은 깨달음을 전수하는 자비심을 가리킨다.

약초유는 삼천대천세계에 똑같이 비가 내려 만물을 적시는데, 그 빗물을 빨아들여 꽃을 피우고 잘 성장하는 일은 풀과 나무와 약초의 몫이라는 이야기다. 비는 붓다의 자비이고, 풀과 나무와 약초는 중생이며, 비를 받아 어떻게 자라는가는 중생의 태도에 따른 결과 차이를 가리킨다.

화성유는 긴 여정에 여행객들이 지쳐 포기하려고 하자, 안내자가 임시로 거짓 성곽을 꾸며 내 기운을 북돋아 준 뒤 마침내 목적지인 보성(寶城)에 당도한다는 이야기다. 안내자는 붓다이고, 여행객은 중생이며, 거짓 성곽은 바른길로 이끄는 방편이고, 보성은 참된 진리와 깨달음을 가리킨다.

의주유는 어떤 사람이 친구 집에 갔다가 술에 취해 잠이 들었는데, 친구가 일이 생겨 나가면서 옷 안에 귀한 구슬을 달아 주지만 이를 모르고 가난하게 살다가 나중에 친구가 그 사실을 일러 주어 풍족한 생활을 하게 된다는 이야기다. 친구는 붓다이고, 사람은 중생이며, 구슬은 참된 가르침을 가리킨다.

계주유는 전륜성왕이 여러 나라를 항복시킬 때 전과에 따라 상을 내리지만 결코 상투 속 구슬은 주지 않으니, 이것을 주면 세상의 많은 권속이 놀라기 때문이다. 하지만 이 진귀한 보물도 가장 큰 전과를 올린 병사에게는 기쁜 마음으로 내어 준다는 이야기다. 전륜성왕은 붓다이고, 병사는 중생이며, 구슬은 참된 진리이고, 여러 나라는 번뇌를 가리킨다.

의자유는 독약을 마신 아이들에게 아버지가 해독약을 먹이는 이야기다. 의사인 아버지가 외출했다 집에 돌아와 보니 아이들이 독약을 먹고 쓰러져 있었다. 이에 해독약을 주지만 끝내 먹지 않으려는 아이가 있었다. 아버지는 꾀를 내어 자신이 죽은 것처럼 꾸민 다음 사람을 보내 유언으로 약을 먹게 하니 모두가 나았다. 의사는 붓다이고, 아이들은 중생이며, 독약은 삼독(三毒: 탐욕·성냄·어리석음)

이고, 해독약은 삼학(三學: 계율·선정·지혜)을 가리킨다.

　이처럼 불교 경전에는 사람들의 호기심을 끄는 재미난 비유 이야기가 많이 실려 있다. 마치 몸에 이로운 쓴 약 겉에 사탕을 발라 먹기 좋게 만드는 것처럼, 비유담은 사람들을 깨달음의 세계로 편안하게 이끌어 준다. 또한 적절한 비유는 진심을 전달하는 데도 큰 도움이 된다. '말 한마디가 천 냥 빚을 갚는다'라고 했다. 때로는 직설적인 호소가 도움이 되기도 하지만 에둘러 가는 비유가 큰 울림을 낳기도 하는 것이다.

　공자도 종종 비유로써 이해하기 어려운 이론을 쉽게 전달하려고 애썼다.『논어』는 워낙 짧은 글들로 이뤄져 있어 이런 비유가 잘 드러나지 않지만 그렇다고 전혀 없는 것도 아니다.『논어』의 비유담에는 개, 소, 말, 새와 같은 동물들이 자주 등장한다. 그중 대표적인 몇 가지를 소개한다.

　자유가 효에 대해 물으니 스승께서 "지금의 효는 잘 봉양하는 것을 말하는데, 사람은 개나 말을 키울 때도 잘 먹인다. 부모를 공경하지 않는다면 무슨 차이가 있겠는가?"라고 대답하셨다.
[子游問孝 子曰 今之孝者 是謂能養 至於犬馬 皆能有養 不敬 何以別乎] -「학이편」

　스승께서 무성에 가셨는데, 거문고 노랫소리를 듣더니 빙그레 웃으면서 "닭을 잡는 데 소 잡는 칼을 쓰는구나" 하셨다.
[子之武城 聞弦歌之聲 夫子莞爾而笑曰 割雞焉用牛刀] -「양화편」

증자가 병에 걸리자 맹경자가 와 문병하니 증자가 "새도 장차 죽을 때는 그 울음소리가 슬픕니다"라고 말했다.

[曾子有疾 孟敬子問之 曾子言曰 鳥之將死 其鳴也哀 人之將死 其言也善] - 「태백편」

이렇듯 동물이나 다른 상황에 빗대어 비유적인 표현으로 속마음을 전하는 방식의 글을 우언(寓言)이라 한다. 이런 사례는 옛 문헌에 자주 등장한다. 맹자도 「양혜왕장구상편」에서 제물로 소 대신 양을 쓴 사실을 들어 임금에게 어진 마음인 '차마 하지 못하는 마음[不忍之心]'이 있음을 비유해 설득하기도 했다. 또 「공손추장구상편」에 나오는 알묘조장(揠苗助長: 싹을 뽑아 올려서 성장을 돕다) 이야기도 있다. 그 밖에도 제자백가들의 저서인 『장자』나 『열자』, 『한비자』, 『여씨춘추』 등을 보면 숱한 우언을 발견할 수 있다.

비유담이나 우언은 음식을 적당히 조리해 먹기 좋게 만드는 것과 같은 구실을 한다. 나물이나 채소를 데치거나 무치지 않고 날로 먹으면, 불편한 정도가 아니라 오히려 독이 되는 경우를 생각하면 금방 수긍이 될 것이다. 이런 비유담이나 우언을 익혀 두면 꼭 필요할 때 내리는 비처럼 삶에 큰 도움이 될 것이다.

3

혼자일 수 없는
우리를 위한 철학

좋은 벗은 삶을 깊게 만든다

-

선우(善友)와 삼익우(三益友)

　새것일수록 좋은 게 세 가지 있다고 한다. 피아노, 샴페인, 애인. 비유적인 표현이겠지만 사람들의 오랜 경험에서 나온 경구니 새겨들을 부분도 있을 것이다. 반대로 오랜 것일수록 좋은 것도 있다. 바로 바이올린과 와인, 그리고 친구다. 이 비유에 마음이 끌리는 이유는 세 번째가 사람에 대한 것이기 때문이다. 특히 친구에 대한 가르침은 절로 고개가 끄덕여진다. 살면서 마음 터놓고 얘기할 수 있는 친구가 없다면 그 사람의 인생은 실패한 것이라는 지적도 있으니 더 말할 필요도 없겠다.

　세상에 친구가 없는 사람이 몇이나 될까? 누구에게 물어봐도 친구가 없다는 사람은 찾기 어려울 것이다. 어릴 때부터 같은 고향에서 자란 친구는 '불알친구'라 부르고, 학교에서 만난 친구는 '동창'

이라 부르며, 직장이나 사회에서 만났다면 '동료'라 부른다. 또 군대 동기인 친구도 있고, 나쁘게는 교도소에서 만나 의기투합한 친구도 있다. 동고동락(同苦同樂), 근심과 기쁨을 함께하면서 지낸다면 다 친구일 수 있다. '여사친'이나 '남사친'이라 불리는 친구도 있다.

요즘은 직접 만나 얼굴을 보지 않아도 얼마든지 친구를 사귈 수 있는 세상이다. 단체 카톡방에서 알게 된 친구도 있고, 인스타그램이나 페이스북 등 인터넷상에서 알고 지내는 '인친·페친'도 많다. 전 세계적으로 사회관계망 서비스에 이름을 올리지 않고 사는 사람이 드물고, 언제든 실시간으로 소통할 수 있는 환경이 마련되다 보니 국경과 인종을 초월한 만남도 수시로 일어난다.

나 역시 살면서 적지 않은 친구를 만났고 지금도 만나고 있다. 앞으로 만나게 될 친구도 있겠지만 그것은 미지수니 열외로 두자. 안타깝게도 나는 불알친구가 없다. 어릴 때 고향을 떠난 데다 초등학교 때는 전학만 네 군데를 다녀서 깊은 인연을 맺기 어려웠다. 중학교와 고등학교 때 친구들 가운데는 더러 이름도 기억나고 어슴푸레 얼굴도 떠오르는 이들이 있지만 연락을 주고받는 친구는 없다. 남은 건 사회 친구와 대학 동기뿐인데, 그마저도 직장 생활은 거의 하지 않아서 오래 우정을 나눈 친구라면 대학생 때 만난 친구들밖에 없다.

대학 때 우리 과에는 40여 명이 동기였다. 대학을 졸업한 지 올해로 딱 40년인데, 지금까지 연락하거나 만나는 동창은 10여 명 남짓이다. 다들 수도권에 살아서 그들끼리는 이따금 만나지만 먼 곳에 사는 나는 한 해에 두세 번 만나는 게 전부다. 그래도 정은 각별

하다. 젊었을 때는 모이면 밤새 술을 마시고 재미로 카드 게임도 하면서 밤을 지새웠다. 새벽녘 꾀죄죄한 모습으로 집을 나와 해장국을 사 먹은 뒤 손을 흔들며 다음을 기약하던 일이 지금도 눈에 선하다. 이제는 다들 결혼해서 애들도 어느 정도 키우고 직장에서도 퇴직했다. 가끔 친구 집에 모여 옛날 기분을 낼 때면, 이만큼 세월이 지났어도 말투며 안색이며 버릇이 하나도 안 바뀌었다는 게 그저 신기하기만 하다.

나는 붙임성이 그리 좋은 편이 아니라서 친구를 잘 사귀지 못한다. 그래서 어쩌다 만나도 서로 야자 하며 반말과 가벼운 욕설도 주고받을 수 있는 이들 친구가 소중하기 짝이 없다. 세월이 덧없이 지나 몇몇 친구는 벌써 세상을 등진 이도 있는데, 친구들과 모여 먼저 간 친구들과의 추억을 주고받노라면 다들 애상(哀想)에 젖고 만다.

지금 살고 있는 남해에는 친구라고 부를 만한 사이가 거의 없다. 대개 연세가 많은 분들이라 형님 아우 사이로 지내는 분은 있지만 친구가 되지는 못했다. 나이가 들어 만나게 되니 한 살만 터울이 나도 형님 동생으로 호칭이 굳어진다. 동갑(남해에서는 '갑장'이라 부른다)인 사람도 있지만, 역시 서로 존대할 뿐 까놓고 친구 하자는 말은 잘 나오지 않는다. '오래 만나 친근해져야 친구'라는 말을 실감한다.

그런데 작년부터 동갑 친구들이 많이 생겼다. 내가 남해에 내려온 2012년 남해군수가 나와 동갑이었다. 이름은 정현태고, 서울대학교 국어교육과를 나와 정치에 투신했다. 고향 남해에서 몇 번 고배를 마시다가 군수가 되었다. 한동안은 군민과 군수여서 만날 기회가 많지 않았다. 군수 자리에서 물러난 뒤에도 가끔 만났지만 서로 존대하면서 거리감을 어쩌지 못했다. 그러다 몇 년 전 우연히 여러 사람과 술자리를 가졌는데, 술김에 나이도 같고 생각도 비슷하고 만난 지도 얼추 10년이 되어 가니 말 트고 친구 하자고 제안했다. 그도 좋다고 맞장구를 쳐서 남해에서의 첫 친구가 되었다. 한동안은 어색했지만 차츰 말도 놓고 흉허물 없이 지내게 되었다.

하루는 그가 또래 모임이 있으니 들어오면 어떻겠냐고 의향을 물었다. 남해를 떠날 생각이 전혀 없는 터라 좋다고 승낙했고, 그렇게 동갑 친구들과 만나게 되었다. 남해에서 만난 친구 사이라서 모임 이름은 남우회(南友會)이고 회원은 12명이다. 이들은 살았던 이력이 다양하다. 우선 군수를 지낸 친구가 있고, 부군수를 지낸 뒤 퇴직한 친구, 남해대학 총장을 지낸 친구, 그림을 그리면서 카페를 운영하는 화가(유일한 여성이다), 농사를 짓거나 사업을 하는 친구, 마을 이장인 친구, 군의원인 친구, 음악을 하면서 노래주점을 운영하는 친구(올해 남해예총 회장이 되었다) 등 사회의 축소판처럼 다채롭다. 모임은 두 달에 한 번이다. 다들 남해에 사는 건 아니라서 성원이 다 차지 않을 때도 있지만, 동갑이란 울타리가 주는 매력이 있어 만나면 서로 편하고 유쾌하게 하루를 보낸다.

이처럼 나는 서울에서 주로 만나는 대학 친구와 남해에서 만나는 남해 친구, 두 패로 나뉘어 우정을 이어 가고 있다. 앞으로도 별 탈이 없다면 이 친구들과 헤어지거나 의가 상하는 일은 없을 것 같다. 40년 넘게 만나 오래된 친구와 이제 3~4년 된 새로운 친구로 신구(新舊)의 차이는 있지만 그 향기는 서로 다르지 않은 듯하다. 이들과의 만남이 있어 나의 인생은 더욱 그윽한 향기로 채워진다.

붓다에게도 친구가 있었을까? 카필라 왕국의 왕자로 태어난 붓다는 29살에 유성출가(逾城出家)할 때까지 한 나라의 왕자로서 부족한 것 없이 성장했다. 카필라는 작은 나라였지만 성 안에는 신하와 스승, 시종과 시녀들이 적지 않았을 것이다. 그러나 추측건대 친구는 없지 않았을까. 부왕의 뒤를 이어 왕이 될 사람과 친구로 지낼 이가 있었을까? 그렇게 보면 왕자로서 온갖 호사를 누렸을지언정 붓다의 삶은 무척 외로웠을 수도 있겠다는 생각도 든다.

출가 후 붓다는 깨달음의 길을 찾는 과정에서 많은 수행자를 만났다. 그들은 모두 함께 깨달음을 좇던 사람들이니 친구라고 할 수도 있을 듯하다. 비록 붓다는 스스로의 노력으로 깨달음을 얻어 독각(獨覺)한 것으로 알려졌지만, 시행착오의 과정에서 만난 이들이 어떤 식으로든 도움을 주었을 것이다. 대표적인 다섯 사람으로 콘단냐(Kondanna), 아사지(Assaji), 마하나마(Mahanama), 밧디야(Bhaddhiya), 바파(Vappa)가 있다. 이들의 정체에 관해서는 여러 가지 설이 있지만, 수행에 전념하는 싯다르타의 인간됨을 보고 따랐던 수행 동료였다고 전한다.

깨달은 뒤 붓다는 사르나트에서 이들과 재회한다. 과거에 이들은 붓다가 수자타(Sujātā)의 유미죽(乳味粥)을 받아먹는 것을 보고 "세속의 음식을 받아먹다니, 끝내 타락했구나"라고 비난하면서 붓다 곁을 떠났었다. 다시 만났을 때도 못 본 체하자고 다짐했지만, 붓다가 다가오자 자기도 모르게 앉을 자리를 만들고 발을 씻어 주려

했다. 또 발우를 받아 스승의 예를 갖추며 붓다를 맞이했다. 마침내 이들은 붓다의 가르침을 받은 첫 제자가 되었다.

    붓다의 생애에서 세속적인 의미로 '친구'라 부를 만한 인물을 찾기란 쉽지 않다. 출가 전이든 후든 붓다의 삶 자체가 보통의 삶과는 거리가 멀었기 때문이다. 그럼에도 붓다는 친구의 소중함에 대해 여러 차례 언급했다. 특히 자신을 깨달음의 길로 이끌어 주거나 함께 그 길을 걸어갈 든든한 벗의 존재를 강조했다. 그러면서 한편으로는 나쁜 사귐을 경계하는 말도 잊지 않았다.

    좋은 벗을 얻음은 찬탄할 만한 일이다. 자신보다 낫거나 적어도 동등한 친구를 사귀어라. 만일 그런 친구를 만나지 못하거든, 허물을 짓지 말고 코뿔소의 뿔처럼 혼자서 가라.

    - 『숫따니빠따』「뱀」

    만일 그대들이 현명한 벗을, 함께 실천하면서 성실하게 살아가는 든든한 벗을 얻는다면, 모든 위험을 이겨 내고 기뻐하면서 자각을 갖춘 채 그들과 함께 가야 한다. 만일 그러한 벗을 얻지 못한다면, 저 숲속에서 살아가는 코끼리처럼 홀로 자신의 길을 걸어가라.

    - 『맛지마 니까야』「오염에 대한 경」

불교에서는 함께 성불의 길로 가는 벗을 선우(善友) 또는 도반(道伴)이라 부른다. '같은 길을 가는 착한 친구'라는 말이다. 그런 벗 가운데 본받고 거울삼을 만한 사람을 일컬어 선지식(善知識)이라 부르기도 하는데, 이는 귀감이 될 만한 친구라고 해도 좋을 것이다. 붓다는 『시가라월육방예경』에서 선지식과 악지식(惡知識)을 잘 가려야 한다고 경계하면서 어떤 사람이 선지식인지를 일러 준다.

> 첫째 싸우려 하면 이를 말리는 사람, 둘째 악지식을 좇으려 하면 그만두도록 일러 주는 사람, 셋째 살 방도를 찾지 않으면 살길을 찾도록 권하는 사람, 넷째 경전에서 말씀하신 길을 싫어하면 잘 가르쳐서 믿고 기뻐하게 이끄는 사람이 선지식이니라.

또 붓다는 "스스로 잘 헤아려서 착한 사람을 따르고 악한 사람은 멀리하라. 나도 선지식을 따라서 성불했느니라"라고 말했다. 비단 깨달음의 길에서만 좋은 친구가 필요한 것은 아니다. 번뇌와 유혹이 많은 세속의 삶에서 좋은 친구의 존재는 더욱 소중하다. 더욱이 요즘처럼 사담(邪談)과 악귀(惡鬼)가 내남없이 출몰하는 때 주변에 있는 많은 지인 가운데 누가 진정한 선지식이고 친구인 척하는 악지식인지 살피는 지혜가 꼭 필요해 보인다. 나이 들어 악지식을 만나면 악의 소굴로 빨려 들어간다.

  공자도 누구 못지않게 친구의 가치를 잘 알았다. 공자는 붓다와 달리 좋은 집안 출신도 아니고 집안이 화목한 것도 아니었다. 그래서 '슬픔도 나누면 반이 된다'라는 말처럼 자신이 진 무거운 짐을 나누어 짊어지는 사람의 고마움을 뼈저리게 느끼며 성장했다. 다만 공자의 경우도 붓다와 마찬가지로 진정한 우정을 나눈 친구에 관한 기록은 거의 찾을 수 없다. 바른 소리를 잘하고 불의를 참지 못했던 공자였으니 친구보다는 적이 많았을 것이다. 그런 가운데 공자의 친구로 비교적 잘 알려진 인물로 유하혜(柳下惠)가 있다.

『논어』「미자편」에 유하혜에 관한 이야기가 나온다. 공자는 일민(逸民: 소신을 지키며 사는 사람)에 대해 논하면서 이름난 일민으로 유하혜를 포함해 백이(伯夷)와 숙제(叔齊), 우중(虞仲)과 이일(夷逸), 주장(朱張)과 소련(少連)을 든다. 그리고 유하혜의 장점에 대해 "뜻을 굽히고 몸을 욕되게 했지만, 말은 윤리에 맞았고 행실은 생각에 맞았으니 이것일 뿐이다[降志辱身矣 言中倫 行中慮 其斯而已矣]"라고 평가했다.

유하혜는 당시 악독한 도적으로 소문이 파다했던 동생 도척(盜跖) 때문에 마음고생이 심했다.『장자』「잡편: 도척편」을 보면, 도척의 악행을 보다 못한 공자가 그를 찾아가 훈계하려다 봉변을 당한 일이 나온다. 이때 공자를 위로하고 대신 사과한 이가 유하혜였다. 그만큼 유하혜는 인격과 수양에서 높은 경지에 이른 사람이었고 공자 역시 친구로서 존경했다.

공자의 또 다른 친구로 원양(原壤)이라는 사람이 있다. 이 사람은 자기 어머니가 돌아가셨을 때도 노래를 부를 만큼 망나니였는데, 노자의 가르침을 따랐던 듯하다.『논어』「헌문편」에 그에 관한 일화가 나온다. 하루는 원양이 마루에 걸터앉아 공자를 기다리고 있었다. 집에 와 보니 원양이 무례한 자세로 앉아 있었고, 이를 본 공자가 한마디 던졌다. "어려서부터 공손하지 못했고, 자라서도 칭송할 만한 일이 없으며, 늙어서도 죽지 않는 것을 '적(賊)'이라 한다지![幼而不孫弟 長而無述焉 老而不死 是爲賊]" 그러면서 들고 있던 지팡이로 원양의 종아리를 툭툭 쳤다. 사람 좋은 공자에게도 짓궂고 마음에 내키지 않는 친구가 있었던 것이다.

「계씨편」에는 삼익우(三益友), 즉 보탬이 되는 친구 셋과 삼손우(三損友), 손해가 되는 친구 셋에 대한 충고가 나온다.

> 공자께서 말씀하시기를 "보탬이 되는 친구가 셋 있고, 손해가 되는 친구도 셋 있다. 정직한 이를 친구로 삼고, 성실한 사람을 친구로 삼으며, 견문이 넓은 이를 친구로 삼으면 보탬이 될 것이다. 그러나 한쪽으로 치우친 이를 친구로 삼고, 유순하기만 잘하는 이를 친구로 삼으며, 말만 번지르르한 사람을 친구로 삼으면 손해가 될 것이다."
>
> [子曰 益者三友 損者三友 友直 友諒 友多聞 益矣 友便辟 友善柔 友便佞 損矣]

고사성어에 문경지교(刎頸之交)란 말이 있다. 친구를 위해 자신의 목도 내놓을 수 있는 우정을 가리키는 말이다. 전국시대 조(趙)나라의 명재상 인상여(藺相如)가 장군 염파(廉頗)와 맺었던 우정을 두고 특히 이렇게 부른다. 나 자신을 돌이켜 보면 좋은 친구를 더 많이 사귀었다. 물론 안 좋은 친구도 있기는 하지만 대개 그런 친구들은 이것저것 따져 보다가 잇속이 맞지 않으면 떠난다. 붓다나 공자조차도 만나기가 쉽지 않았던 좋은 친구. 그런 친구가 서울과 남해 두 곳에 다 있으니 내 인생은 성공적이라고 자부해 본다.

큰 인물 곁에는 큰 어머니가 있다

-

마하파자파티와 안징재

'신은 세상에 고루 존재할 수 없어서 어머니를 만들었다'라는 말이 있다. 자식을 위해 헌신하는 어머니, 자식의 어려움을 그 어떤 고통보다 크게 느끼며 평생을 걱정과 기도 속에 살아가는 어머니. 우리는 역사 속에서 수없이 많은 어머니를 만나고, 어머니가 있어 훌륭하게 성장한 자식들의 감동적인 이야기를 듣는다. 어쩌면 숭고한 모성애가 있었기에 여태껏 인류가 존속하는지도 모르겠다.

  맹자의 어머니는 자식 교육을 위해 세 번이나 이사 가는 삼천지교(三遷之敎)의 정성을 보였다. 또 맹자가 학업을 단념하고 일찍 귀가하자 짜던 베를 잘라 맹자가 다시 학업에 전념하도록 이끌었다. 이를 단기지교(斷機之敎)라 한다. 율곡 이이(李珥)의 어머니 신사임당은 자애로운 어머니의 표상이 되어 우리나라 최고액 지폐에 초상을 올렸다. 우리나라를 대표하는 명필인 한석봉의 어머니가 불을 끄고 떡을 썰며 자식의 부족한 기량을 깨닫게 한 예도 있다. 이처럼 어머니는 희생과 인욕(忍辱), 교육의 상징으로 거룩함을 다했다.

어머니는 자식을 걱정하고 돌보느라 세월을 다 보낸다. 그러나 자식이 이런 어머니의 은혜에 보답하기란 쉽지 않다. '내리사랑'은 있어도 '치사랑'은 없다는 말도 그래서 나왔겠다. 자녀가 생기면 어머니보다 자식 걱정이 앞서게 되고, 어머니의 사랑을 상기할 때쯤이면 이미 어머니는 이 세상에 계시지 않는다. 그때의 망극한 후회와 어머니의 은혜를 기리는 마음을 담아, 당나라 시인 맹교(孟郊, 751~814)는 그 유명한 시 「유자음(遊子吟)」을 남겼다.

　　慈母手中線　어머니 손에 잡힌 바느질 실은
　　游子身上衣　길 떠나는 아들 위해 짓는 옷이지
　　臨行密密縫　떠나기에 앞서 꼼꼼히 깁는 것은
　　意恐遲遲歸　혹여라도 늦게 돌아올까 걱정함이네
　　誰言寸草心　누가 한 치 풀포기 같은 마음으로
　　報得三春暉　석 달 봄날의 햇빛 같은 그 은혜를 갚을 수 있다 하는가.

이 시의 마지막 두 구절에서 맹교는 아들의 심정을 촌초심(寸草心), 즉 한 치 풀포기에 비겼고 어머니의 마음은 봄날의 햇빛, 삼춘휘(三春暉)에 비겼다. 이로부터 자애로운 어머니의 은혜에 보답하기 어려움을 가리켜 촌초춘휘(寸草春暉)라고 부르게 되었다. 한편 어버이를 지극정성으로 섬김을 뜻하는 한자 '효(孝)'는 자식[子]이 늙은 부모[老]를 업고 있는 모습을 본떴다고 한다. 말로만 외치는 효도가 아닌 몸으로 실천하는 효도야말로 자식의 참된 도리임을 상기하게 하는 글자이다.

남해로 유배를 와 살면서 불후의 한글소설 『구운몽』과 『사씨남정씨』를 남긴 김만중에게도 거룩한 어머니 윤씨가 있었다. 남편이 병자호란 때 순국해 청상과부가 된 그녀는 두 아들을 키우는 데 신명을 바쳤다. 그 덕에 훗날 맏아들 김만기(金萬基, 1633~1687)의 딸이 숙종의 부인 인경왕후가 되는 광영을 누렸다. 평생을 수절한 어머니 윤씨에 대한 두 아들의 효성 역시 남달랐다.

윤씨는 김만중이 남해로 유배 온 해(1689) 한양에서 세상을 떠났다. 맏아들 김만기는 이미 2년 전에 먼저 이승을 등졌고, 둘째는 천 리 먼 절도(絶島)에서 유배 중이었다. 이듬해가 되어서야 어머니의 별세 소식을 들은 김만중은 하늘이 무너지는 듯한 슬픔에 빠져 통곡했다. 겨우 마음을 추슬러 어머니의 전기인 「윤씨부인행장」을 짓고는 2년 뒤 남해에서 생을 마감했다. 그는 남해에서 어머니의 생일을 맞아 어머니를 그리는 「사친시(思親詩)」를 남기기도 했다.

今朝欲寫思親語 오늘 아침 어머니를 그리는 글을 쓰자니
字未成時淚已滋 글자가 되기도 전에 눈물이 홍건하네
幾度濡毫還復擲 몇 번이나 붓을 적셨다가 도로 던졌는가
集中應缺海南詩 문집에 남쪽 바다에서 쓴 시는 응당 빠지겠구나.

붓다를 낳은 어머니는 정반왕(淨飯王)의 왕비 마야부인(摩耶夫人)이다. 그녀는 붓다를 잉태하기 전에 도솔천에서 내려온 붓다가 흰 코끼리가 되어 오른쪽 옆구리로 들어가는 태몽을 꾸었다. 그리고 만삭이 되어 출산을 위해 친정으로 가던 중 룸비니 동산에 이르렀을 때, 산통을 느껴 오른팔을 뻗어 무우수(無憂樹) 가지를 잡는 순간 붓다가 오른쪽 겨드랑이 아래를 뚫고 태어났다. 위대한 어머니 마야부인은 살갗이 찢기는 고통을 이겨 내고 붓다를 세상에 내놓았다. 그러나 그녀는 붓다가 위대한 각자(覺者)가 되는 것을 보지 못했다. 출산한 지 이레 만에 세상을 떠나고 말았으니, 마야부인은 붓다의 탄생을 위해 자신의 목숨을 내주었던 것이다.

졸지에 어머니를 잃은 붓다는 마야부인의 동생이자 정반왕의 또 다른 왕비인 마하파자파티(摩訶波闍波提)의 돌봄 속에 자랐다. 그녀는 제 피붙이보다도 귀하고 소중하게 붓다를 키웠다. 마하파자파티는 정반왕과의 사이에서 난타(難陀)라는 이름의 아들을 하나 낳았는데, 나중에 난타 역시 이복형 붓다를 따라 수행자의 길을 걸었다. 말하자면 마하파자파티는 자신이 기른 아들과 낳은 아들을 모두 품에서 떠나보낸 셈이다.

두 아들이 세상과 중생을 이끌 스승이 되어 자신 곁을 떠났을 때, 마하파자파티의 심정이 어떠했을까? 붓다와 난타는 아들인 동시에 한 나라를 이끌어 나가야 할 왕자였다. 왕비로서 국가의 안녕과 백성의 미래에 대해 일정 부분 책임을 져야 했던 마하파자파티에게 왕자들의 출가는 마냥 기뻐할 수만은 없는 일이었다. 심지어 붓다의 아들이자 자신의 손자인 라훌라마저 출가해 버렸다. 나라를 유지해야 할 기둥들이 송두리째 뽑혀 나간 형국이었으니, 기쁨 속에 저미는 슬픔이 누구보다 컸을 그녀였다.

그런 위기감 속에서도 깨달음을 얻은 아들 붓다에 대한 사랑과 흠모는 줄어들지 않았다. 만인의 스승으로서 붓다가 다시 왕궁 카필라성을 찾았을 때, 그녀는 직접 실을 자아 만든 비단옷을 공양했다. 아들이자 붓다인 자식에게 할 수 있는 최고의 예우였다. 하지만 붓다는 자신이 아닌 교단에 공양하라며 옷을 받지 않았다. 속세의 인연을 끊고 불법승(佛法僧) 삼보(三寶)의 고귀함을 우선해야 할 붓다로서는 어쩔 수 없는 선택이었다. 누구보다 그 심정을 잘 알고 있었기에 마하파자파티는 일말의 섭섭함도 드러내지 않았다. 어디에도 빗댈 수 없는 희생과 숭모의 자세였다.

마하파자파티의 말년에는 더욱 가혹한 시련이 기다리고 있었다. 부왕이자 남편인 정반왕이 세상을 떠났고, 나라는 위축을 넘어 망국의 길로 접어들었다. 그녀에게 선택지는 많지 않았다. 세속의 축복은 시들어 갔고 곁에는 의지할 사람이 없었다. 고민 끝에 그녀는 아들 붓다를 찾아가 자신을 수행자의 길로 인도해 달라고 부탁했다. 하지만 세 번의 간절한 요청에도 붓다는 이를 허락하지 않았다. 아직은 어머니를 불제자로 맞을 마음의 준비가 되지 않았던 것이다.

그러나 수행자의 길을 걸으려는 마하파자파티의 결심은 흔들리지 않았다. 스스로 삭발하고, 출가를 원하는 많은 여성을 이끌고 난타를 찾아가서 붓다가 출가를 허락하도록 주선해 줄 것을 청했다. 그제야 붓다는 여성의 출가를 허락했고, 이들을 위해 여덟 가지 계율[八敬戒]을 내려 주었다. 마하파자파티는 연로했음에도 불구하고 누구보다 계율을 성실하게 지켜 비구니 승단의 모범이 되었다. 또한 마지막 순간까지 붓다를 스승으로 섬겼으니, 붓다가 열반하기 석 달 전에 찾아가 먼저 열반을 허락받고 비사리(毘舍利)에서 거룩한 이승의 삶을 마감했다.

자신을 희생해 붓다를 탄생시킨 마야부인, 비록 친어머니는 아니었지만 그 누구보다 붓다의 삶과 깨달음 그리고 이후 승단의 운영과 진로에 큰 영향을 미친 마하파자파티. 이 두 사람이 아니었다면 붓다의 거룩한 행적도 쉽게 이뤄지지 못했을 것이다. 이들의 거룩한 일생은 어머니란 어떤 존재인지를 보여 주는 훌륭한 본보기라 하겠다.

붓다에 비해 공자의 유년기는 그다지 행복하지 않았다. 집안은 몹시 가난했으며, 아버지 숙량흘의 축복조차 받지 못하고 태어났다. 추읍대부(鄒邑大夫)를 지낸 숙량흘은 노나라의 시씨(施氏)를 아내로 얻었지만 딸만 아홉을 낳고 아들이 없었다. 첩이 아들 맹피(孟皮)를 낳았지만 절름발이였다. 이에 안씨 집안에 혼인을 청해 결혼해서 공자를 얻었다고 하는데, 그 과정이 순탄치 않았다.

공자의 어머니 이름은 안징재(顔徵在)로 공자의 명성에 비하면 후세에 거의 알려진 게 없다. 공자를 교조로 숭앙하는 유가에서조차 그녀를 위해 이렇다 할 의식을 봉행하지 않았다. 이렇듯 무시당하는 성현의 어머니가 또 있을까 싶다. 그만큼 안징재는 생전이나 사후에 사람들의 관심 밖에 놓여 있었다.

역사에는 숙량흘과 안씨가 정식으로 결혼하지 않았으며 야합(野合)을 통해 공자를 낳았다고 전해진다. 야합이란 혼례를 치르지 않고 남녀 관계를 맺은 사실을 듣기 좋게 표현한 말이다. 이런 부끄러움 때문인지 그렇게 바라던 아들이 태어났음에도 숙량흘은 모자를 돌보지 않았다. 그래서 공자는 어머니와 가족을 부양하기 위해 온갖 허드렛일을 하면서 비천한 신분으로 살아야 했다.

공자의 대화록인 『논어』에서도 안징재는 언급되지 않는다. 공자가 태어났을 때 아버지 숙량흘은 회갑을 훌쩍 넘긴 나이였고, 그녀의 나이는 갓 열여덟 살이었다. 이런 나이 차이는 두 사람의 결혼이 정상이 아니었음을 암시한다. 더구나 남편에게 버림받아 미혼모나 다름없이 자식을 키운 안징재는 아들 공자에게 끝까지 아버지가 누구인지 밝히지 않았다. 공자의 성씨도 아버지가 아니라 6대조인 공보가(孔父嘉)의 성씨를 이어받은 것이다. 나중에 공자는 차부(車夫)로부터 아버지의 정체를 듣게 되었는데, 아버지가 귀족 출신임을 안 그는 원망보다 자부심을 느꼈다고 한다. 공자가 그토록 고위관리가 되고 싶어 했고 유가가 일종의 권력 지향적인 정치철학이 된 데는 이런 아픈 경험이 원인으로 작용하지 않았을까?

공자가 위대한 성현이 되는 과정에 어머니 안징재의 가르침이 없었다고 볼 수 없다. 굴욕과 고통을 감내하면서 꿋꿋하게 살아간 안징재는 어쩌면 공자에게 가장 큰 영향을 끼친 스승이었을 것이다. 다만 여성을 경시하거나 비하하는 유교의 태도가 비천한 어머니에 대한 공자의 숨겨진 열등감이나 이를 부끄럽게 여겼던 마음에서 비롯된 것이 아니길 바란다.

사찰에 가 보면 어떤 절에서는 스님이 세속의 늙은 어머니를 모시고 사는 것을 볼 때가 있다. 남해에서 명성이 높은 한 스님도 그랬는데, 나는 그 모습이 결코 수행자의 본령을 벗어났다고 여기지 않았다. 자식으로서의 본분도 지키지 못하면서 어떻게 승려로서의 본분을 지킬 수 있겠는가? 언젠가 스님이 이 일로 누군가에게 안 좋은 말을 들었다고 술회한 적이 있다. 나는 정말 잘하신 일이라고, 그것을 탓한 사람은 금수만도 못한 심장을 가진 사람이라고 비난했다. 노쇠해 갈 곳도 없고 돌볼 가족조차 없는 부모님을 모시는 일은 부처님을 모시는 일과 다를 바 없다고 믿는다. 고생하며 길러 주신 부모님을 헌신짝 버리듯 내차는 속세의 자식이야말로 인면수심(人面獸心)의 마군으로 부끄러워해야 할 것이다.

봄날의 따스한 햇볕이 만물을 생장시키듯이 어머니라는 존재는 우리에게 육신과 인격, 참다운 인간의 삶을 선사하는 훈훈한 불씨다. 아버지의 훈육도 잊어서는 안 되겠지만 어머니의 은혜를 되새겨 보는 계절이 되었으면 좋겠다. 5월 8일을 어버이날로 정한 것이 어찌 그날 하루만 부모님의 사랑을 기리라는 뜻이겠는가.

살리고자 하는 마음이 사랑이다

-

방생(放生)**과 요산요수**(樂山樂水)

요즘은 많은 사람이 취미를 가지고 산다. 삶이 팍팍해서 어떻게 하루를 먹고 살아야 할지 걱정하던 시절에야 여가라는 게 '그림 속의 떡'이었지만, 우리나라가 세계 10위권 경제 대국으로 성장한 지금 끼니 걱정을 하며 사는 사람은 거의 없다. 하루 8시간 근무가 법으로 정해졌고 일주일에 이틀 쉬는 것은 기본이다. 당연히 쉬는 시간을 어떻게 활용할 것인가가 중요해졌다.

예전의 취미 목록은 단순했다. 음악 감상 아니면 독서, 영화 감상 정도였다. 한여름에 며칠 가까운 해수욕장이나 계곡에 가 물장구를 쳐도 감지덕지했다. 해외여행은 꿈도 꾸지 않았고, 제주도 여행도 신혼여행이 아니면 엄두도 내지 못했다. 그러나 지금은 취미 목록에 독서 같은 걸 올리면 다들 '별꼴이야!' 하며 뜨악한 눈으로

쳐다볼 것이다. 그만큼 취미의 차원이 달라졌다(사실 책을 너무 안 읽기는 한다. 핸드폰이 편리하다고는 해도 책이 주는 장점에 비기기는 이르다).

설악산, 지리산보다 일본이나 동남아시아로 여행을 떠나는 사람 수가 더 많아졌다. 유럽도 작정만 하면 못 갈 게 없다. 여름이면 남태평양으로 달려가 스노클링이나 윈드서핑을 즐기고, 겨울이면 강원도에 널려 있는 스키장에서 며칠씩 겨울 스포츠를 만끽하고 돌아온다. 50~60대 나이의, 열심히 일하다 퇴직한 장년층이라면 홀가분한 기분으로 지방에 세컨드 하우스를 장만해 주말 별장으로 쓰거나 아예 귀촌해 자연 속에서 살 수도 있다. 여유 자금을 잘 활용하면 해외 한 달 살기도 불가능한 호사는 아니다.

요즘엔 등산이나 낚시도 중요한 취미 목록에 오른 것 같다. 과시용이 아닌가 하는 우려도 있지만, 유튜브에 들어가 보면 전국의 낚시터를 탐방하거나 철마다 산을 찾아가 자신의 체험을 편집해 올리는 채널이 엄청 다양하다. 우중차박이니 설산 백패킹, 오지 탐험 등 메뉴도 풍성해서 식성대로 골라 보는 재미가 짭짤하다. 보는 게 성에 안 차면 직접 나설 수도 있다.

또 누군가는 맛집을 찾아다니며 식도락을 즐기는가 하면, 자전거로 전국을 일주하거나 바래길(남해), 올레길(제주) 등 지자체마다 하나씩 개설한 트레킹 코스를 밟는다. 철마다 담금주를 담아 마시고, 지방 특주를 선별해 시음하고, 위스키나 브랜디 혹은 코냑을 골라 마시며 '주중(酒中) 천국'을 헤매도 품격 있다 말하지 꼴불견은 아니다. 바야흐로 우리나라는 취미의 전성시대가 열렸다.

그리 바지런하지 못한 나에게 취미가 무엇이냐 묻는다면 '유튜브 감상'이라고 할까? 책을 보거나 글을 쓰다가 무료해지면 유튜브에 들어가 세상 사람들의 취미 생활을 대리 체험하는 게 요즘의 낙이다. 다소 한심하기는 한데 나름 재미가 쏠쏠하다. 앞에서 열거한 이런저런 취미 목록도 다 유튜브에서 본 것이다. 그중 나는 등산과 낚시 채널을 즐겨 본다. 사시사철 산과 바다의 풍경을 언제라도 맛볼 수 있기 때문이다.

이런 프로그램을 즐겨 보는 데는 여러 가지 이유가 있지만, 가장 큰 이유는 이들이 자연을 훼손하지 않기 때문이다. 낚시꾼은 잡은 물고기를 대부분 치수만 재어 보고 다시 놓아준다. 가끔 잡은 물고기를 안주 삼아 소주 한 잔을 기울이거나 집에 가져와 가족들과 요리해 먹기도 하지만 적당히 먹을 만큼만 챙긴다. 등산하는 사람 역시 자연을 함부로 대하지 않을뿐더러 머물다 떠날 때 깔끔하게 뒷정리를 한다.

나는 그런 모습에서 감동을 금치 못한다. 생업으로서야 어쩔 수 없지만, 생명을 죽이면서까지 취미를 즐기는 건 잔인해 보이기도 하고 심하면 비윤리적이라는 생각마저 든다. 반면 잡은 물고기를 놓아주거나 어질러진 주변을 정리하는 장면을 보면 마치 내가 주인공이 된 것처럼 기분이 좋아진다. 선량함과 인간미가 느껴져서 보는 나도 흐뭇한 여운이 오래간다. 이렇듯 살아 있는 생명을 소중히 여기고 다치지 않게 하는 마음이야말로 '깨달은 사람', '착한 사람'의 진정한 표본이 아닐까?

불교는 불상생(不殺生)의 종교다. 생명체를 죽이지 않는 것은 불가의 수행자나 신도들이 지켜야 할 계율 가운데 으뜸이다. 모든 생명은 그 안에 붓다가 될 자질을 가지고 있기에 생명을 죽이는 행위는 붓다를 죽이는 것과 마찬가지다. 내 안의 붓다가 소중하듯이 다른 생명 안에 있는 붓다도 소중하다. 내가 그 붓다를 소중히 여기지 않고 학대하거나 죽인다면, 남이 내 안의 붓다를 못살게 굴고 목숨을 빼앗아도 할 말이 없게 된다. 그렇게 서로의 안에 있는 붓다를 잘 지켜 주어 생명이 번성하고 편안하게 할 때 나의 공덕도 한량없이 커져 갈 것이다.

불가에서 하는 말 가운데 자타불이(自他不二)란 게 있다. 여기에는 대단히 장엄하고 경건한 교리가 담겨 있는데, 요약하면 '나와 남은 둘이 아니다', '이것과 저것이 떨어져 있지 않다', '서로 다르지 않고 한 몸이다' 정도로 이해할 수 있다. 그렇다면 이 말은 다른 생명을 해치는 일이 나의 생명을 죽이는 일이라는 말로 바꿀 수 있다. 나와 다른 생명체는 별개의 존재가 아니다. 곧 나의 분신이요 혈육, 친척, 조상이자 후손이다. 이 사실을 뼈저리게 체감한다면 어떤 망령된 존재가 자기 분신을 죽이려 하겠는가?

불교에는 단지 생명체를 아끼고 보호하라는 가르침 외에 적극적으로 생명을 살리라는 실천적 가르침이 있다. 바로 방생(放生)이다. 방생은 말 그대로 살아 있는 생명체를 풀어 주는 일은 일컫는다. 죽을 위기에 처한 동식물을 구조해 자연의 품으로 되돌려주는 것이다. 붓다의 대자대비한 마음을 담아 행하는 보시의 하나인데, 최근에는 너무 속화되면서 부작용도 없지 않다. 그러나 작은 흠결 때문에 좋은 취지를 버려서는 안 될 것이다.

방생은 『범망경』에 나오는 "항상 생명을 놓아주고, 다른 사람도 그렇게 하도록 해야 한다. 모름지기 방편을 써서 생명체의 괴로움을 풀어 주어야 한다"라는 말씀에서 출발했다고 한다. 방생을 하면 선업이 쌓여 주변에서 길상스러운 일이 일어나고 소원이 이뤄진다고 한다. 물론 이런 목적으로 방생에 나서는 건 물욕에 눈이 어두워 벌어지는 일이니 썩 좋은 방식이라 하기 어렵지만, 그만큼 방생으로 인해 얻게 되는 공덕이 크다는 뜻일 것이다.

꼭 죽을 생명을 놓아주는 일만이 아니라 미물이라도 다치거나 죽이지 않으려고 조심하는 태도도 넓은 차원에서 방생이라 할 수 있다. 옛날 스님들이 주장자를 들고 다닌 까닭도 길바닥에 기어 다니는 벌레가 밟혀 죽을까 봐 염려되어 미리 기척을 내려는 의도였다고 한다. 무심코 내딛는 걸음조차 자비 수행의 일환으로 삼는 정신이 얼마나 지극한가. 평소 우리도 바닥을 잘 살펴 가며 신중하게 걸음을 내디딜 일이다.

사찰에 가면 마당 한 구석이나 뒤뜰에 가운데가 옴폭 파인 돌기둥이 있는 것을 볼 수 있다. 석등은 아니고 부도는 더더욱 아니어서 이게 대체 뭐냐고 물었더니, 산새들이나 다람쥐 같은 산짐승들이 목이 마르면 와서 마시라고 물을 담아 두는 돌그릇이라는 것이다. 이것 역시 넓은 의미의 방생하는, 생명을 존중하고 구하는 자세라고 할 것이다.

시골길을 걷다 보면 마을 어귀나 집 마당 구석에 감나무 몇 그루 서 있는 것을 볼 수 있다. 잎이 다 떨어져 앙상한 가지 끝에 빨간 홍시 몇 개가 걸려 있는데, 그것을 우리는 '까치밥'이라 부른다. 한겨울을 날 들새들이 먹이가 떨어져 굶주릴까 봐 배려하는 인정이다. 이 또한 나는 방생이라고 생각한다.

무엇보다 사람 목숨을 구하고 지키는 일만큼 값진 방생이 있을까 싶다. 사람 목숨을 건지고 건강을 회복시키는 의사와 간호사, 화재 현장에서 위험을 무릅쓰고 조난자를 구하는 소방대원과 구조대원, 주민들을 범죄로부터 안전하게 지켜 주는 경찰관, 장애인들을 돌보고 노약자를 챙겨 주는 요양보호사 역시 방생의 실천자라 해도 좋을 것이다. 최근 지구상에 크고 작은 자연재해가 더 자주 발생하는 느낌이다. 지구가 심하게 앓고 있구나 하는 안타까움과 미안함이 들면서, 한 사람이라도 더 구하려고 잠도 잊고 애쓰는 분들의 노고를 볼 때면 존경과 감사의 마음이 샘솟는다. 이제는 지구를 구하는 게 방생의 한 방편이 되었다.

한편 공자는 지배층과 피지배층의 구분이 명확했던 시대를 살았기 때문인지 모든 생명이 평등하고 소중하다고 인식하지는 않았던 것 같다. 동물은 대개 가축이어서 잡아먹는다고 문제 될 게 없었다. 그러나 육식을 하더라도 정도를 넘어 과식하지 않았다.『논어』「향당편」에서 "비록 고기가 많더라도 밥의 기운을 넘어서지는 않았다[肉雖多 不使勝食氣]"라고 했는데, 이는 밥보다 고기를 더 많이 먹지 않았다는 뜻이다. 적절한 선을 지켰다는 말로 읽힌다.

의도가 무엇이든 유교가 자연친화적인 지향을 보인 것만은 분명한 사실이다.「옹야편」에 "지혜로운 사람은 물을 좋아하고 어진 사람은 산을 좋아한다. 지혜로운 사람은 활동적이고 어진 사람은 차분하며, 지혜로운 사람은 즐기고 어진 사람은 오래 산다[知者樂水 仁者樂山 知者動 仁者靜 知者樂 仁者壽]"라는 공자의 말이 나온다. 이러한 물과 산의 비유에서 자연의 물상에 대한 친연성을 엿볼 수 있다.

또「안연편」에서 제자 자장이 숭덕(崇德)과 변혹(辨惑)에 대해 묻자, 공자는 "충과 믿음을 중심으로 삼고 의로움에 힘쓰는 것이 덕을 높이는 일이니라. 사랑하는 마음은 상대가 오래 살기를 바라고, 미워하는 마음은 어서 죽기를 바란다. 오래 살기를 바라다가 어서 죽기를 바라는 것이 바로 의혹에 빠진 태도다[主忠信 徙義 崇德也 愛之欲其生 惡之欲其死 既欲其生 又欲其死 是惑也]"라고 대답한다. 여기서 말하는 "사랑하면 상대가 오래 살기를 바란다"라는 마음이 확장되면 불교의 방생하는 마음과도 닿을 듯하다.

이런 심정들이 후대에 얼마나 계승되어 보편화되었는지는 알 수 없지만, 백성을 재난에서 구제하려 애쓰고 세금을 줄여 민복(民福)을 늘리고자 했던 올바른 관리와 청백리의 모습에 그 흔적이 남아 있지 않나 여겨진다. 지금도 가정에서 제사를 지내면 쟁반에 음식을 모아 문 앞에 놓아두는 풍습이 있다. 이른바 '거지밥'이다. 이는 구걸하는 거지들이 제사 소식을 듣고 찾아오면 그 음식을 가져다 먹으라는 배려에서 나왔다고 한다. 소소하기는 해도 이 역시 생명을 존중하는 마음의 발로로 보인다.

모든 생명은 소중하다

-

남전참묘(南泉斬猫)와 불문마(不問馬)

　내가 사는 남해군 홈페이지에 들어가 보면 유기 동물을 입양하라는 공고가 자주 눈에 띈다. 누군가 버렸거나 떠도는 동물을 군에서 맡아 보호하고 있으니, 반려동물이 필요한 사람이 있으면 입양해 기르라는 알림이다. 매주 거르지 않고 공고가 나는 걸 보면 꽤 많은 동물이 버려지거나 유랑하는 모양이다.

　알다시피 이렇게 포획된 동물은 일정 기간 보살피다가 입양하는 사람이 없으면 안락사를 시킨다. 몇 해 전 어떤 동물보호협회 대표가 기부금을 받아 챙기고는 동물을 대량 살육해 큰 파장을 불러일으켰다. 동물을 도구로 생각하고 이익만 챙기려는 인간의 더러운 생리가 빚은 비극이다. 이런 파렴치한 행동과는 다르지만 많은 동물이 애꿎게 죽음을 맞이하고 있다. 어떤 조물주가 동물을 살육하거나 안락사해도 좋다는 권리를 인간에게 주었을까? 공고를 볼 때마다 마음이 좋지 않아 한 마리 분양받을까 생각하지만, 사는 게 누추해 동물에게까지 가난을 물려줄까 걱정되어 생각을 접는다.

한때 우리 집도 동물로 넘쳐 나던 시절이 있었다. 이태 전까지만 해도 나는 반려동물을 키우며 살았다. 개와 고양이 한 마리가 우리 집 한 방에서 놀면서 먹고 잤다. 딸아이들이 워낙 동물을 좋아해 길에서 떠도는 멍멍이(이름은 '난이'고 암컷이다)를 데려오더니, 얼마 뒤에는 갓 낳은 수컷 새끼 고양이(이름은 '똘이')를 분양받아 데려왔다. 견묘지간(犬猫之間)이란 말은 없으니 둘이 원래 사이가 나쁘진 않은가 본데, 그래도 같이 기를 때 싸우지나 않을까 걱정이 앞섰다. 다행히 처음엔 데면데면하더니 얼마 지나지 않아 서로 마음을 텄다. 동물도 이렇게 사이좋게 지내는데 인간은 끝없이 서로를 헐뜯고 괴롭히니, 과연 인간이 동물보다 나은지 의심스럽다.

그 두 마리 개와 고양이는 애들이 부산으로 공부하러 가면서 데리고 갔다. 가끔 카톡에 사진을 올려 보곤 했는데, 얼마 전 멍멍이 난이가 세상을 떠나고 말았다. 큰애가 돌봤는데, 암이 온몸으로 퍼져 진통제 외에는 다른 방법이 없다는 것이었다. 예전 서울에 살 때도 '깨순이'라는 암컷 치와와를 키우다가 장염에 걸려 안락사시킨 일이 있었는데, 그때 속상했던 생각이 났다. 결국 난이는 한 달여 뒤 죽었고 아이들이 몹시 슬퍼했다. 부디 다음 생에는 축생 말고 인간으로 태어나기를.

철저하게 인간 중심, 그것도 권력층 중심의 지배 사상이 확고

한 유교에서 동물에 대한 발언은 찾아보기 힘들다. 동물은 수천 년 전부터 사람과 함께했으니 공자가 살던 고대 중국에도 반려동물이 없진 않았을 텐데, 『논어』에 등장하는 개[犬]는 견마[犬馬]라 하여 가축의 개념이 강하다. 고양이[猫]는 한 차례도 등장하지 않는다. 그러나 인(仁)을 강조했던 공자가 동물에 대해 무심했을 것 같지는 않다. 만물실유불성을 교리로 삼는 불교야 두말할 게 있을까. 과연 불교와 유교에서 동물이 어떤 존재로 형상화되었는지 궁금해졌다.

우선 손에 집히는 대로 화두집 『벽암록』을 펼쳐 들었다. 모두 100칙의 공안(公案)이 실린 이 책을 일별만 해도 동물이 많이 등장하는 것을 알 수 있다. 코브라가 나오는가 하면(제22칙), 쇠붙이 소[鐵牛]도 나오고(제38칙), 금빛 물고기(제49칙)와 들오리(제53칙), 고라니(제81칙), 호랑이(제85칙), 코뿔소(제91칙) 등이 당장 눈에 띈다. 그중 압권은 역시 고양이다. 제63칙에서 남전보원(南泉普願, 748~834) 선사가 새끼 고양이를 베어 버린 공안이다. 벌레도 죽이지 말라는데 대선사가 고양이의 목을 베어 버렸다니, 분위기도 섬뜩하지만 무슨 망발인가 싶을 만큼 괴이한 사건이다.

어느 날 동당과 서당 스님들이 새끼 고양이를 놓고 다투고 있었다. 남전 화상이 보다 못해 고양이를 번쩍 집어 들고는 "누구든 한마디 해 보라. 그러면 살려 주겠지만 그러지 못하면 단칼에 베어 버리겠다!"라고 말했다. 그러나 누구 하나 대답하는 사람이 없었다. 이에 남전 화상이 고양이를 두 동강 내 버렸다.

[擧 南泉一日 東西兩堂 爭猫兒 南泉見 遂提起云 道得卽不斬 衆無對 泉 斬猫兒 爲兩段]

꽤 오래전에 무슨 신명이 도졌는지 틈만 나면 차를 끌고 전국 각지의 사찰을 돌아다니며 사진을 찍은 적이 있다. 그때 절에 가 보면 개나 고양이를 기르는 곳이 의외로 많았다. 깊은 산중에 있으니 무료하기도 하겠지만, 산중의 짐승이 접근하지 못하게 하려는 방편이기도 할 것이다. 반갑게 꼬리 치며 다가오는 개나 마루에서 햇볕을 쬐며 느긋하게 잠이 든 고양이를 보면 깨달은 자의 다른 모습을 보는 듯해 기분이 야릇해지곤 했다.

아직 수양이 깊지 않은 스님들이 새끼 고양이가 귀여워 서로 자기 방에 두겠다며 다툰 모양이다. 집착을 털지 못한 수행자의 망동에 눈살이 찌푸려진 남전 화상이 고양이 목덜미를 붙잡고 한마디 말만 제대로 하면 살려 주겠다며 스님들을 을렀다. 그러나 누구도 입을 열지 못했고 새끼 고양이는 두 동강이 나고 말았다. 남전은 무슨 말을 기대했던 것일까? "제발 고양이를 살려 주세요"나 "저희가 잘못했습니다" 같은 뻔한 뇌까림을 들을 작정은 아니었을 것이다. 그 말을 찾아보라는 게 이 화두의 핵심이다. 그런데 조금 싱겁게도 다음에 이어지는 제64칙에 해답이 나온다.

마침 출타 중이어서 새끼 고양이 소동 때 자리에 없던 조주가 저녁에 돌아오자, 남전 화상이 낮에 일어난 일을 들려주고는 "너 같으면 어떻게 했겠느냐?"라고 물었다. 곧 조주는 두말없이 짚신을 벗어 머리에 이고 나가 버렸다. 남전 화상이 "네가 그 자리에 있었다면 새끼 고양이를 구했으련만" 하고 애석해했다.

[擧 南泉 復擧前話 問趙州 州 便脫草鞋 於頭上戴出 南泉云 子若在 恰救得猫兒]

해답이라지만 이 또한 해괴하기 짝이 없다. 짚신을 머리에 이고 나간 것이 어떻게 대답이 되는가? 더구나 이것은 남전이 요구한 '한마디 말'도 아니었다. 도력 높은 두 스님의 팽팽한 대결 속에 숨은 깊은 뜻을 허름한 글이나 쓰는 중생에 불과한 내가 어찌 헤아리겠는가만, 그래도 말 한 주름은 얹을 수 있겠다.

내 생각은 이렇다. 다투던 스님들은 고양이에게만 집착한 것이 아니라 '말'에도 집착했다. 무슨 말을 해야 고양이를 구할까 고민하면서 그 '말'을 찾았을 것이다. 생명을 구할 말이니 쉽게 입이 떨어질 리 없다. 내심 '설마 죽이겠어' 하는 안이한 요행심도 있었겠다. 이렇듯 말에 집착해 오도 가도 못하는 꼴에 철퇴가 내려졌다. 고양이 모가지가 댕강! 스님들이 얼마나 경악했을까? 그래도 깨닫지는 못했다.

조주의 대응은 사뭇 달랐다. 선기(禪機)라면 따를 자가 없던 조주였다. 말 따위에 집착할 조주가 아니었다. 사실 짚신을 머리에 인 행위는 아무런 의미도 없다. 행위 자체가 중요한 것이다. 무언가를 함으로써 집착에서 벗어난 자기를 보여 주면 되는 것이다. 설사 조주가 남전에게 침을 뱉거나 나아가 뺨을 보기 좋게 철썩 때렸더라도 남전의 대답은 같았을 것이다.

　　남전이 든 칼은 활인검(活人劍)이었으니, 조주의 대답에서 죽은 고양이는 다시 살아났을 게 분명하다. 아니면 아예 집착에 눈이 먼 스님들이 허깨비를 본 것일 수도 있다. 고양이를 마음대로 죽이고 살릴 만한 깨달음에 도달하기가 어렵다는 사실을 애완묘(愛玩猫)가 보여 주었다. 새끼 고양이여, 거룩하고 거룩할진저!

　　한편 동물에 대해 별다른 말이 없던 공자였지만,『논어』「향당편」에 동물과 관련된 재미난 일화가 하나 나온다.

　　마구간에 불이 났다. 스승께서 조정에서 퇴근하고 오시더니 "사람이 다쳤느냐?"라고만 물어보실 뿐 말이 어떻게 되었는지는 묻지 않으셨다.

　　[廐焚 子退朝曰 傷人乎 不問馬]

고대 중국에서 말은 소만큼이나 중요한 가축이었다. 소는 농사에 필요하고 말은 전쟁이나 위엄을 과시하는 데 없어서는 안 된다. 또 먼 길을 가려면 말의 도움이 절실하다. 특히 관직에 있는 이라면 말이 끄는 수레를 타는 게 기본이었다. 공자도 한때 조정에서 관직을 한 몸이라 집에서 말을 길렀던 모양이다(아니면 남의 집 마구간일 수도 있다). 그런 마구간에 불이 났으니 한바탕 소동이 벌어졌을 것이다. 귀가한 공자가 이 소식을 듣고 사람이 다쳤는가만 묻고 말은 어떻게 되었는지 묻지 않았다는 것이다.

마구간은 말이 사는 곳이다. 거기에 불이 났는데 어떻게 사람의 안위만 걱정했을까? 고개가 갸우뚱해진다. 똑똑하기로 한가락 했던 주자(朱子)는 이 구절에 대해 "인명을 귀하게 여기고 가축을 천하게 여겼기" 때문에 이치에 마땅하다고 해설했다. 참으로 얄밉고 비정한 소리다.

조선 시대 유학자인 윤휴(尹鑴, 1617~1680)는 꽤 진보적인 색채를 띤 유학자였다. 『논어』의 이 구절과 주자의 해설을 접한 그는 아무래도 뭔가가 석연치 않아 찝찝했다. 사람도 소중하지만 말도 생명인데, 어찌 묻지조차 않았을까? 그래서 그는 『논어』 원문의 구두가 잘못되었다고 보았다. '傷人乎/不問馬'로 끊지 않고 '傷人乎不/問馬'로 끊으면 어떨까 생각했다. 그러면 뜻이 "사람이 다쳤는지 아닌지 묻고 난 다음에 말에 관해 물으셨다"가 된다. 이런 해석이 훨씬 더 인간적이고 공자답다. 나중에 윤휴는 역모에 관여했다는 혐의를 받고 유배를 가 처형당했다. 공자보다 주자를 맹신했던 조선 시대의 앞뒤가 꽉 막힌 유학자들은 윤휴를 사문난적(斯文亂賊)이라며 맹비난했다고 한다. 말만도 못한 인간이 예나 제나 많은가 보다.

사람의 목숨만큼이나 짐승의 목숨도 고귀하다. 짐승의 목숨을 소중히 다루지 못하는 인간은 사람의 목숨도 하찮게 본다. 바늘 도둑이 소 도둑 되기는 순식간이다. 세계 곳곳에서 벌어지는 인종청소[Genocide]가 왜 일어났겠는가? 오늘부터라도 지나가는 떠돌이 개나 고양이가 보이면 먹이라도 좀 주고 그래야겠다.

병은 몸보다 마음을 더 아프게 한다

-

약사여래(藥師如來)와 사인사질(斯人斯疾)

사람은 언제 늙었다고 느낄까? 사람마다 다르겠지만 아이들이 성장해 집에 애인을 데려오거나 결혼식에 혼주로 참석하게 되면 세월의 흐름을 실감할 듯하다. 또 어린 시절 뛰어놀던 고향의 언덕이나 강가가 문득 떠올라 아련한 그리움에 잔잔한 미소가 스쳐도 그런 기분이 들 것 같다. 혹은 더 이상 맡을 역할이 없어져 퇴직하거나 임기가 차서 은퇴하는 처지가 되면 젊은 시절이 가뭇없이 지나가 버렸고 조락(凋落)의 시간만 남았다고 여겨질 테다. 아내나 남편 얼굴에 주름살이 는 것을 발견하고 왠지 모를 허탈감에 마음이 흔들려도 늙었다는 울적한 회한에 빠질 수 있겠다.

    그러나 내 몸이 병들어 아프거나 주변 친지들의 와병 또는 부고가 전해질 때만큼 하염없이 세월의 무정함을 절감할 때가 있을까? 남해에 내려와 사는 시간이 쌓이면서 그간 알고 지내던 분들이 돌아가셨다는 소식을 이따금 접하게 된다. 아직 버티고는 있지만 치유할 수 없는 병환으로 희망을 놓아 버린 지인의 사연도 심심찮게 귓전을 스친다. 몇 해 전에는 남해에 내려와 자주 뵙던 한 작가의 문상을 다녀왔다. 건강이라면 늘 자신감에 넘쳤던 분인데, 덜컥 암에 걸리더니 한 해를 버티지 못하고 저세상으로 건너가 버렸다.

또 얼마 전에는 그렇게 건강하시던 형님 한 분이 뇌졸중이 와서 쓰러지셨다. 젊어 군에 입대해 40년 동안 부사관으로 복무하다 퇴역하고 귀향해 농사를 짓는 분이다. 고현면에 있을 때 집들이굿 놀음보존회 회장을 맡았고 나는 사무국장으로 함께 일하기도 했다. 내가 읍으로 이사 올 때도 짐을 옮겨 주시면서, 내가 짐 무게에 허덕거리자 그리 기운이 없어 쓰겠냐고 걱정해 주셨다. 그러던 분이 뇌졸중이라니! 뒤늦게 소식을 듣고 전화를 드렸더니, 다행히 생각만큼 심각한 정도는 아니었다. 그래도 말이 조금 어눌하고 심리적으로 위축된 느낌이 전해졌다. 정말 질병은 예고 없이 오기 때문에 무섭다.

질병이라는 것이 얼마나 고통스러운지는 직접 겪어 보지 않고서는 잘 모른다. 죽음의 고통보다 크고 잔혹한 것이 질병 때문에 찾아오는 통증이라고 한다. 죽음의 고통은 생명이 끊기면 사라지지만 질병의 고통은 병이 나을 때까지 더욱 악착스러워지는 데다 치유되어도 여전히 후유증에 따른 고통이 남는다. 질병의 고통이 오죽 끔찍했으면 병을 가리키는 '질(疾)'이라는 글자가 '미워하다[疾視, 질시]'

라는 의미로 쓰였겠으며, 고통이 얼마나 빠르고 계속 이어졌으면 '빠르다[疾走, 질주]'라는 뜻으로 쓰였겠는가.

얼마 전에는 한 살 어린 후배가 간암에 걸려 죽었다. 남해에 왔을 때부터 알던 친군데 한동안 서먹하게 지내다가 작년부터 어떻게 다시 알게 되어 틈틈이 만났다. 남해유배문학관에서 일하는 분과 이렇게 셋이 주로 만났다. 처음엔 술도 끊어 제로 맥주만 마시기에 건강을 많이 챙기는 줄로만 알았다. 그러다 한동안 만나지 못했고, 물어보니 창원에서 지낸다고 하기에 그런 줄만 알았다. 그러다 덜컥 부고가 왔다. 이미 전부터 간경화에 걸렸고 그게 간암으로 악화되었다는 것이다.

그는 평소 사람들과 그리 친하게 지내지 못했다. 부랴부랴 장례식장에 갔더니 역시나 빈소는 텅텅 비어 있었다. 슬하에 자식도 없었다. 너무 쓸쓸해 미망인 보기가 민망할 정도였다. 문상 올 사람도 많지 않다며 2일장으로 치러 다음 날 발인한다고 했다. 다음 날 낮에 갔더니 벌써 영결식도 끝나 화장 중이었다. 그렇게 한 사람이 순식간에 불귀의 객이 되었다. 이제는 죽음이 내게서 멀리 있는 게 아니었다.

세상의 모든 종교는 결국 질병과 죽음이라는 막다른 골목에 들어서 어쩌지 못하는 인간의 나약함이 빚어낸 산물이란 생각이 든다. 시간의 흐름은 강철도 녹슬게 만들고 단단한 바위도 모래로 만든다. 하물며 피와 살과 뼈로 만들어진 연약한 사람의 몸이야 감당할 재간이 없는 게 당연하다.

서양의 종교는 영생(永生)의 논리를 내세워 신국(神國)에 가면 영원한 안식과 평화가 있다면서 죽음의 공포를 지우려고 한다. 모든 액운을 신의 무한한 섭리와 신에 대한 절대적인 신앙으로 푸는 일은 어떤 면에서는 참 실용적이고 속 편한 대안이다. 내게 던져진 절박한 불안을 타자의 처분에 맡기고 일시적일지라도 안도할 수 있으니 한편으로는 유익해 보인다.

동양의 종교가 죽음에 대처하는 방식을 보면 의타적이기보다 능동에 가깝다. 남의 도움보다는 나의 노력을 앞세운다. 유교는 죽음보다 삶에 충실하라고, 그러면 죽음 앞에서도 당당해질 수 있다고 가르친다. 도교는 죽음이 두렵다면 아예 안 죽으면 되지 않느냐고 갈파하더니 장생술(長生術)이나 신선술 등을 설파하면서 불사의 길을 모색하라고 권한다. 불교는 죽음이 끝이 아니고 새로운 시작이라는 사실을 깨달으라고 말한다. 바로 윤회(輪迴)다. 궁극적으로는 이 윤회를 넘어 해탈의 길로 나가자고 권한다.

불교의 윤회 사상은 『미란다왕문경』이라는 경전에 그 의미가 자세하게 설명되어 있다. 경전에서는 "이 세상에서 태어난 사람은 이 세상에서 죽고, 이 세상에서 죽은 사람은 저 세상에서 태어나며, 저 세상에 태어난 사람은 저 세상에서 죽는데, 저 세상에서 죽은 사람은 다시 다른 세상에서 태어난다"라는 간결한 인과관계로 삶과 죽음의 연속성을 이야기한다. 과일나무가 열매를 키우고, 열매 속의 씨가 땅에 뿌려져 다시 나무가 되어 열매를 맺듯이 윤회는 끝없이 이어진다고 한다. 다만 선업을 쌓아 선과를 얻으면 인간으로 태어나지만, 악업을 쌓으면 악과를 받아 축생(畜生)이나 그보다 못한 미물로 태어난다며 자기 갱신과 수행에 힘쓰라고 일깨운다.

붓다는 인간이라면 피할 수 없는 생로병사의 고통을 직접 목격한 후 세상의 모든 부귀와 명예를 버리고 깨달음을 얻고자 출가를 단행했다. 그래서 해탈을 이루었다. 돌이켜 보면 늙음은 세월이 가져오는 당연한 부산물이고, 죽음은 내세의 삶을 여는 문이라서 항상 열려 있다. 다만 만물은 편안히 늙어 죽지 못하고 늙고 '병들어' 죽으니 대자대비한 손길을 거둘 수 없었다.

늙음은 아주 천천히 오는 변화이고 죽음은 느닷없이 닥치는 변화이지만, 그것이 빠르든 길든 거기에 맞춰 대처하는 것이 어느 정도는 가능하다. 그런데 질병은 대처가 쉽지 않다. 질병이 생기면 몸과 마음이 다 아프기 때문이다. 한없이 큰 깨달음을 등불로 삼아 해탈의 세계로 만물을 이끈 붓다는 이러한 질병으로 고통받는 중생의 아픔도 외면하지 않았다. 정사에 머물며 법문을 베풀면서도 환자들이 신음하는 병실을 방문하는 일을 거르지 않았다. 하루는 사람들이 버려둔 병든 수행승을 발견하고 손수 돌보면서 이렇게 말했다. "병으로 고통받는 사람을 돌보는 일은 나의 시중을 드는 일과 같다." 그 시중이 어찌 물질적인 헌신만을 뜻하겠는가. 깨달음에 이르기 위한 모든 수행을 비유한 것이었다. 병자를 돌보는 수행으로 붓다가 되라는 일깨움이다.

붓다는 질병의 고통에서 중생을 건지고자 약사여래(藥師如來)라는 또 한 분의 거룩한 붓다와 동행했다. 약사여래는 세상에서 질병으로 고통받는 중생들의 수호신이다. 약사여래는 보살의 몸으로 수행하면서 12가지 대원(大願)을 세웠는데, 일곱 번째 대원이 제병안락(除病安樂)이었다. 모든 병을 없애 즐겁고 편안하게 하겠다는 서원이다. 약도 없고 의사도 없이 고통에 문드러지며 죽음만을 기다릴 때, 병자가 자신의 명호를 한 번이라도 들으면 몸과 마음이 절로 편안해질뿐더러 아무런 장애 없이 붓다의 세계로 들어갈 수 있도록 하겠다는 것이다. 나는 꼭 병들고 나서야 약사여래를 찾는 것도 좋지만 건강할 때 약사여래를 거듭 외며 상기하라고 말하고 싶다. 그것이 질병을 예방하는 방편이 되기도 하기 때문이다.

공자도 병든 이의 실상을 안타까워하며 그 고통을 무한히 연민하고 동정했다. 그리고 누구보다 질병에 걸리지 않도록 주의를 기울였다. 『논어』 「술이편」에 "스승께서 삼가신 일들은 몸과 마음을 가지런히 하는 것과 다투는 일, 그리고 질병이었다[子之所愼 齊戰疾]"라는 구절이 나온다. '제(齊)'는 몸과 마음이 균형을 잃지 않도록 배려하는 태도를 말한다. 싸움 때문에 상처를 입으면 질병으로 악화될 수도 있으니, 결국 사람이 살면서 가장 조심해야 할 일은 질병에 걸리는 것이라고 공자는 믿었던 듯하다.

또 다른 예로 『논어』 「옹야편」에 공자가 제자 염백우(冉伯牛)의 문병을 갔다가 차마 그 고통을 보지 못하고 깊이 탄식하는 대목이 나온다.

염백우가 중병에 걸렸다. 스승께서 문병을 하실 때 창문 너머로 그의 손을 잡으며 말씀하셨다. "이럴 수는 없는데, 운명이로구나. 이런 사람이 이런 병에 걸리다니, 이런 사람이 이런 병에 걸리다니!"

[伯牛有疾 子問之 自牖執其手曰 亡之 命矣夫 斯人也 而有斯疾也 斯人也 而有斯疾也]

염백우는 덕행이 안연과 민자건에 버금간다는 칭송을 들은 사람이다. 그런 사람이라면 질병에도 소홀하지 않았을 것이다. 그런데도 뜻밖에 '문둥병'이라는 몹쓸 병에 걸려 생사의 갈림길에 놓이고 말았다. 아끼던 제자가 불치병에 걸려 죽음만 기다리고 있으니 얼마나 고통스럽겠는가. 그저 손을 잡고 위로하면서 하늘이 내린 운명이라고 하소연할 수밖에 없었을 것이다.

공자도 병에 걸린 적이 있었다. 증세가 상당히 위중했는지 제자 자로가 귀신에게 빌어 보자고 제안할 정도였다. 이에 공자가 의문을 나타내자 예전에도 천지신명에게 빈 일이 있다면서 다시 권하니, "그 일이라면 내가 빈 지 오래되었다[丘之禱 久矣]"라면서 거절의 뜻을 나타냈다. 귀신에게 빌어 치유를 꾀하는 어리석음을 꾸짖는 말이기도 하겠지만, 병에 걸리도록 조심하지 않았던 자신의 불찰을 탓한 말로도 들린다.

질병은 막무가내로 덮치기도 하지만 인간의 안이한 태도나 무지 때문에 자초하는 경우가 많다. 우리 사회는 인명재천(人命在天)이라 해서 사람의 목숨은 내 마음대로 안 되고 이미 정해져 있다는 결정론이 퍼져 있다. 또 어떤 사람은 덜컥 큰 병에 걸렸을까 봐 두려

위서 정기검진받기를 두려워한다. 물론 건강을 잘 관리한다고 해서 무조건 장수할 수 있는 건 아니다. 술 담배 안 하면서 청정한 삶을 살던 사람이 느닷없이 중병에 걸려 죽기도 한다. 그러나 몸을 막 굴리면서 장수하길 바라는 건 가능성이 1%도 안 되는 요행일 뿐이다.

　의사들이 말하길, 만병의 근원은 '스트레스'라고 한다. 유전적인 병력(病歷)이나 사고의 위험에 노출되는 것도 사망의 주요 원인이지만 스트레스만큼 큰 원인은 없다고 강조한다. 경쟁 사회에서 스트레스를 피할 길은 없겠지만, 그렇다고 마냥 스트레스를 품고 있을 필요는 없다. 몸과 정신에 건강한 방식으로 스트레스를 해소할 방법이 얼마든지 있다. 일례로 산림이나 강가, 바닷가에서 잠시 근심을 씻어 내는 건 어떨까? 특히 산사(山寺)는 꼭 불자가 아니더라도 며칠간 머물면서 맑은 자연을 벗 삼아 지내기 좋은 장소다. 덥다고 춥다고 방안에만 갇혀 지내지 말고, 자연으로 나가 우주가 주는 맑은 기운을 쐬어 보자.

제멋대로 살면 악명이 따라붙는다

-

건달(乾達)과 한량(閑良)

할 일 없이 놀고먹거나 일정하게 하는 일 없이 떠돌면서 무고한 사람을 괴롭히고 갈취하는 사람을 뭉뚱그려 부르는 말들이 있다. 하는 짓의 경중에 따라 조금씩 다르기는 하지만 결코 듣는 이에게 유쾌한 호칭은 아니다. 가장 모욕감이 낮은 말은 '백수'이지 싶다. 공식적으로 백수는 '젊은데 직장이 없는 사람'을 가리킨다. 백수는 남성에게 국한되는 어감이 있어 여성을 뜻할 때는 '백조'라고도 부른다. 이런 호칭이 모욕감을 준다고 해서 '취업희망자'나 '취업준비생'으로 순화해 부르기도 한다. 근래에는 백수라 하면 직업만 없는 게 아니라 남을 등쳐먹고 산다는 부정적인 뉘앙스가 많이 가미되었다.

비슷한 호칭으로 '놈팡이'가 있다. 이 말의 어원은 독일어 '룸펜(Lumpen)'이라는 설이 있는데, '남루하고 초라하다'라는 뜻이다. 거기서 의미가 확장되어 사회적 지위를 잃고 부평초처럼 떠도는 사람을 뜻하게 되었다. 사전적으로는 '사내'를 가리키지만, 어감은 뭔가 나쁜 짓을 하거나 해악을 끼치는 존재로 격하되었다. "너 어떤 놈팡이랑 놀아난 거냐?"라는 식이다. 이 말을 듣고 기분 좋을 사람은 아무도 없을 것이다.

'날강도(날도둑놈)'란 말도 있다. 남이 보든 말든 거리낌 없이 다른 사람의 재물이나 현금을 빼앗고 훔치는 사람을 말한다. 실제로 그런 짓을 하지 않았다고 해도 이에 준하는 짓을 하면 욕설과 함께 이 말이 날아온다. "날 속이다니. 이 날강도 같은 놈아!" 이런 식으로 말이다.

다음 단계라면 '무뢰한(無賴漢)'이 놓일 법하다. 일정하게 하는 일도 없이 떠돌아다니며 나쁜 짓을 하는 사람을 말한다. 이런 자들이 떼 지어 다니면 무뢰배가 된다. 아직 범죄를 저지르는 수위까지 이르지는 않았지만 남들에게 좋은 평가를 받기는 힘들다. 비슷한 말로 '불한당(不汗黨)'도 있다. 무리를 지어 다니며 강도질을 하는 자들이라면 범죄 집단일 테고, 남을 괴롭히는 일을 일삼는 사람들이라면 조만간 쇠고랑을 찰 화상들이다. 가장 평이하게 쓰이는 예로는 막 되어 먹어 예의를 갖출 줄 모르는 사람을 비유적으로 이를 때 쓰기도 한다.

이제부터는 수위가 확 높아진다. 우선 '양아치'가 있다. 인성과 행실이 불량한 사람으로 대개 폭력을 일삼는다. 말로만 으르는 양아치는 별로 없다. 만만해 보이면 시비를 걸고 수틀리면 주먹부터 나간다. 양아치는 다소 단독인의 느낌이 강하게 풍긴다. 그런데 가끔 상대방의 점잖지 못한 행동에 대해 애교적으로 이렇게 부르기도 한다.

다음으로 '깡패'가 있다. 여기까지 오면 범죄의 냄새가 물씬 풍긴다. 깡패란 말이 어디서 나왔는지는 의견이 엇갈린다. 한국전쟁 때 미군들이 즐겨 쓴 캔(can)에서 '깡통'이 나오고, 이것을 들고 다니며 구걸하던 거지 패거리를 깡패라 불렀다고도 한다. 또 깡다구 좋은 놈이란 뜻에서 왔다고도 한다. 가장 신빙성이 높은 설명은 영어 '갱(gang)'과 한자 '패(牌)'가 합쳐진 말이라는 주장이다. 이들은 조직화된 폭력배로, 이득이 된다면 사정없이 무고한 시민을 괴롭히거나 폭력을 행사한다. 사회적으로 재앙을 끼치는 무리이니 엄중하게 단속하고 처벌해야 할 자들이다. 예전에는 이정재(李丁載, 1917~1961)나 임화수(林和秀, 1921~1961) 같은 정치 깡패도 있었는데, 다들 교수형으로 인생을 마쳤다. 이후로도 정치 깡패는 수두룩하게 나왔지만 사형을 당한 이가 있다는 말은 듣지 못했으니, 세상이 좋아진 건지 나빠진 건지 잘 모르겠다.

이 분야의 최고봉은 단연 '조폭(조직폭력배)'이다. 사실 깡패와 조폭은 딱 부러지게 구분하기가 힘든데, 과거에는 깡패라는 말을 썼다면 요즘은 조폭이라는 말이 더 익숙한 정도라고 하겠다. 단지 폭력을 써서 금품을 갈취하는 단계를 넘어 '마피아', '야쿠자', '삼합회'처럼 합법적인 사업을 벌이며 이권에 개입해 돈세탁을 하는 무리가 있다. 나아가 이들은 권력층이나 경제계, 경찰이나 검찰, 사법계 등에도 마수를 뻗어 이익을 나눠 먹고 안전까지 확보한다. 이쯤 되면 사회적으로 암적인 존재가 되어 세상을 피폐하게 만드는 수준을 넘어 온갖 비리와 부패의 온상이 된다.

한때 우리나라에서 깡패 영화, 조폭 영화가 유행한 적이 있다. 영화에서는 이들을 미화해 의리의 화신이나 정의의 구현자로 화려하게 변신시켰다. 요즘은 또 적나라하게 그들의 폭력성이나 불법성, 잔인성을 노출하는 게 대세인 듯한데 청소년들에게 '멋진 인생'으로 포장되지나 않을까 걱정스럽다.

내가 사는 남해에는 아무리 둘러봐도 조폭이나 깡패, 양아치 같은 자들은 찾아볼 수 없다. 간혹 있다면 백수 정도다. 젊은이가 귀한 동네라서 청년 실업자는 거의 없지만 대신 나이 든 실업자는 적지 않다. 당장 나도 '백수'에 속한다. 적수공권의 무일푼은 아니지만 직장 없이 생활한 지 10년도 넘었다. 노령화가 심해지는 현실에서 나 같은 늙은 백수를 위한 대책이 마련된다면 얼마나 좋으랴만, 아직은 꿈같은 얘기다.

붓다 시대라고 해서 악명을 떨치는 사람이 왜 없었을까. 성불한 붓다를 미워하고 질투하고 성가셔하면서 해치려고까지 한 무리가 없지 않았다. 심지어 성불을 방해한 마왕(魔王)도 있었다. 마라 파피야스(Māra-pāpīyas)는 욕계의 최상층인 타화자재천(他化自在天)을 지배하는 왕으로, 우리가 잘 아는 마라(魔羅)·마구니(魔仇尼)가 바로 그를 달리 부르는 이름이다. 마라는 붓다가 깨달음을 얻기 위해 수행할 때 온갖 술수를 동원해 유혹하며 성불을 방해했다. 그에 관한 이야기가 『방광대장엄경』, 『불설보요경』 등 여러 경전에 등장한다.

　　나무가 크면 가지를 흔드는 바람도 거세지기 마련이다. 붓다처럼 거룩한 분도 바람 잘 날 없었는데, 하물며 우리 같은 중생들이야 더 말할 필요도 없을 것이다. 붓다의 수행과 인고를 거울삼아 눈앞에 닥친 고난과 고통을 머지않아 흩어질 비바람으로 여길 수 있다면, 살면서 때때로 시련이 닥쳐와도 큰 장벽으로 다가오지는 않을 것이다.

　　한편 마라처럼 악행을 저지른 요괴가 아님에도 그 행적이 와전되어 부정적인 존재(이름)로 인식된 경우가 있다. 바로 건달(乾達)이다. 건달은 불교 용어인 건달바(乾闥婆)에서 유래했다. 산스크리트어로는 간다르바(Gandharva)라고 하는데, 가까이에서 제석천을 모시며 음악을 담당하는 하늘신[天神]이다. 악신(樂神) 또는 집악천(執樂天)으로도 불리며 팔부중(八部衆)의 하나로 알려졌다. 전하는 말에 따르면 그는 술이나 고기를 일체 입에 대지 않고 허공을 날아다니면서 향기만 맡고 산다고 한다.

　　이처럼 건달 또는 건달바는 무사태평으로 욕심 없이 음악을 즐기며 향기만으로 배를 불리던 낙천적인 성격의 소유자였다. 그러던 것이 어느 때부턴가 할 일 없이 빈둥거리며 노는 사람을 가리키게 되었다. 노골적인 악의나 멸시를 담지는 않았지만, 세상에서 긍정적인 구실을 하는 사람으로 보지는 않는다. 어쩌면 건달바가 여러 가지 기예에 능했으므로 훗날 악대(樂隊) 같은 무리에게 붙여진 별칭이었을지 모른다. 옛날에는 광대나 예인을 하찮게 여겼으니, 놀고먹는 천한 사람으로 낙인이 찍혀 '건달'이란 비칭으로 굳어졌을 수도 있다.

세상을 아주 삐딱하게 바라보며 조소하고 비꼬았던 장자는 유교를 받드는 지식인들을 좋지 않게 보았다. 그는 『장자』 「외물편」에서 "유(儒)는 시(詩)나 예(禮)를 나불거리면서 무덤을 파헤쳐 수의를 벗겨 가로채고 시신 입에 든 구슬을 빼 가는 무리"라며 유가 집단을 쏘아붙였다. 실제로 유가 지식인들이 그런 패륜적인 짓을 하지는 않았겠지만, 이러쿵저러쿵 말만 앞세워 백성의 삶을 어지럽히는 행태가 장자의 눈에는 백주대낮 등골 빼먹는 망나니처럼 보였나 보다. 어떤 면에서는 이런 비난을 들어도 마땅한 변명이 없는 게 유가의 처지이기도 하다.

후계자들은 어떤지 몰라도 공자는 누구보다 시대를 걱정하고 위정자들의 횡포에 분노한 인물이었다. 그가 살던 시대는 다들 권력욕과 정복욕에 눈이 멀어 사람 목숨을 파리 목숨처럼 여기던 암흑기였다. 파락호들이 지천으로 널려 있어 힘이나 꾀로 한몫 잡으려는 무리가 극성을 부렸다. 그런 때 예를 찾고 도덕과 윤리를 내세웠으니 공자를 바라보는 세간의 시선이 고왔을 리 없다.

그들 중 한 사람이 도척이다. 그는 공자의 절친인 유하혜의 동생이다. 그런데 형과는 달리 개차반이라 늘 형의 골머리를 썩였다. 태산에 소굴을 차리고 9,000명에 이르는 부하를 거느리면서 활개를 쳤는데, 제후의 재물을 약탈하거나 살육을 저질러도 어찌할 수 없을 만큼 세력이 막강해 당해 낼 재간이 없었다고 한다. 사람을 죽여간을 씹어 먹었다는 소문이 있을 정도로 극악무도한 악당이었다. 이런 동생 때문에 친구 유하혜가 힘들어하자 공자가 도척을 찾아가 개과천선하라고 설득했지만, 완전히 무안만 당하고 물러났다는 전설이 전한다. 얼마나 나쁜 짓을 많이 했는지 훗날 사마천은 도척이 토벌되거나 체포되었다는 기록이 없음을 보고, 이런 잡놈이 천수를 누리고 집에서 편안히 죽었다면서 통탄하기도 했다.

이와 달리 악행이나 폭행과는 거리가 멀었음에도 세평이 나쁜 경우가 있다. 유교가 지배하던 시절, 원래는 직책이나 역할에 대한 호칭이었다가 하 수상한 세월의 날벼락을 맞아 대중의 지탄을 받고만 한량(閑良)이다. 누구를 '한량'이라 부르는지는 시대마다 정의가 조금씩 다르다. 조선 초기에는 이렇다 할 관직 없이 한가롭게 지내는 사람을 이렇게 불렀고, 후기에는 무예에 뛰어나 무과에 응시하는 사람을 가리켰다. 어느 쪽이든 나쁜 족속이라 비난받을 하등의 이유가 없다. 그런데 언젠가부터 '잘 살면서 직업과 소속도 없이 놀고먹는' 유한(遊閑) 계층을 싸잡아 욕하는 멸칭이 되었다. 가만히 살펴보면 여기에는 내심 부럽고 시샘하는 속내도 보인다. 돈 걱정 없이 하루하루 허랑방탕하게 지내는 것, 어찌 보면 모든 사람의 로망이 아닌가!

한량과 비슷한 말로 왈짜(패)란 멸칭도 있다. 한자로는 '曰者'라 쓰는데, 지금은 '말과 행동이 단정하지 못하고 수선스러운 사람'을 얕잡아 일컫는 말이 되었다. 사실 이들은 조선 후기 때 화류계를 누비면서 예술과 문화를 주도하던 사람이었다.

세월이 흐르면서 사회를 좀먹는 무리를 가리키는 명칭에도 변화가 있었다. 예전에는 모르겠지만, 건달이나 한량이 되어 버리면 어떤 마음가짐을 가지고 살든 바람직한 모습은 아니다. 혹시 나는 이런 부류에 속하지 않는지 종종 반성해 볼 일이다. 잠깐의 일탈은 지루한 삶에 활력소가 되어 주기도 하지만 지나치면 중심을 잃고 실격의 삶에 빠질 수 있다. 한 번뿐인 인생, 대책 없이 흥청망청 사는 한량이나 남의 잔치에 끼어들어 떡고물이나 얻어먹는 날건달이 되어서야 쓰겠는가.

자고로 세상이 혼란스러워지면 그 틈을 노려 부당한 권력과 이익을 좇는 무리가 득세하기 마련이다. 그러나 한때 불의한 힘으로 권세나 재물을 차지할 수 있을망정 이런 성세가 오래가지는 못한다. 결국 머지않아 치욕과 응징이 뒤따르기 마련이다. 이런 부관참시의 이치도 모르고 폭력과 왜곡을 일삼는 무리가 지금도 도처에 있다. 적어도 그런 자들과 섞이거나 스스로 그런 자가 되지는 말아야겠다.

어딜 가든 악인은 있다

-

요승(妖僧)과 부유(腐儒)

오래전 내가 속한 화전매구보존회 어른 몇 분과 술자리를 가졌다. 오랫동안 매구로 단련된 분들이고 누구보다 남해와 매구를 사랑하고 아끼는 분들이다. 한 해를 마치면서 보존회가 그간 공연비로 받아 적립한 금액을 배분했는데, 행사에 빠진 적이 없어 다른 사람보다 조금 더 많은 금액을 수령한 나는 그 돈으로 조촐한 술자리를 마련했다. 나를 위해 마음 써 주신 분들에게 적게나마 감사의 뜻을 전하기 위함이었다.

    이런저런 얘기를 나누다가 세월에 대한 감회가 흘러나왔다. 새 천 년이 시작될 즈음 있었던 일에 대한 회상이 쏟아졌고, 한국 사람이면 누구나 기억할 2002년 월드컵 때의 감격도 술잔 위로 떠돌았다(벌써 23년 전이니 젊은이들은 잘 모르겠다). 그러면서 그 시절이 참 좋았다는 야릇한 감상의 말이 이어졌다. 그때 내 머릿속에 '가장 좋은 시절은 바로 지금이고, 가장 좋은 사람은 오늘 나와 함께 있는 사람'이라는 생각이 스쳐 지나갔다. 오늘을 대충 살고 가깝게 지내는 사람을 홀대하거나 외면한다면, 그것은 소중한 삶을 낭비하는 게 아닐까. 생각이 여기에 미치자 지금 내 주변에서 나와 함께 사는 사람들이 그렇게 고마울 수 없었다.

  남해로 내려온 뒤 정말 많은 사람을 만났다. 대부분 좋은 사람들이다. 지금 살아 계신 분들뿐만 아니라 이미 작고한 분들 가운데에도, 서울에 살 때 익히 명성을 들었던 사람이 남해 출신인 것을 알고 깜짝 놀라기도 했다. 「안개」·「꽃밭에서」·「무인도」 등 지금도 애창되는 명곡을 남긴 작곡가이자 색소폰 명인 이봉조(李鳳祚, 1832~1987, 남해 창선 수산), 고등학생 시절 나에게 진지한 고민거리를 안겨 주었던 작품 『육조지』·『까토의 자유』·『받아들인다는 문제』·『유의촌(有醫村)』·『아테나이의 비명(碑銘)』·『말세론(末世論)』 등을 쓴 소설가 정을병(鄭乙炳, 1934~2009, 남해 이동 금평), 대학생 시절 『한국고전시가론』·『한국고전의 재인식』·『한국의 판소리』 같은 책을 읽고서 훗날 그와 같은 학자가 되리라 다짐하게 했던 국문학자 정병욱(鄭炳昱, 1922~1982, 남해 설천 문항) 등이다. 내가 좋아했던 이들의 고향이 남해라니, 그들이 남긴 훈김이 지금도 남해를 떠돌고 있을 것 같아 크게 심호흡을 해 본다.

  그러나 사람 사는 곳이 다 그렇듯 많은 수는 아닐지언정 이곳에도 제 잇속만 챙기려는 속물들이 존재한다. 그런 몇몇 조악한 인간들만 사라지면 남해가 훨씬 밝아질 텐데, 안타깝다. 다만 그런 인간이 남해에만 있을 리 없고 오늘날에만 있을 리도 만무하다. 붓다와 공자가 살던 시절에도 지역 사회를 좀먹고 자신의 이익만을 챙기려 든 악인들이 있었다. 대표적인 인물이 요승(妖僧) 제바달다(提婆達多)다.

제바달다는 기독교의 가룟 유다 못지않은 악인이었다. 붓다의 친척이자 제자였음에도 끊임없이 붓다를 괴롭혔다. 겉으로는 수행에 전념하는 척했지만 속내는 욕심이 많고 교활한 인간이었다. 붓다가 나이 들자 자리에 욕심이 생겨서 승가(僧伽)를 자신에게 넘기고 은퇴하려며 뻔뻔하게 요구했다. 붓다가 이를 거절하자 그는 붓다를 죽일 음모를 꾸미기에 이른다.

제바달다는 먼저 자객을 보내 붓다를 죽이려 했다. 그런데 자객을 보내는 족족 붓다에게 감화되어 귀의하는 게 아닌가? 그래서 다음에는 술 취한 코끼리를 보냈더니, 역시 붓다의 발 아래 꿇어앉아 공경을 표했다. 화가 난 제바달다는 언덕에서 바위를 굴려 붓다를 죽이려 했다. 그런데 무정물인 바위조차 붓다 앞에 다다르자 딱 멈춰 서는 게 아닌가! 마지막으로 그는 자기 손가락에 독을 묻혀 붓다의 몸에 발라 죽이려 했다. 그러다 독이 손가락에 난 상처로 스며들어 죽음의 고통에 몸부림쳤다. 결국 땅이 갈라지면서 그를 집어삼켜 아비지옥(阿鼻地獄)에 떨어지고 말았다.

우리나라 역사에도 요승으로 불린 세 명의 스님이 있었다. 고려 시대의 묘청(妙淸, ?~1135)과 신돈(辛旽, ?~1371), 조선 시대의 보우

(普雨, ?~1565)다. 묘청은 개경에서 평양으로 수도를 옮겨 국정을 쇄신하고 칭제건원과 금나라 정벌을 내세워 고려가 자주국임을 선포하고자 했다. 그러나 보수적인 유가 세력의 반대에 밀려 좌절되었다. 이에 평양에서 의거를 일으켰으나 김부식에 의해 진압되었다. 이후 김부식은 반란의 싹을 뽑는다면서 고구려와 발해에 관련된 사료를 깡그리 없애더니 자기 입맛에 맞는 역사서 『삼국사기』를 편찬했고, 묘청은 세상을 어지럽힌 요승으로 낙인이 찍혔다.

신돈 역시 공민왕과 함께 고려를 개혁하려는 의지를 불태웠다. 그는 승려이면서도 성균관(成均館) 재건에 힘을 실었고, 외세에 의존하려는 썩은 유림 권력자들과 당당히 맞섰다. 그러나 그의 개혁은 오래가지 못했고 권모술수에 능란했던 유림의 농간으로 공민왕의 신임마저 잃고 말았다. 결국 신돈은 역모를 꾸몄다는 누명을 쓰고 수원으로 쫓겨난 뒤 살해당했다. 당연히 왕의 심기를 흐리게 한 요승이라는 굴레가 씌었다. 유림의 모략은 여기서 그치지 않았다. 공민왕 사후 등극한 우왕과 창왕이 모두 신돈의 자식이라면서 퇴위시키더니 둘을 사지로 몰아넣었다.

알다시피 조선은 철저하게 불교를 배척했다. 그 결과 조선의 불교는 쑥대밭이 되었다. 씨가 말라 가는 조선 불교에 소생의 단비를 뿌린 이가 보우였다. 어린 명종의 섭정을 맡은 문정왕후가 경기도 천보산 회암사에 머물던 그를 불러 불교 융성의 임무를 맡겼다. 보우는 뜻을 받들어 300여 개의 사찰을 국가가 공인한 정찰(淨刹)로 정했고, 도첩제를 실시해 2년 동안 4,000여 명의 승려를 선발하는 한편 승과시(僧科試)를 부활시켜 휴정(休靜)과 유정(惟政) 같은 인재를 발탁했다.

그러나 문정왕후가 죽자 불교는 다시 철퇴를 맞았고, 보우는 유생들의 상소로 제주도로 귀양을 가 제주목사 변협(邊協)에 의해 비참하게 죽임을 당했다. 당연히 보우도 요승의 반열에 올랐다. 하지만 그가 승과에서 뽑은 승려들이 주축이 되어 임진왜란 때 승의군(僧義軍)을 조직해 나라를 구한 일을 생각하면, 보우를 '요승'이라 비난했던 유신들이야말로 '부유(腐儒)'였음이 자명해진다.

요승으로 지목된 이 세 사람을 가만히 들여다보면 모두 유가들에게 눈엣가시 같던 인물이었다. 변화와 개혁을 꿈꾸었던 그들은 기득권이었던 유가들에게는 위험하기 짝이 없는 존재였다. 유가들은 오로지 자신들의 사익을 위해 대의를 저버리고도 그 죄악을 회피하고자 세 스님에게 '요승'이라는 굴레를 씌웠다. 지금도 이 세 스님을 두고 요승 운운하는 사례가 없지 않다. 이들을 복권하는 일이 시급해 보인다.

공자가 살던 시절에도 공자를 눈엣가시처럼 여겨 못살게 굴던 사람이 꽤 있었다. 환퇴(桓魋) 같은 이가 대표적이다. 환퇴는 당시 송나라에서 사마(司馬)라는 벼슬을 지낸 향퇴(向魋)를 말한다. 환공(桓公) 집안 출신이어서 환씨(桓氏)로도 불렸다. 그에 대해서는 『논어』에 이름이 딱 한 번 등장하지만, 정황상 그의 존재가 드러나는 글도 있다.

「술이편」을 보면 환퇴가 공자에게 위해를 가한 일이 나온다.

공자가 나무 그늘 아래서 예에 대한 강의를 하고 있는데, 이를 본 환퇴가 나무를 뽑아 공자를 해치려고 들었다. 그러자 제자들이 걱정하면서 어찌 저런 자가 활개를 치냐며 분통을 터뜨렸다. 이에 공자가 "하늘이 내게 덕을 맡기셨는데, 환퇴 같은 소인배가 나를 어찌겠느냐?[天生德於予 桓魋其如予何]"라며 위로한다. 하늘이 맡긴 자신의 사명에 대한 자신감을 읽을 수 있는 대목이다.

「자한편」에도 또 다른 위기 정황이 구체적으로 나오는데, 『공자가어』에 실린 기록이 더 상세하다. 공자가 제자들을 데리고 자신을 알아줄 군주를 찾아 천하를 떠돌던 때의 일이다. 한번은 진(陳)나라로 가는 길목에 있는 '광(匡)'이란 고을을 지나게 되었다. 예전에 그곳을 다스리며 주민들을 괴롭혔던 양호(陽虎)란 악당이 있었는데, 그 지역 사람들은 여전히 그에 대한 앙금이 남아 있었다. 그런데 얼핏 보니 공자의 외모가 양호와 닮은 것이 아닌가? 또 뭘 뜯어먹으려고 나타났나 머리끝까지 화가 난 사람들이 공자 일행을 구금하고 닷새 동안 가둬 놓았다. 나중에 오해가 풀려 석방되기는 했지만 자칫 목숨까지 잃을 뻔한 상당히 위험한 상황이었다. 이때도 역시 제자들이 답답한 처지를 한탄했는데, 공자는 다음과 같은 말로 제자들을 달랬다.

문왕은 이미 돌아가셨지만 그가 남긴 과업은 여기에 있지 않느냐? 하늘이 '이 과업[斯文]'을 없애려고 한다면 나중에 태어날 이들은 이 과업과 함께하지 못할 것이다. 하늘이 '이 과업'을 없애지 않았는데,

저 광 땅 사람들이 나를 어쩌겠느냐?

[文王旣沒 文不在玆乎 天之將喪斯文也 後死者不得與於斯文也 天之未喪斯文也 匡人其如予何]

이처럼 공자는 역경에 처하거나 악인을 만나도 자신에게 주어진 하늘의 소임에 대한 자부심이 있었다. 어쩌면 이런 마음가짐이 있었기에 역경을 이겨 내고 자신의 도를 전할 수 있었을 것이다.

어느 시대 어디를 가더라도 악인은 있다. 악인은 자신의 악행을 남에게 전염시키고, 나아가 자신을 두둔하지 않으면 중상모략하거나 해치려고까지 든다. 우리 중 누군가는 살면서 그런 사람을 만나고 볼썽사나운 꼴을 당한 적이 있을 것이다. 끝내 그들은 응분의 대가를 치르겠지만 마냥 그날이 오기를 기다리기란 쉽지 않다. 그래서 나는 그런 자들을 보면 맞서야 한다고 생각한다. "똥이 더러워 피하지 무서워 피하나" 하고 방치하거나 외면하면 그들은 자신이 옳은 줄 알고 기세가 더욱 사나워진다.

『임제록』에는 임제의현(臨濟義玄, ?~867) 스님의 기절초풍할 선언이 나온다. "부처를 만나면 부처를 죽이고 조사를 만나면 조사를 죽여라[殺佛殺祖]." 설마 붓다와 조사를 실제로 죽이라는 말은 아닐 것이다. 절대 권위란 없으니 자신을 무명(無明)의 세계에 가둬 두지 말라는 말이다. 깨달음의 길에 방해가 되면 붓다도 조사도 한 칼에 벨 수 있는 대용단(大勇斷)을 발휘해야 한다. 하물며 붓다나 조사도 아닌 한낱 망종이 얄팍한 지식과 먼지 같은 권력을 등에 지고 대중을 호도하고 미망의 길로 끌어들이려 한다면, 어찌 이를 그냥 바라보고 있을 수 있겠는가?

　누군가 말한 것처럼 오늘 저들의 죄악을 용서하면 저들이 내일 저지를 죄악에 명분을 제공하게 된다. 늘 경계하면서 사는 삶, 살아 있는 밝은 눈을 뜨고 사는 삶, 오늘날 이런 삶이 더욱 절실해 보인다.

기념한다는 것의 의미

-

붓다와 공자의 탄신일

남다른 비경을 자랑하는 남해에는 골골마다 유서 깊은 고찰(古刹)이 여러 군데 있어 불심 깊은 신자들의 발길이 끊이지 않는다. 우리나라 3대 관세음보살 성지 가운데 하나로 원효 대사가 터를 잡은 곳으로 알려진 보리암이 있고, 신라 애장왕 3년(802)에 세워진 호구산 용문사도 있다. 그리고 또 하나 망운산에 자리한 화방사(花芳寺)가 있다.

화방사는 신라 신문왕(681~692) 때 원효 대사가 창건했다. 창건 당시에는 연죽사(煙竹寺)로 불리다가 고려 중기 진각국사 혜심(慧諶, 1178~1234)이 중창한 뒤에는 영장사(靈藏寺)라 불렸다. 그러다 조선 인조 3년인 1636년 계원(戒元)과 영철(靈哲) 두 스님이 현 위치로 옮기면서 화방사가 되었다. 나는 고현면에서 살 때 집에서 그리 멀지 않은 화방사를 자주 찾았다. 이 절 주지로 계셨던 승언 스님은 남해에 대한 애정이 남달랐는데, 무엇보다 남해가 불교 성지라는 데 큰 자부심을 갖고 있었다.

남해는 고려 중기 몽골군이 침입했을 때 불력(佛力)으로 국난을 극복하고자 판각한 고려 팔만대장경의 얼이 숨 쉬는 고장이다. 지금도 다양한 대장경 관련 기념사업이 한창이다. 2015년에 뜻있는 분들이 모여 '고려대장경판각성지보존회'라는 모임을 꾸렸는데, 승언 스님은 이 모임의 든든한 후원자였다. 나도 회원으로 참여해 작은 힘을 보태다가 몇 년 동안 사무국장 일을 맡아 여러 사업과 행사를 주관하기도 했다.

그 무렵 몇몇 사람들과 화방사를 찾았다. 주지스님이 급히 찾는다기에 부랴부랴 갔더니, 부처님오신날을 맞아 절 마당에 걸 연등의 괘대(掛臺)를 설치하는 데 일손을 보태 달라고 했다. 천년고찰임에도 힘을 쓸 사람을 찾기가 쉽지 않아 도움을 청한다는 것이었다. 별것 아니겠다 싶어 호기롭게 팔을 걷어붙였는데, 막상 해 보니 만만한 일이 아니었다. 굵은 쇠 파이프를 이리저리 연결해 쓰러지지 않도록 고정하는 작업을 주지스님을 비롯한 장정 대여섯이 오후 내내 달라붙어서야 겨우 마무리 지었다. 비까지 부슬부슬 내려 배나 힘이 들었다. 해마다 축일이 오면 화려하게 걸린 연등을 찬탄하며 구경만 했지 그 과정이 어떠한지는 관심을 두지 않았는데, 그제야 축원을 담은 연등을 걸기 위해 얼마나 많은 수고가 뒤따르는지 알게 되었다.

부처님오신날은 붓다가 이 땅에 오신 날을 기리는 명절이다.

'석가탄신일'이라고 부르다가 순우리말로 고쳐 '부처님오신날'이 되었다. 다른 말로 '사월초파일'이라고도 하는데, 이는 붓다의 생일이 음력으로 4월 8일이기 때문이다. 양력으로는 해마다 조금씩 다른데 올해(2025년)는 5월 5일이라 어린이날과 겹쳤다. 붓다의 마음을 가장 잘 승화한 표상이 어린이의 마음, 즉 동심(童心)일 테니 참으로 마침맞은 겹침이란 생각이다. 이날을 전후해 전국에서 다양한 행사가 벌어진다. 거리마다 연등이 달리고 기념탑이 길목을 장식한다. 남해에는 읍내 유배문학관 광장에 봉축탑이 세워지고, 절마다 연등이 걸려 사바세계의 어둠을 밝혀 불제자를 해탈의 길로 인도한다.

음력 4월 8일을 붓다의 생일로 기리는 나라는 우리나라와 중국, 일본 정도다. 동남아시아에서도 당연히 붓다의 탄생을 기리지만 날짜가 다르다. 대승불교권에서 정한 날짜와 남방불교의 날짜가 다른 것이다. 상좌부불교로 통칭되는 남방불교에서는 부처님오신날을 웨삭(Vesak)이라 부르는데, 인도식 음력에서 두 번째 달인 와이사카(Vaisakha) 달을 부르는 이름에서 나왔다고 한다. 날짜로는 음력 4월 15일이다. 거기서는 붓다가 와이사카 달의 보름에 태어나고 성불했으며 열반했다고 말한다. 그래서 상좌부불교에서 웨삭일은 부처님오신날이자 성도일이며 열반일이기도 하다.

부처님오신날이 정확히 언제인지를 두고 벌어진 논쟁은 남방과 북방 불교 사이에서만 있었던 일이 아니다. 당장 우리나라에서도 음력 2월인지 4월인지를 두고 논쟁이 있었다. 한국의 다성(茶聖)으로 유명한 초의(艸衣, 1789~1866) 스님의 시문집 『초의시고』 권

2에 「자하 시랑의 '이월 팔일' 시에 삼가 화답함[奉和紫霞侍郎二月八日之作]」이란 시가 있다. 자하 시랑은 조선 후기의 시인 신위(申緯, 1769~1847)를 말한다. 신위는 이 시에서 붓다의 탄신일이 음력 2월 8일이라고 주장하면서 그 의견을 7언의 장시로 써 내려갔는데, 이에 초의 스님이 시로 답했다.

二月八與四月八　이월 팔일과 사월 팔일은
釋迦生辰紛紛說　석가의 생일로 의견이 분분하네
細考又不止周昭　살펴보면 주나라 소왕 때에 그치지도 않고
上溯武乙竝夏桀　무을과 하걸의 연대까지 올라간다네
夜明還是莊王時　초나라 장왕 때와 같다고도 하는데
春秋元不差月日　춘추는 원래 날짜가 틀리지 않는다네
不知昭王更何據　소왕이라 하는 것 근거가 뭔지 몰라도
甲午甲寅復相聒　갑오년 갑인년이라고 서로가 난리라네
或云入道非生辰　어떤 이는 입적한 날이지 생일은 아니라는데
本起那含詳記蔚　원래 '나함기'에는 이렇게 적혀 있지
鷲嶺聖人法印傳　취령의 성인이 법인을 전하니
石柱文字玄機泄　석주문자에서 그윽한 기운이 새어 나왔네
聲聞依俙滯方隅　알려진 이야기가 모나고 치우쳐서
離迦飜轉恣訛脫　본래 뜻과 어긋나고 터무니없게 바뀌었구나
妙吉祥原曼殊利　묘길상이 본래 만수리(문수보살)이고
無盡意乃阿差末　무진의가 또한 아차말이라네

百千燈影攝牟尼　헤아릴 수 없이 많은 등불이 붓다를 돕나니
二月不妨作四月　이월을 사월로 고쳐도 문제 될 것 없다네
然而我佛元無生　그러나 우리 붓다는 원래 태어남이 없으니
出門一笑空江闊　문을 나서 텅 빈 강물 보며 한껏 웃을 뿐이지.

신위는 자신의 시에서, 날짜를 따지는 데 착오가 생겨 2월이 4월로 바뀌었는데 사람들이 이를 알지 못하고 4월 8일을 붓다의 생일로 기리고 있다며 시비를 따졌다. 이에 초의 스님은 4월 8일이 맞는 날짜라 강조하기는 했지만, 붓다는 원래 태어남이 없는 분이므로 이를 두고 왈가왈부 따지는 게 무의미하다는 결론을 내린다. 선승답게 붓다의 깨달음과 가르침을 중시해야지 날짜에 얽매일 필요가 있겠냐는 주장이다.

　　두 사람 사이의 이견이 팽팽하자 당대 최고의 고증학자였던 추사 김정희(金正喜, 1786~1856)가 나서 「이월 팔일이 붓다의 탄신일이란 시에 대해 초의를 대신해 답하다[答二月八日作佛辰 代艸衲]」라는 시를 지어 초의 스님의 입장을 옹호했다. 핵심은 역시 차이에 사로잡히지 말고 넓은 시야를 가지라는 것이었다. 달은 보지 않고 손가락만 보는 어리석음을 지적한 듯도 하다.

　　생일을 둘러싸고 논쟁이 벌어진 건 붓다만이 아니다. 공자의 생일을 두고도 의견이 분분하다. 공식적으로 공자는 노나라 양공(襄公) 22년(기원전 551) 노나라 창평향(昌平鄕) 추읍(鄒邑)에서 태어난 것으로 알려져 있다. 생일은 주력(周曆) 8월 27일인데, 양력으로 따지

면 9월 28일이 된다. 그런데 이 날짜도 뚜렷한 근거가 있어서 정해진 것은 아닌 듯하다. 사마천의 『사기』 「공자세가」를 보면 노나라 양공 22년에 태어났다고만 되어 있지 월일에 대한 기록은 없기 때문이다. 워낙 과거의 일이라서 전해지는 기록이 없거나 불확실해 생일뿐만 아니라 생애와 가족사에 대한 단서도 부족하다. 그래서 공자의 일생에 대해서는 이렇다고 확신하거나, 줄기차게 의심하거나, 아예 부정하는 사람들이 뒤섞여 있다. 사람이 너무 유명해지면 죽어서도 이렇게 피곤한가 보다.

이와 관련해 지난 2004년 중국 상하이 자오통대학의 장샤오위엔 교수가 현대 천문학을 이용해 공자의 탄신일을 밝혀내는 데 성공했다며 화제에 오른 적이 있다. 그는 『춘추』의 주석서인 『공양전』이나 『곡량전』에 실린 기록을 살피다가 공자가 태어나던 해에 일식이 있었다는 사실을 알아냈다고 한다. 이를 계산해 보니 기원전 552년 8월 20일 산둥성 곡부 지역에서 77%의 일식 현상을 볼 수 있었다는 것이다. 나아가 그는 더욱 엄밀한 천문학 계산을 거쳐 마침내 공자의 생일이 기존의 정설이 아닌 노나라 양공 21년 10월 경자일, 즉 기원전 552년 10월 9일이라고 주장했다. 알려진 것보다 한 해 더 빨리 태어났다는 말이다.

따지고 보면 날짜란 그저 끝없이 흐르는 시간을 사람이 멋대로 자신의 입맛에 맞게 잘라 놓은 경계일 뿐이다. 붓다든 공자든 그분들의 마음은 태어나고 죽은 시간과 관계없이 아득한 옛날부터 머나먼 미래까지 변치 않고 살아 이어지는 진리다. 두 분의 말씀을 매일매일 새기고 실천한다면 하루하루가 그분들의 생일일 것이고, 말씀을 저버리고 죄악의 소굴에 빠진다면 어느 때도 두 성현은 존재하지 않는 셈이다.

　날짜가 언제든 부처님오신날은 신앙을 떠나 우리 인류에게 큰 축복의 날임은 분명하다. 신분과 능력, 성별이나 빈부의 차이를 가리지 않고 누구에게나 대자대비한 가피를 내리는 붓다가 오신 날은 해마다 찾아온다. 자리행보다는 이타행이 더욱 소중해지는 요즘, 붓다의 가르침이 얼마나 크고 넓은지 절감하게 된다.

차 한 잔, 술 한 잔의 철학

-

차(茶)와 술[酒]

사람이 느끼는 고통의 종류는 무수히 많다. 크게 보면 정신적인 고통과 육체적인 고통이 있을 텐데, 전자도 견디기 어려운 것은 맞지만 후자는 직접적이라 피할 길이 없다. 보통 치통이나 산통(産痛)이 끔찍하다고 말하는데, 나는 남자라서 산통은 모르지만 치통의 고통은 누구보다 잘 안다. 정말 지옥 체험이 따로 없다. 이 밖에도 몸으로 겪는 고통의 가지 수는 헤아릴 수 없이 많다. 그중 하나가 갈증이다.

 물 걱정 없이 사는 우리나라에서는 물을 마시지 못해 괴로울 일이 많지 않다. 하지만 마음 놓고 마실 물이 부족해 기아와 갈증에 시달리는 나라의 사정을 보면 목마름의 고통을 간접적으로 체감할 수 있다. 등산하는 사람이나 운동하는 사람만 떠올려 봐도 쉽게 알 수 있다. 물은 지구상 생명의 기원이다. 지표면에 물이 없었다면 생명은 존재하지 못했을 것이다. 실제로 사람 몸의 70%가 물이라고 하니 얼마나 물이 소중한지 알 수 있다.

우리나라는 반도 국가지만 산지가 많아 물이 풍부한 편이다. 남해 역시 섬이지만 물이 귀하지는 않다. 계곡마다 저수지를 만들어 물을 저장해 두기도 했고, 또 조금만 깊이 땅을 파면 맑은 물을 얻을 수 있다. 게다가 남강댐에서 보내는 수돗물이 널리 보급되어 웬만한 가정은 그 혜택을 톡톡히 보고 있다. 물값도 비싸지 않아 펑펑 써도 수도세가 몇 만 원도 채 되지 않는다. 낭비하는 태도를 '물 쓰듯 한다'라고 비유할 만큼 우리는 물을 아쉬워한 적이 없다. 더구나 우리나라 물은 세계 어디에 내놔도 수질에서 최고다.

예로부터 물이 많고 맑은 나라라 그런지 우리 민족은 물을 활용한 다양한 음료를 빚어냈다. 대표적인 것이 차와 술이다. 언제부터 우리나라에 차와 술이 보급되었는지는 확실하지 않다. 삼국 시대 때 벌써 차를 달여 대접하는 일이 있었고, 경주 포석정에서는 술잔을 띄워 주인을 찾아가게 했다니, 마실 것으로 빚어낸 운치와 낭만의 근원이 참 오래되었다.

오랜 시간 우리는 차를 마셨다. 명절 때 지내는 제사를 '차례(茶禮)' 또는 '다례'라 불렀고, 이가 없으면 잇몸이라고 누룽지에 물을 부어 끓여 숭늉으로 입가심을 하기도 했다. 다만 차는 제다(製茶) 과정이 만만치 않아 만백성의 기호식품이 되진 못했다.

풀이라면 뭐든 말려 우리면 대개 차가 된다. 정식 차는 중국이 원산지인 차나무에서 딴 찻잎으로 만들지만, 약초를 말려 우린 약차(藥茶)부터 꽃을 말려 우린 꽃차, 과일을 말려 우린 과일차 등 종류가 날로 늘어나고 있다. 우유를 넣어 미감을 돋운 차도 나왔다.

차에는 각종 영양소와 화학 유기물이 들어 있어 다양한 용도로 쓰인다. 특히 은은하게 퍼지는 향은 차가 가진 가장 큰 매력이다. 다기에서 전해지는 온기를 느끼면서 마시는 차는 자극적이지 않아 마음을 차분하게 가라앉히며 동시에 격조도 더해 주어 인간의 미적 허영심도 만족시킨다.

술 역시 인류의 오랜 벗이었다. 슬플 때 한 잔, 기쁠 때 한 잔, 그리워서 한 잔, 우울해서 한 잔. 마음이 동하는 순간에는 언제나 술이 함께했다. 이런 술도 물이 없으면 빚을 수 없다. '술맛은 물맛'이라는 말처럼 물의 성분에 따라 술맛이 좌우된다. 집집이 누룩과 곡식으로 술을 빚어[이를 가양주(家釀酒)라 부른다] 손님이나 어르신에게 대접했고, 고을 이름이나 재료 이름, 빚는 방법에서 이름을 따온 술이 헤아릴 수 없을 정도였다.

술에는 알코올 성분이 함유되어 있어 사람을 취(醉)하게 만든다. 오래전 대학원생 시절, 나는 학과 조교로서 종종 은사 선생님을 모시고 학교 근처 선술집에서 소주를 마시곤 했다. 그때 시인이셨던 선생님은 얼큰하게 취한 상태에서 멋진 시 구절을 읊으며 이런 말씀을 해 주셨다. "마, 내가 50년 동안 술을 마셔 보니 알겠더라. 술이란 게 마시면 취하더구먼." 그때는 그게 무슨 소린가 하여 어안이 벙벙했지만, 지금 돌이켜 보니 참 명답이었다.

붓다 재세 시절 인도에 차가 있었는지는 잘 모르겠다. 차의 기원이 중국 신화 속 인물인 신농씨(神農氏)라 하고, 비교적 최근까지 인도에서 차를 거의 마시지 않았다는 걸로 보아 어쩌면 붓다 당시 인도에는 차가 없었을 수도 있겠다. 전기를 보면, 붓다가 정각을 이룬 뒤 처음 먹은 음식이 수자타가 공양한 유미죽이라고 한다. 이 죽은 우유와 쌀을 섞어 끓여 만드는데, 이 죽을 먹고 오랜 고행 끝에 깨달음을 얻기까지 쌓였던 피로를 말끔히 씻어 내고 기력을 되찾았다고 한다. 지금 인도 사람들은 짜이나 라씨 같은 우유가 바탕이 된 차를 즐긴다는데, 어쩌면 붓다가 먹은 우유죽이 이런 차의 전신인지도 모르겠다.

불교와 차의 동행은 불교가 중국으로 전파되면서부터 시작되었다. 중국의 스님들이 차를 즐겨 마신 것이다. 특히 선불교는 차와 인연이 깊어 '선다일여(禪茶一如)', '선다일미(禪茶一味)'라는 말이 있을 정도다. 불법(佛法)을 물으러 찾아온 손님에게 뜬금없이 "차나 한잔 마시게" 하고 말했다는 조주 스님의 끽다거(喫茶去)는 대표적인 공안이기도 하다.

중국불교 못지않게 한국불교의 차 문화도 연륜이 깊다. 삼한 시대 때 백산차(白山茶)가 있었다 하고, 신라 때 스님들이 차를 즐겨 마셨으며, 고려 시대에 들어와서는 불교가 국교로 지정되면서 차 문화가 더욱 발전했다. 국가와 왕실에서 하사품으로 내리는 등 차를 권장했으며, 스님뿐만 아니라 일반 사대부도 음다(飮茶) 전통에 익숙해져 많은 문인이 차에 관한 시를 짓기도 했다. 조선 초까지 계승되던 차 문화는 임진왜란 후 쇠퇴했으나 실학이 발전하면서 다시 차에 대한 관심이 높아졌다. 추사 김정희, 다산 정약용 등의 영향으로 건강과 심신 안정에 도움이 되는 음다 전통이 부활했다. 그러나 조선 후기 우리 차의 발흥과 대중화에 가장 크게 기여한 분은 단연 초의의순 스님이다.

초의 스님은 전라남도 해남 대흥사 일지암(一枝庵)에 주석하면서 차밭을 일구어 우리나라 토질과 풍미에 맞는 차를 개발하고, 적절한 조다(造茶) 방법, 전다(煎茶) 절차를 고안하는 데 앞장섰다. 뿐만 아니라 우리나라 차의 품격을 노래한 「동다송(東茶頌)」과 차의 역사와 전통, 제조법 등을 정리한 「다신전(茶神傳)」 등을 저술해 한국 차 문화의 이론적 뼈대를 세우기도 했다.

> 后皇嘉樹配橘德　하늘이 좋은 나무를 귤의 덕과 짝지으니
> 受命不遷生南國　받은 명을 옮기지 않고 남국에 피었네
> 密葉鬪霰貫冬靑　빽빽한 잎 눈발을 뚫고 겨우내 푸르고
> 素花濯霜發秋榮　흰 꽃은 서리에 씻겨 가을꽃을 피우네
> 姑射仙子粉肌潔　고야산의 신선처럼 고운 피부는 깨끗하고
> 閻浮檀金芳心結　염부주의 금빛처럼 향기로운 마음 맺었네
> 沆瀣漱淸碧玉條　이슬이 푸른 가지를 맑게 씻었고
> 朝霞含潤翠禽舌　노을에 젖은 잎은 비취새의 혀와 같구나.

차나무가 가진 유래와 미덕, 기질 등을 풀어 나간 「동다송」의 첫 대목이다. 이렇듯 초의 스님은 누구보다 차를 사랑해서 차에 관한 시

를 여러 편 지었다. 한국의 다도를 중흥한 다성으로 일컬어지는 만큼 스님에 대해서는 차에 얽힌 이야기가 주로 거론되는데, 사실은 조선 후기 한국불교계에 새로운 선풍을 일으킨 대선사였다. 선과 차 외에도 시와 서예, 그림에도 뛰어났다고 하니 그야말로 팔방미인이 따로 없다.

나는 1993년 초의 스님의 선시(禪詩) 작품과 「동다송」, 「다신전」을 번역해 『초의선집』이라는 제목으로 책을 펴낸 적이 있다. 아직 서툰 한문 실력에 차에 대한 소양도 거의 없는 처지에 겁 없이 낸 책인데, 그것이 큰 공부가 되었다. 그때의 저력이 가끔 차를 즐기거나 공부하는 분들을 만났을 때 초의 스님에 대한 이야기가 나오면 한마디 거들 수 있는 밑천이 되었다.

그런데 『논어』에는 '다(茶)'라는 단어가 나오지 않는다. 공자 시대에는 아직 차가 없었거나 그가 즐기지 않았다고 볼 수 있다. 대신 술을 뜻하는 '주(酒)'는 발견된다. 총 네 번 나오는데, 그중 음주와 관련된 구절은 세 군데다.

「자한편」에 "밖에 나가서는 공경(벼슬아치)을 잘 섬기고, 집에 들어와서는 부모님과 어른들을 잘 모시며, 상사를 당해서는 반드시 근면하고, 술 때문에 곤란을 겪지 않는 것. 이것들이 내게 무슨 어려운 일이겠는가?[出則事公卿 入則事父兄 喪事不敢不勉 不爲酒困 何有於我哉]"라는 공자의 말이 나온다. 공자가 술을 꽤 자주 마셨으되 과음해서 망신을 당한 적은 없음을 알 수 있다.

「향당편」에는 두 번 나오는데 먼저 "술은 한정 없이 마셨지만 정신이 어지러울 정도에는 이르지 않았다. 그러나 길거리에서 산 술이나 시장에서 파는 포(육포)는 드시지 않았다[惟酒無量 不及亂 沽酒市脯不食]"라는 구절이 있다. 주량이 상당했지만 난폭하거나 문란해지지는 않았다고 하니, 공자의 정신력이 강했든가 나름 자제하며 마셨던 것으로 보인다. 또 "마을 사람들과 함께 술을 드실 때 지팡이를 짚은 노인네가 나가면 뒤따라 나가셨다[鄕人飮酒 杖者出 斯出矣]"라는 구절이 있다. 술을 마셔 취하더라도 어른을 공경하는 예의범절은 잘 지켰다는 말이다.

공자의 아버지 숙량흘은 노나라 장군으로 덩치가 산만 했다고 한다. 공자도 핏줄은 못 속여 기골이 장대했고 주량도 여느 사람보다 훨씬 윗길이었다고 알려져 있다. 그래서 술을 마시더라도 추태를 보이는 일은 없었다. 물론 체력이 좋아서였겠지만, 한편으로는 술을 마시더라도 엄격한 자기 검열과 규칙 아래서 술자리를 가졌기 때문일 것이다.『예기』「향음주의」를 보면 술자리 위치와 움직이는 거동, 나이에 따른 술의 양까지 원칙을 정해 놓았다. 이런 향음주 절차가 잘 지켜지는 것을 본 공자는 "나는 향음주를 보고서 왕도가 잘 다스려지는 줄 알았다[吾觀於鄕 而知王道之易易也]"라며 만족해했다.

이처럼 공자와 그 제자들에게 술은 결코 빠질 수 없는 기호식품이었다. 사석뿐만 아니라 마을과 조정 등 공적인 자리에서도 술은 필수였으며, 외교에서도 적당한 음주는 문제 해결에 도움이 되었다. 하지만 자주 술을 접하다 보면 실수나 부작용이 없을 리 없다. 주지육림(酒池肉林)이니 주색잡기(酒色雜技)란 말이 공연히 나왔겠는가? 또 얼마나 많은 사람이 술로 인생을 망쳤고, 남을 해쳤으며, 집안을 풍비박산 내고 나라를 비극으로 몰아넣었는가? 그러니 공자와 제자들이 술과 관련해 문제를 일으키지 않았다는 건 그만큼 술을 엄격하게 통제하고 자제했다는 뜻일 것이다.

술은 가슴속에 품은 애달픈 사랑을 전하도록 용기를 불어넣기도 하지만, 머릿속을 흐려 놓아 자기 자신과 주변 사람을 파멸로 이끌기도 한다. 짧은 순간 사람을 취하게 만들어 긴장을 풀어 주는 대신 불같은 욕망을 불러일으키기 때문이다. 겁쟁이도 술을 마시면 용감해진다. 살면서 술 마시다 사고 치고 후회한 경험은 누구에게나 있을 것이다. 술은 평소 법 때문에, 눈치 때문에, 평판 때문에, 양심 때문에 구겨 두었던 욕망을 부추겨 채우라고 아우성을 친다.

술과 달리 차를 마시고 흥분하는 사람은 없다. 더욱이 차는 그 너그러움마저 은근히 드러내 공(空)의 누리로까지 이끌고 간다. 그때 우리는 잠시 망중한의 품에 안긴다. 다만 차는 생활에 부대끼고 바쁘면 음미하기 힘들다. 마음이든 시간이든 여유가 있어야 즐길 바탕이 생긴다. 달리 말하면, 인생의 고삐를 쥘 땐 쥐고 펼 땐 펼 줄 아는 사람이야말로 차를 마실 자격이 있다는 얘기일 수 있다.

나도 이제는 나이가 들어 술은 애써 멀리하고 차를 가까이 두려 한다. 한식에 죽으나 청명에 죽으나 뭐 다르냐며 날뛰던 사람들, 지금은 다들 서산의 고혼(孤魂)이 되어 후회한다. 물론 삶의 애환을 달래고 즐거움을 더하는, 좋은 사람들과 함께하는 적당한 음주라면 얼마든지 환영이다.

함께하는 삶이 더 즐겁다

-

승속일체(僧俗 一體)와 여민동락(與民同樂)

 남해는 사철 온화한 기후를 자랑해 겨울에도 눈을 보기 어렵다. 덕분에 항상 다양한 축제와 행사가 벌어진다. 특히 가을이 가장 가멸차다. 풍성한 들을거리와 볼거리 행사가 비단결처럼 펼쳐진다. 옛날부터 중국 사람들은 우리나라 사람들이 음주가무(飮酒歌舞)를 즐긴다고 혀를 내둘렀지만, 남해 사람들처럼 흥이 많고 신명 잡히면 엉덩이를 가만히 두지 못하는 사람들이 또 있을까 싶다.

 봄에는 미조에서 '멸치축제'(지금은 '해산물축제'로 바뀌었다)가 열리고, 여름 어귀에는 '한우마늘축제'가 이어진다. 또 10월 가을이면 세계적인 '독일맥주축제'가 성황리에 펼쳐진다. 특히 올해는 연중 '국민고향 남해로 오시다' 행사가 진행되어 더욱 풍성하고 활기차다. 그 밖에도 마을마다 크고 작은 모꼬지로 주민들의 발길이 바쁘다.

이런 축제 때는 주민들과 관광객이 어우러지는 노래자랑이 빠지지 않는다. 그야말로 입추의 여지가 없을 만큼 인산인해를 이룬다. 유명 가수가 찾아와 분위기를 띄우는 탓도 있지만, 남해 주민만큼 노래에 극성인 사람들도 드물다. 준비된 좌석은 물론 서 있을 자리도 부족해서 밖을 서성이는 분들이 넘쳐 난다. 동네 사람이 올라와 노래 솜씨를 자랑할 때면 곳곳에서 플래카드가 꽃잎처럼 나부낀다. 박수를 치며 함께 노래를 부르는데, 과장 좀 섞어서 무대 지붕이 날아갈 정도다.

맥주축제의 떠들썩함은 더 말할 나위도 없다. 앞에 '독일'이란 곁말이 붙은 것처럼 이 축제는 삼동면 독일마을 일원에서 벌어진다. 워낙 유명해서 전국은 물론 외국에서도 축제를 즐기려고 오는 사람이 많다. 맥주와 음식뿐만 아니라 다양한 볼거리가 펼쳐져 찾는 수고가 아깝지 않다. 독일산 소시지와 다채로운 맥주를 즐기노라면 정말 독일의 어느 마을에 온 듯한 기분이 든다. 독일마을에는 우리가 어려웠던 시절 독일에 파견되어 외화를 벌었던 간호사와 광부를 기리는 '파독(派獨) 기념관'도 있어 함께 구경하면 아이들 교육에도 도움이 된다.

이처럼 일 년 내내 남해는 달마다 노래와 축제의 향연이다. 그런 가운데 인심도 나누고 시름도 덮으면서 행복한 날들을 만끽한다. 지친 일상에서 잠시 숨 돌릴 곳을 찾거나 삶이 무료하다고 느끼는 사람이 있다면, 축제의 고장 남해군으로 초대하고 싶다.

불교와 유교도 삶에서의 여유와 즐김을 부정하지 않았다. 먼저 불교의 경우를 살펴보면, 보통 불교에서는 가무(歌舞)를 권장하지 않는다. 진지하게 수양하면서 해탈을 도모하는 수행자의 마음가짐을 흩트릴 수 있기 때문이다. 그래서 붓다는 수행자가 몸가짐을 잘 단속해야 한다고 강조했으며 관련 계율도 만들었다. 하지만 중생의 해묵은 번뇌를 씻어 주고 해탈의 세계로 인도하자면 적절한 수단이 필요할 수밖에 없다.

대표적인 게 고려 시대에 행해진 팔관회(八關會)다. 신라 진흥왕 때 시작된 팔관회는 전사한 장병들의 넋을 위로하는 호국적인 성격이 강했지만 고려 시대에 들어와 차츰 전국 규모의 대축제로 변모했다. 사실 스님들이 독경할 때 그 음성의 낭랑하고 유장한 흐름을 잘 들어 보면 노래나 다름없다. 또 세속의 욕망을 털어 내고 해탈의 경지를 보여 주는 방식으로서 춤은 큰 의미를 지닌다. 말하자면 불교에서 노래와 춤은 본령을 지키는 범위에서 유용하게 기능한다. 여기에서 발전해 불교 노래인 범패(梵唄), 춤으로 장엄을 드러내는 범무[梵舞 또는 승무(僧舞)]가 오래전부터 전해졌다. 범무는 달리 작법(作法)이라고도 한다.

시대가 바뀜에 따라 오늘날 불교는 특별한 날이 되면 신도들과 함께 붓다에게 공양하고 불제자들의 공덕을 기리는 거룩한 축제를 연다. 축제는 경건함도 따라야 하지만 흥겨움도 빠질 수 없다. 가장 큰 축제라면 역시 음력 4월 8일에 열리는 '부처님오신날' 행사다. 출가재일(음력 2월 8일)·열반재일(음력 2월 15일)·성도재일(음력 12월 8일)과 더불어 불교의 4대 명절인 부처님오신날은 붓다의 큰 뜻과 한량

없는 대자대비심을 본받으려는 발심의 축제로서 그 의미와 규모가 압도적이다.

음력 7월 15일에 치러지는 우란분절도 축제라 할 만하다. 생전의 업장(業障)을 지우지 못하고 지옥에 떨어진 조상의 넋을 구하기 위해 올리는 의식이다. 조상의 극락왕생을 기원하고 나 역시 선업을 쌓아 극락에 가려는 바람을 담는 날이니, 경건함과 함께 흥겨움이 절로 우러난다. 조상만이 아니라 자신의 죽음에 대비해 죽은 뒤의 공덕을 미리 닦는 예수재(豫修齋)도 축제가 아닐 수 없다.

하지만 요즘 세간의 주목받고 있는 콘텐츠는 뭐니 뭐니 해도 '산사음악회'다. 주로 가을철에 맞춰 성대하게 열리는 산사음악회는 말 그대로 산사에서 즐기는 음악 축제다. 인기 가수와 그 지역의 예술단체가 참가해 사부대중과 어깨춤을 추는 승속일체(僧俗一體)의 흥겨운 이 축제를 이제는 모르는 사람이 드물 것이다.

반면 유교의 축제 하면 언뜻 떠오르는 게 없다. 다만 술을 좋아했다는 『논어』의 전언을 보면, 공자 역시 축제와 여흥을 무척이나 즐겼던 듯싶다. 물론 공자는 예법이 잘 지켜지기 위해서는 적절한 규범과 제어라는 절차가 필요하다고 보았지만, 그렇다고 흥겨움의 도락을 멀리하지는 않았던 것으로 보인다.

일례로 『논어』 「팔일편」에 "뜰에서 팔일을 추게 하니, 이런 짓을 차마 한다면 무슨 짓인들 못 하겠느냐?[八佾舞於庭 是可忍也 孰不可忍也]"라며 꾸짖는 말이 나온다. 이 힐난은 계씨(季氏)라는 당시 노나라의 권력자를 향한 것이었다. '팔일'이란 춤의 일종으로 여덟 사람이 줄 서서 추는 춤 형식이다. 이 춤은 오직 천자에게만 허용된 규모였다. 제후는 여섯 줄로 춤을 춰야 했고, 대부는 네 줄, 사(士)는 두 줄이었다. 계씨는 대부의 신분임에도 감히 자기 뜰에서 팔일무를 추었으니 그의 오만함과 무법함에 공자가 분노했던 것이다.

공자는 춤과 노래가 삶에 없어서는 안 될 중요한 도구라고 보았다. 남을 존중하고 경의를 표하는 방식으로서 노래와 춤이 필요하다고 본 것이다. 다만 지나치게 오락에 빠지는 것은 우려했다. 완물상지(玩物喪志)의 함정에 빠질 수 있기 때문이다. 그래도 남들이 노래를 잘 부르면 박수를 칠 줄 알았고 함께 노래하기도 했다.

그런데 언제부턴가 유교는 '도덕군자'를 내세우며 엄숙주의에 빠져 버렸다. 유교에도 엄연히 강호가도(江湖歌道)의 풍류가 존재하고 음풍영월(吟風詠月)의 낭만이 스며 있다. 그러니 너무 격식에만 얽매이지 말고 몸과 넋의 무릉도원을 소요하는 여유를 가져 봐도 좋겠다. 조선조의 대유학자인 퇴계(退溪) 이황(李滉, 1501~1570)도 '낮 퇴계 밤 퇴계'가 달랐다고 하지 않는가.

겉으로는 군자연하면서 축첩(蓄妾)은 당연하고 문턱이 닳도록 뻔질나게 기방을 들락거린 선비들의 위선은 알 만한 사람이면 다 안다. 지나친 것도 문제지만 지레 자기 검열에 빠져 불급(不及)하는 것도 참된 도학자의 모습은 아닐 듯하다. 맹자도 여민동락(與民同樂)이라 해서 지배자들끼리만 유희를 즐기지 말고 백성들과 함께 어울리라고 일갈한 바 있다. 과거 시회(詩會)니 수계(修禊)니 해서 행사가 없지는 않았지만, 안타깝게도 이것들은 그들만의 축제였지 백성들의 동참은 불허했다.

    축제는 그저 시간 낭비나 허송세월이 아니다. 인간의 유희적 본성을 충족하는 놀이이자 일상에서 오는 스트레스, 긴장, 불안 등 부정적 감정을 해소하는 장치다. 무엇보다 여러 사람이 모여 기탄없이 어우러지는 통합의 시간, 벽을 허물고 간극을 메우는 유대의 시간이다. 시나브로 계절이 바뀌어 가는 절기마다 산으로 들로 사찰과 암자를 찾아 노래와 축제를 즐기는, 지혜롭고 신바람 나는 삶을 누려 보는 것도 좋겠다. 행복은 바깥에도 있다.

자연과 인간은 따로 있지 않다

-

창백한 푸른 점에 사는 우리

오랜 도시 생활을 털어 내고 사방이 바다로 둘러싸인 섬나라 남해로 오니 달라지는 일이 많았다. 이런저런 풍파를 많이도 겪은 서울이라는 동네가 내겐 지옥과 다를 바 없어서, 한적하고 넉넉한 농촌으로 내려올 때 상대적으로 기대감이 컸다. 물론 얼마 지나지 않아 남해도 욕망과 이익에 눈이 먼 종자들이 (많지는 않지만) 사는 세상인 줄 알게 되었다. 그래도 인정 많고 나눔에 인색하지 않은 사람이 훨씬 많이 더불어 살아가기에 잘 왔다는 생각을 의심한 적은 없다.

    나는 남해로 와서 사람보다 값지고 귀한 존재를 발견했다. 바로 자연이다. 공해라든가 생활폐수, 쓰레기 따위가 아직은 이 지역을 갉아먹지 않아서 그야말로 남해에서는 청정한 해역과 깨끗한 공기를 마음껏 즐기고 마실 수 있었다. 그리고 덤으로 주어진 것이 더없이 청아한 밤하늘이다. 인공의 불빛만이 휘황한 도시의 하늘과 달리, 자정이 지나고 어둠이 차곡차곡 누리를 덮을 즈음 남해의 하늘은 온갖 별들이 군무를 춘다. 처음 한동안은 입이 다물어지지 않았다. 별들이 떼 지어 나와 섬을 찾아온 나를 환영해 주는 기분이었다.

어릴 때부터 나는 하늘에 관심이 많았다. 무엇이 계기였는지는 모르겠지만 천문학은 묘하게 나를 끌어당겼다. 굳이 동기를 찾자면, 스티븐 와인버그의 책 『최초의 3분』이 아니었을까 싶다. 지금으로부터 138억 년 전 우주가 태어나고[Big Bang] 처음 3분이 지나는 동안 무슨 일이 있었는지를 안내하는 이 책은 감동과 함께 요지경 속으로 나를 이끌었다. 그리고 이후에 읽은 칼 세이건의 『코스모스』가 기폭제 역할을 했던 듯하다.

책이나 모니터로만 보던 우주, 그 거대한 하늘이 남해에는 잔칫상처럼 번듯하게 차려져 있었다. 나는 밤이면 거의 매일 옥상에 올라가 어떤 때는 몇 시간이고 하늘을 보며 누워 있곤 했다. 안 좋은 시력을 만회하고자 고배율 망원경을 사기도 했는데, 이것으로는 우주를 관찰할 수 없어서 천체 망원경을 장만해야겠다는 통 큰 야망까지 품게 되었다. 물론 쓸 만한 천체 망원경은 내 주머니 사정으로는 어림도 없다는 사실을 깨닫고는 금세 야망을 접었다. 그때나 지금이나 유튜브로 우주를 접하는 데 만족하고 있지만, 아직도 야망의 부스러기는 가슴속에서 스러지지 않았다.

우주란 얼마나 무한히 넓은지 인간이 가진 척도로는 실감하기가 쉽지 않다. 빅뱅 이후 끊임없이 팽창한 우주의 넓이는 대략 반

지름이 430억 광년이라고 한다. 우리가 관측 가능한 가장 멀리서 온 빛이 이 정도 거리이기 때문이라는데, 그 시간 동안 우주는 더욱 빠른 속도로 넓어졌으니 실제로는 700억 광년도 더 될 것이다. 백 년도 못 사는 우리가 그때의 빛을 보지는 못하겠지만 상상만으로도 가슴이 설렌다. 태양계의 끝과 끝 길이가 1광년 남짓 된다니, 우주의 무한성은 짐작조차 거부한다.

이 광대한 우주 안에서 우리가 사는 작은 땅 '지구'는 티끌만한 존재감도 가지지 못한다. 그런 지구 안에서 제왕인 양 군림하려는 인간은 또 얼마나 미미한 존재인가? 우주의 입장에서 볼 때 지구는 우리가 보는 원자핵의 크기만도 못할 터이니, 우주를 알면 알수록 지극히 겸손해진다는 천문학자의 말이 절로 수긍이 간다.

일개 중생인 나도 대자연의 결집체 우주 앞에 서면 겸허해지는데, 옛 성현들에게 우주는 어떤 의미였을까? 신이 천지를 창조했다는 믿음은 제쳐 두고 성현들의 우주 인식이 꽤나 궁금해진다.

지구상에 출현한 문명들은 저마다 이 세상의 구성에 대해 이런저런 상상을 펼쳤다. 눈으로만 세상을 이해할 수밖에 없었던 시기를 아주 오래 살았으니, 그런 상상의 소산이 과학과 배치될 수밖에 없었을 것이다. 그래도 눈으로 본 세상이 완전 허구는 아니어서 때로 흥미롭게 살펴볼 부분도 있다.

불교는 우주를 어떻게 인식했을까? 붓다가 말한 우주는 무엇이었을까? 안타깝지만 붓다는 우주 자체보다는 그 안에서 살아가는 중생들의 삶과 깨달음에 설법을 집중했다. 그래서 경전을 열심히 뒤져 봐도 궁금증이 시원하게 해소되지 않는다.

불교는 우주의 생성 원리를 업(業)으로 설명한다. 업이 사람을 질곡하면서 삼라만상 우주가 전개된다는 것이다. 그 형식을 삼악도(三惡道)와 삼선도(三善道)로 나누어 설명하는데, 지옥(地獄)·아귀(餓鬼)·축생(畜生)이 전자고 아수라(阿修羅)·인(人)·천(天)이 후자다. 이 업력이 작동하면서 수미산이 솟고 주변에 여덟 바다가 펼쳐진다. 바깥 바다에는 사대주(四大洲)가 자리하는데, 그중 인간이 사는 세계인 지구는 남쪽 섬부주(贍部洲)에 있다. 수미산을 중심으로 해와 달, 그리고 별이 순행한다.

이런 귀여운 상상력의 소산이 지금은 허무맹랑할지 모른다. 하지만 은유적으로 이해하면 우주의 실체와 완전히 동떨어졌다고 평가절하할 필요는 없을 듯하다. 더 중요한 것은 이런 수미산 우주가 항존(恒存)하는 것이 아니라 긴 시간을 두고 변화한다는 사실이다. 우주는 생성하고 소멸한다. 그 변화의 기간을 겁(劫)이라 한다. 우주가 생성되는 '성겁'과 정적으로 존재하는 '주겁', 붕괴되는 '괴겁'과 오직 무(無)만 존재하는 '공겁'으로 이어진다. 이런 성(成), 주(住), 괴(壞), 공(空)의 과정이 한 차례에 그치지 않고 무한히 반복된다고 불교는 인식한다. 우주도 윤회하는 셈이다.

이런 사고는 흥미롭게도 현대 천문학의 우주 인식과 겹치는 부분이 있다. 우주는 무한히 가속팽창만 하는 것이 아니다. 앞에서 소개한 『최초의 3분』 내용이 성겁에 해당한다. 그리고 팽창을 계속하는 현재는 주겁이다. 천문학은 우주가 팽창하다가 언젠가는 수축으로 방향을 틀지도 모른다고 예측한다. 그때가 바로 괴겁이 아닐까? 그런 뒤 우주는 작은 점, 빅뱅 이전으로 환원된다는데 이때를 공겁의 시기라 할 수 있겠다.

불교의 사유 체계와 현대 물리학의 이론에서 유사점을 찾아내는 서적은 꽤 많이 나왔다. 불교는 경전을 중요시하되 신줏단지 모시듯 맹신하기보다 합리적인 사유와 반성적 모색을 거쳐 인간의 실존과 우주의 근원을 찾아 나간다. 이 점에서도 불교는 내게 정말 매혹적이다.

그렇다면 공자는 이 우주 자연을 어떻게 보았을까? 『논어』에는 우주에 대한 이렇다 할 발언이 없다. 원문에 우(宇)와 주(宙)라는 글자조차 나오지 않는다(물론 우리가 이해하는 '우주'와 공자 시대의 '우주'는 다르다). 천지(天地)라는 단어도 없고, 다만 천명(天命)과 천하(天下)라는 용어만 눈에 띈다.

공자는 사람이 수양해서 도(道)를 체득해 완전한 인격을 갖춘 군자, 더 나아가 성인(聖人)이 되기를 기대했다. 그런 수양의 필요조건으로 산수자연이 거론되는데, 강호가도나 풍호무우(風乎無雩) 같은 사례가 자연을 수양의 도구로 본 예라고 할 수 있다. 어쨌거나 공자는 지독한 현실주의자여서 제자들이 현실과는 무관한 질문을 하면 회피하기 일쑤였다. 그에게는 국가와 백성의 안녕과 번영이 곧 우주요 세계였다. 『논어』 「자로편」에 실린 이런 문답이 그의 실용성과 세계관을 잘 보여 준다.

정공이 물었다. "한마디 말로 나라를 일으킬 수 있다고 하던데, 과연 그런 말이 있습니까?" 공자가 대답했다. "그렇다고 장담할 수는 없지만 그럴 수도 있습니다. 사람들이 말하길 '임금 노릇 하기도 어렵고 신하 노릇 하기도 쉽지 않다'라고 했습니다. 만약 임금 노릇 하기가 어렵다는 사실을 안다면 한마디 말로 나라를 일으킬 수 있다는 말에 가깝지 않겠습니까?"

정공이 물었다. "그럼 한마디 말로 나라를 잃을 수도 있다고 하던데, 과연 그런 말이 있습니까?" 공자가 대답했다. "그렇다고 장담할 수는 없지만 그럴 수도 있습니다. 사람들이 말하길 '내가 임금이 되어 달리 즐거운 것은 없되 다만 말을 하면 거스르지 않는다'라고 했습니다. 만약 임금의 말이 훌륭해서 아무도 어기지 않는다면 이는 좋은 일이 아니겠습니까? 그러나 임금의 말이 훌륭하지 않은데도 어기는 사람이 없다면 나라를 잃게 될 것이 당연하겠지요."

[定公問 一言而可以興邦 有諸 孔子對曰 言不可以若是其幾也 人之言曰 爲君難 爲臣不易 如知爲君之難也 不幾乎一言而興邦乎 曰 一言而喪邦 有諸 孔子對曰 言不可以若是其幾也 人之言曰 予無樂乎爲君 唯其言而莫予違也 如其善而莫之違也 不亦善乎 如不善而莫之違也 不幾乎一言而喪邦乎]

나라와 백성의 삶의 향방에 이렇게 큰 관심을 두었으니 공자가 우주와 같은 망망한 세상에 대해 사유할 여가는 없었을 것 같다. 공자도 천재지변이라는 측면에서 천문 현상을 주목하긴 했지만 인간 중심이기는 마찬가지다.

『코스모스』라는 희대의 명저와 동명의 다큐멘터리를 남긴 칼 세이건은 백혈병으로 고작 63살의 생애만 살고 세상과 이별했다. 생전 그는 인류에게 우주에 관심을 가지고 겸손을 배우라 권하면서 여러 권의 책을 펴냈는데, 근래 내가 읽고 있는 책은 『창백한 푸른 점』이다.

미국 나사(NASA)는 태양계 외곽을 탐색하고자 1977년 9월 5일 보이저 1호를 발사했다. 이 탐사선이 목성, 토성, 천왕성, 해왕성 등을 지나며 무수한 자료를 보낸 뒤 태양권 바깥으로 나가게 되었다. 그때 칼 세이건은 탐사선의 카메라를 지구 쪽으로 돌려 우리가 사는 유일한 장소, 지구를 찍어 보자는 기발한 제안을 했다. 몇 차례 반대가 있었지만 결국 1990년 2월 보이저 1호는 지구를 향해 카메라를 돌렸고, 우리에게 가장 먼 곳에서 바라본 지구 사진을 보냈다. 사진 속 지구는 눈에 잘 띄지도 않는 '창백한 푸른 점'일 뿐이었다. 바늘 끝보다도 작은 그 지구에서 인간은 서로 죽이고 다투고 이간질하고 잘난 척하면서 거들먹거린다. 나아가 유일한 터전인 지구를 괴롭히기까지 한다. 칼 세이건은 책에서 이런 명언을 남겼다.

> 지구는 광대한 우주의 무대 속에서 하나의 극히 작은 무대에 지나지 않는다. 이 조그만 점의 한구석의 일시적 지배자가 되려고 장군이나 황제들이 흐르게 했던 유혈의 강을 생각해 보라. 또 이 점의 어느 한구석의 주민들이 거의 구별할 수 없는 다른 한구석의 주민들에게 자행했던 무수한 잔인한 행위들, 그들은 얼마나 빈번하게 오

해를 했고, 서로 죽이려고 얼마나 날뛰고, 얼마나 지독하게 서로를 미워했던가 생각해 보라.

- 『창백한 푸른 점』, 사이언스북스, 2019년.

윌리엄 블레이크의 시 「순수의 전조(Auguries of Innocence)」를 보면 "한 알의 모래 속에서 세계를 보고 한 송이 들꽃 속에서 우주를 보나니, 그대 손바닥 안에 무한을 쥐고 한순간에 영원을 담아라"라는 구절이 나온다. 가장 미세한 세계와 가장 거대한 세계는 별개의 존재가 아니라 불이(不二)의 그물망 안에 공존한다. 붓다는 만물이 연기(緣起)한다는 진리를 갈파하면서 작고 크다는 분별심을 버리라고 가르쳤다. 공자 역시 나 하나의 판단이나 생각은 사소해 보이지만 그것에서 만민과 국가의 안위가 결정된다고 충고했다. 작은 삶이지만 크게 넓게 멀리 보면서 느끼고 실천하는 삶을 늘 가슴에 새기면서 살아가자. 나의 작은 몸짓이 모이고 물결 져 세상을 개벽하는 효과로 나타날 것이다.

붓다와 공자가 마주한
인생독법 人生讀法

ⓒ 임종욱, 2025

2025년 11월 11일 초판 1쇄 발행

지은이 임종욱
발행인 박상근(至弘) • 편집인 류지호 • 편집이사 양동민
책임편집 양민호 • 편집 김재호, 김소영, 최호승, 정유리, 이란희, 이진우 • 디자인 쿠담디자인
제작 김명환 • 마케팅 김대현, 김대우, 이선호, 류지수 • 관리 윤정안
콘텐츠국 유권준, 김희준
펴낸 곳 불광출판사 (03169) 서울시 종로구 사직로10길 17 인왕빌딩 301호
　　　　대표전화 02) 420-3200 편집부 02) 420-3300 팩시밀리 02) 420-3400
　　　　출판등록 제300-2009-130호(1979. 10. 10.)

ISBN 979-11-7261-221-4 (03200)

값 19,000원

잘못된 책은 구입하신 서점에서 바꾸어 드립니다.
독자의 의견을 기다립니다. www.bulkwang.co.kr
불광출판사는 (주)불광미디어의 단행본 브랜드입니다.